Un franc le volume
NOUVELLE COLLECTION MICHEL LÉVY
1 FR. 25 C. PAR LA POSTE

ALEXANDRE DUMAS

— OEUVRES COMPLÈTES —

SOUVENIRS DRAMATIQUES

II

NOUVELLE ÉDITION

CALMANN LÉVY, ÉDITEUR
ANCIENNE MAISON MICHEL LÉVY FRÈRES
RUE AUBER, 3, ET BOULEVARD DES ITALIENS, 15
A LA LIBRAIRIE NOUVELLE

ŒUVRES COMPLÈTES
D'ALEXANDRE DUMAS

———

SOUVENIRS DRAMATIQUES

II

ŒUVRES COMPLÈTES D'ALEXANDRE DUMAS
PUBLIÉES DANS LA COLLECTION MICHEL LÉVY

Titre	Vol.
Acté	1
Amaury	1
Ange Pitou	2
Ascanio	2
Une Aventure d'amour	1
Aventures de John Davys	2
Les Baleiniers	2
Le Bâtard de Mauléon	3
Black	1
Les Blancs et les Bleus	3
La Bouillie de la comtesse Berthe	1
La Boule de neige	1
Bric-à-Brac	1
Un Cadet de famille	3
Le Capitaine Pamphile	1
Le Capitaine Paul	1
Le Capitaine Rhino	1
Le Capitaine Richard	1
Catherine Blum	1
Causeries	2
Cécile	1
Charles le Téméraire	2
Le Chasseur de Sauvagine	1
Le Château d'Eppstein	2
Le Chevalier d'Harmental	2
Le Chevalier de Maison-Rouge	2
Le Collier de la reine	3
La Colombe. — Maître Adam le Calabrais	1
Les Compagnons de Jéhu	3
Le Comte de Monte-Cristo	6
La Comtesse de Charny	6
La Comtesse de Salisbury	2
Les Confessions de la marquise	2
Conscience l'Innocent	2
Création et Rédemption. — Le Docteur mystérieux	2
— La Fille du Marquis	1
La Dame de Monsoreau	3
La Dame de Volupté	2
Les Deux Diane	3
Les Deux Reines	2
Dieu dispose	2
Le Drame de 93	3
Les Drames de la mer	1
Les Drames galants. — La Marquise d'Escoman	2
Emma Lyonna	5
La Femme au collier de velours	1
Fernande	1
Une Fille du régent	1
Filles, Lorettes et Courtisanes	1
Le Fils du forçat	1
Les Frères corses	1
Gabriel Lambert	1
Les Garibaldiens	1
Gaule et France	1
Georges	1
Un Gil Blas en Californie	1
Les Grands Hommes en robe de chambre : César	2
— Henri IV, Louis XIII, Richelieu	2
La Guerre des femmes	2
Histoire d'un casse-noisette	1
L'Homme aux contes	1
Les Hommes de fer	1
L'Horoscope	1
L'Ile de Feu	2
Impressions de voyage : En Suisse	3
— Une Année à Florence	1
— L'Arabie Heureuse	3
— Les Bords du Rhin	2
— Le Capitaine Aréna	1
— Le Caucase	3
— Le Corricolo	2
— Le Midi de la France	2
— De Paris à Cadix	2
— Quinze jours au Sinaï	1
— En Russie	4
— Le Speronare	2
— Le Véloce	2
— La Villa Palmieri	1
Ingénue	2
Isaac Laquedem	2
Isabel de Bavière	2
Italiens et Flamands	2
Ivanhoé de Walter Scott (traduction)	2
Jacques Ortis	1
Jacquot sans Oreilles	1
Jane	1
Jehanne la Pucelle	1
Louis XIV et son Siècle	4
Louis XV et sa Cour	2
Louis XVI et la Révolution	2
Les Louves de Machecoul	3
Madame de Chamblay	2
La Maison de glace	2
Le Maître d'armes	1
Les Mariages du père Olifus	1
Les Médicis	1
Mes Mémoires	10
Mémoires de Garibaldi	2
Mémoires d'une aveugle	2
Mémoires d'un médecin. Balsamo	5
Le Meneur de loups	1
Les Mille et un Fantômes	1
Les Mohicans de Paris	4
Les Morts vont vite	2
Napoléon	1
Une Nuit à Florence	1
Olympe de Clèves	3
Le Page du duc de Savoie	2
Parisiens et Provinciaux	2
Le Pasteur d'Ashbourn	2
Pauline et Pascal Bruno	1
Un Pays inconnu	2
Le Père Gigogne	2
Le Père la Ruine	1
Le Prince des Voleurs	2
Princesse de Monaco	1
La Princesse Flora	1
Propos d'Art et de Cuisine	1
Les Quarante-Cinq	3
La Régence	2
La Reine Margot	2
Robin Hood le Proscrit	2
La Route de Varennes	1
Le Saltéador	1
Salvator (suite des Mohicans de Paris)	5
La San-Felice	4
Souvenirs d'Antony	1
Souvenirs d'une Favorite	4
Les Stuarts	1
Sultanetta	1
Sylvandire	1
Terreur prussienne	2
Le Testament de M. Chauvelin	1
Théâtre complet	25
Trois Maîtres	1
Les Trois Mousquetaires	2
Le Trou de l'Enfer	1
La Tulipe noire	1
Le Vicomte de Bragelonne	6
La Vie au Désert	2
Une Vie d'artiste	1
Vingt Ans après	3

COULOMMIERS. — Imprimerie PAUL BRODARD.

SOUVENIRS
DRAMATIQUES

PAR

ALEXANDRE DUMAS

II

NOUVELLE ÉDITION

PARIS
CALMANN LÉVY, ÉDITEUR
ANCIENNE MAISON MICHEL LÉVY FRÈRES
3, RUE AUBER, 3

—

1881
Droits de reproduction et de traduction réservés.

SOUVENIRS DRAMATIQUES

L'ŒDIPE DE VOLTAIRE

ET

L'ŒDIPE DE SOPHOCLE

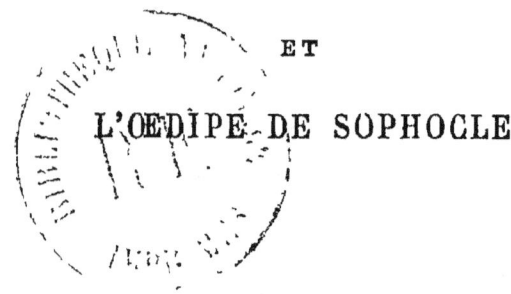

Je n'aime pas Voltaire, je l'avoue : pas plus comme homme que comme historien, pas plus comme historien que comme poëte dramatique, pas plus comme poëte dramatique que comme poëte épique.

Il a fait deux épopées, comme on appelait cela au xviiie siècle, l'une sérieuse, *la Henriade*, — et c'est un mauvais livre, — l'autre comique, *la Pucelle*, — et c'est une mauvaise action.

Pourquoi Voltaire a-t-il écrit cette obscénité qu'on appelle *la Pucelle?* C'est que Voltaire, poëte d'esprit, n'est pas poëte de cœur.

Il serait cependant temps qu'on ne fît plus apprendre aux enfants, comme une chose qui mérite d'être apprise, les mauvais vers de *la Henriade*. Il serait cependant temps qu'on ne fît plus applaudir par les soudoyés du lustre, comme une chose qui mérite d'être applaudie, les mauvais vers d'*OEdipe*.

Que Voltaire poëte épique reste dans les bibliothèques comme un échantillon de l'esprit philosophique du xviii° siècle, — très-bien !

Que Voltaire poëte dramatique soit étudié comme un passage entre le xvii° siècle qui finit et le xix° sièc qui commence, entre Racine et Marie-Joseph Chénier, entre Regnard et Beaumarchais, — à merveille !

Mais qu'on vienne ouvrir *la Henriade* devant nos enfants en leur disant : « Apprenez cela, enfants ; c'est beau ! » Qu'on vienne jouer *OEdipe* devant nos jeunes gens en leur disant : « Applaudissez cela, jeunes gens ; c'est bon ! » Nous leurs dirons : « Non, cela n'est ni beau ni bon. N'applaudissez ni n'apprenez par cœur ; ce sont des œuvres mauvaises, et, pis que cela, souvent ce sont de mauvaises actions. »

Nous allons essayer de prouver après avoir dit.

C'est à vous que je m'adresse, mes jeunes amis, à vous qui m'avez souvent écrit :

« Maître, on nous pervertit le goût au collége, on nous ordonne d'admirer des choses que notre esprit nous dit être médiocres, que notre conscience nous dit être mauvaises ; — apprenez-nous, vous en qui nous avons confiance, ce que nous devons admettre, ce que nous devons repousser. »

Je réponds à votre appel, et je vais essayer de vous faire, avec toute la conscience et l'impartialité dont je suis capable, une suite d'études que je vous invite à soumettre toutefois à votre intelligence avant d'en adopter absolument l'esprit, vous donnant mon avis, mais me gardant bien de vous imposer mon opinion.

Il y a des auteurs qu'on admire, des auteurs qu'on aime, des auteurs qu'on estime.

Heureux l'auteur qu'on peut à la fois — comme art, entendons-nous bien — admirer, aimer, estimer.

Nous allons voir si l'auteur d'*OEdipe*, est un de ces hommes-là.

C'est à la Bastille que Voltaire composa *OEdipe*.

Il y avait été mis comme auteur d'une pièce de vers qu'il nia constamment. Cette pièce de vers est très-connue ; vous la trouverez partout ; elle s'appelle les *J'ai vu*, et finit par ce vers :

J'ai vu ces maux, et je n'ai pas vingt ans !

Cela se passait en 1718. — Voltaire avait vingt-deux ans.

C'est bien jeune, me direz-vous, pour faire une bonne tragédie. — C'est vrai, mais ce n'est pas trop jeune pour avoir de la conscience.

D'ailleurs, après tout, *OEdipe* n'est pas encore la pire des tragédies de Voltaire.

Sophocle chez les anciens, Corneille chez les modernes, avaient traité le même sujet.

Sophocle était le maître, l'ancêtre, la source

L'*OEdipe* de Sophocle fut représenté à Athènes quatre cent trente ans à peu près avant Jésus-Christ ; Sophocle touchait de la main à la tradition, dont il s'est à peine écarté.

Voyons la légende antique.

Je sais bien que le travail est long et sera sérieux. Permettez-moi, mes jeunes amis, d'être sérieux aujourd'hui; demain ou après-demain, un autre jour, je serai gai.

LÉGENDE MYTHOLOGIQUE D'ŒDIPE

Œdipe est fils de Laïus, roi de Thèbes, et de Jocaste.

L'oracle a prédit aux deux époux que leur fils serait l'assassin de son père et l'époux de sa mère; aussi, quelques heures après sa naissance, Laïus le confie-t-il à un pâtre avec ordre de le tuer.

Le pâtre a pitié de l'enfant, — à peine entré dans la vie, et qu'on veut violemment en faire sortir, — il se contente de lui percer les pieds et de le suspendre à un arbre; — de là son nom d'Œdipe, qui vient du verbe οιδειν, s'enfler, et du substantif πούς, pieds.

Œdipe veut donc dire *pieds enflés*.

Un berger de Polybe, roi de Corinthe, entend des cris, cherche d'où ces cris peuvent venir, trouve l'enfant suspendu à une branche, le détache, l'emporte au palais et le présente au roi et à la reine de Corinthe, qui, n'ayant point d'héritier, adoptent l'enfant exposé, et lui donnent le nom d'Œdipe.

Nous avons vu quelle était la signification de ce nom.

Devenu grand, au milieu d'une orgie de jeunes gens, Œdipe se querelle avec un de ses compagnons qui lui reproche d'être un enfant trouvé. Cette idée le préoccupe, le tourmente, le poursuit. Le jeune homme part pour Delphes et consulte l'oracle.

L'oracle lui prédit qu'il tuera son père et qu'il épousera sa mère.

La prédiction faite à OEdipe coïncide avec celle qui a été faite à Laïus et à Jocaste.

OEdipe, effrayé, décide qu'il s'éloignera de Polybe, quitte Corinthe et part pour la Phocide. — Sur la route de Daulis à Delphes, à l'embranchement de celle de Thèbes, un char lui barre le passage, et une voix lui crie de faire place. OEdipe est fils de roi, il ne cède point facilement le haut du pavé, il continue son chemin. Le conducteur du char pousse sur lui; OEdipe saisit les chevaux au mors ; une lutte s'engage, et, avec son simple bâton de voyage, OEdipe tue l'homme au char et quatre de ses serviteurs; le cinquième, laissé pour mort, revient plus tard à lui et apporte à Thèbes la nouvelle de la mort du roi.

Créon prend la régence et gouverne la Béotie.

Mais, un jour, une nouvelle étrange se répand : un monstre terrible ayant la tête et la poitrine d'une femme, les ailes d'un aigle, les griffes d'un lion, s'établit sur la route de Thèbes dans un endroit du mont Pincion, — à un endroit où le rocher taillé à pic et surplombant la mer laisse à peine le passage à un homme à pied. Là, il barre le passage et présente aux voyageurs une énigme. Tout voyageur qui ne la devinera pas sera précipité du roc dans les flots; mais, s'il la devine, c'est le sphinx qui s'abîmera à son tour.

Déjà beaucoup sont morts ; la route est devenue déserte, nul n'ose plus se hasarder à ce jeu terrible où, lorsqu'on perd, on perd la vie, quand un jeune homme s'avance résolûment, vient droit au sphinx, appuie son pied sur une pierre, son coude sur son genou, son menton dans la paume de sa main, et attend.

— Quel est, lui demande le sphinx, l'animal qui a quatre pieds le matin, deux à midi et trois le soir ?

Œdipe réfléchit un instant, puis :

— C'est l'homme, dit-il, qui, dans son enfance, se traîne sur les pieds et sur les mains ; qui, dans la force de l'âge, se tient sur les deux jambes ; qui, dans la vieillesse, s'appuie sur un bâton.

Il n'avait pas achevé, que, fidèle à sa parole, le sphinx s'était précipité et que la route était redevenue libre.

Œdipe continue son chemin, le bruit de sa victoire l'y a précédé. — Il trouve aux portes Créon, qui, pour accomplir le vœu qu'il a fait au moment où le sphinx désolait Thèbes, lui amène sa sœur Jocaste, et lui offre le sceptre de Laïus.

Œdipe n'a qu'à épouser la reine, il sera roi.

Jocaste a le double de son âge ; mais Polybe, le roi de Corinthe, dont il est l'héritier, a encore de longues années à vivre. L'ambition tente le jeune homme ; il accepte la main de la reine et devient roi.

Mais, au bout de quelques années, la peste se déclare dans Thèbes, et une mortalité bien autrement terrible que celle causée par la présence du sphinx se répand dans toute la Béotie.

C'est ici que commence la tragédie dans Sophocle comme dans Voltaire.

Au moment où le drame s'ouvre, Œdipe se présente au peuple assemblé, et vient demander au grand prêtre ce qu'il doit faire, comme roi, pour obtenir des dieux que le fléau cesse.

Le grand prêtre lui répond :

— C'est toi qui nous as sauvés de nos premiers malheurs : tu es juste et sage : c'est à toi de veiller sur nous et de nous délivrer de la contagion.

Œdipe annonce qu'il a fait tout ce qui est en son pouvoir, en envoyant Créon, fils de Ménécée, s'informer en son nom, à l'oracle de Delphes, par quels vœux ou par quels sacrifices il pouvait sauver la ville.

Au moment où il annonce au peuple cette sollicitude qu'il a eue pour lui, on voit Créon qui s'avance, sans doute porteur d'une bonne nouvelle, car son front est couronné de laurier.

L'exposition est large; c'est un peuple s'adressant à son dieu, c'est un roi s'adressant à son peuple. La plus grande question humaine y est débattue : celle de la vie ou de la mort.

Créon entre; il arrive de Delphes. L'oracle a été on ne peut plus favorable; sa couronne de laurier ne mentait pas en annonçant l'espérance. Apollon déclare que la peste disparaîtra lorsqu'on aura chassé, non-seulement de Thèbes, mais de la Béotie, l'assassin de Laïus.

— Mais, demande Œdipe, comment découvrir la trace perdue d'un crime déjà ancien?

— Les assassins sont en ce pays, répond Créon.

ŒDIPE. — Est-ce dans la ville, est-ce dans la campagne, que le crime a été commis?

CRÉON. — Laïus était parti pour consulter l'oracle, et, depuis, on ne l'a pas revu.

ŒDIPE. — Mais n'y eut-il pas quelque témoin? Laïus n'avait-il pas quelque compagnon qui puisse nous instruire?

CRÉON. — Ils ont péri. Un seul s'est échappé en fuyant mais il n'a pu dire qu'une chose de ce qu'il a vu.

ŒDIPE. — Laquelle?

CRÉON. — Il a dit qu'une troupe de brigands avait fondu sur lui et l'avait accablé par le nombre.

ŒDIPE. — Des brigands eussent-ils eu cette audace, si leur chef n'avait été suborné par quelqu'un de ce pays?

CRÉON. — Oui, c'est vrai, et tels furent alors les soupçons mais, au milieu de nos maux, Laïus n'eut pas de vengeur.

ŒDIPE. — Quels maux vous empêchèrent donc de chercher les auteurs du crime?

CRÉON. — Le sphynx et sa funeste énigme.

— Eh bien, dit Œdipe, je rechercherai ce secret dès son origine.

Alors, le chœur s'avance et propose un avis : c'est d'envoyer chercher le devin Tirésias, qui partage avec Phœbus la science de l'avenir.

Mais Œdipe y a déjà songé. A peine a-t-il reçu l'avis de Créon, qu'il a envoyé à Tirésias deux messagers, afin que, si l'un était arrêté en route, l'autre arrivât.

Ces deux messagers sont arrivés sains et saufs près du devin, et le ramènent.

Le peuple, et Œdipe lui-même, reçoivent le devin avec respect.

Ce respect est commandé non-seulement par la science de Tirésias, mais encore par le mystère qui l'entoure. Tirésias est aveugle, et plusieurs bruits plus étranges les uns que les autres sont répandus en Béotie sur son aveuglement.

Les uns disent que, très-jeune encore, il eût le malheur de voir Minerve au bain, et que, pour le punir de cette imprudence involontaire, Minerve l'a aveuglé, mais qu'ensuite, pour consoler Chariclo, sa mère, la déesse a accordé à Tirésias la faculté de lire dans l'avenir.

D'autres disent, au contraire, que, dès sa jeunesse, Tirésias avait reçu du destin la science divinatoire, mais que les dieux le firent aveugle pour le punir de son trop de clairvoyance.

Ceux-ci prétendent qu'un jour Tirésias, ayant séparé de son bâton deux serpents en amour, il avait été changé en femme; mais que, quelques années après, ayant retouvé ces mêmes animaux sur la même route, il en était revenu à son sexe primitif.

Or, un jour, une dispute s'était élevée entre Jupiter et Junon pour savoir lequel, de l'homme ou de la femme, éprouvait en amour les plus voluptueuses sensations.

Le roi et la reine des dieux, instruits de la métamorphose momentanée de Tirésias, le firent appeler comme arbitre.

Junon prétendait que l'homme, sous ce rapport, était le mieux favorisé de la nature; Jupiter prétendait que c'était la femme.

Tirésias donna tort à Junon. Celle-ci, furieuse, le frappa de cécité en lui jetant au visage quelques gouttes d'eau.

Jupiter lui accorda, pour le dédommager, de vivre sept âges d'homme.

En tout cas, et quelle que fût la cause de la cécité de Tirésias, le devin n'en jouissait pas moins chez les Grecs de cette vénération qu'avait chez eux tout homme tombé sous la main des dieux.

Œdipe, en le voyant venir, s'avance au-devant de

1.

lui, et alors commence entre le devin et le roi une des plus belles scènes de la tragédie, grande, simple et terrible à la fois comme toute scène qui se passe entre le fort et le faible, et dans laquelle le faible brave le fort.

— Tirésias, dit Œdipe, toi qui connais les sciences humaines et les secrets divins ; toi qui, bien que privé de la vue, sais quel fléau désole cette cité, Tirésias, tu peux être notre sauveur à tous. Apollon, si mes envoyés ne te l'ont pas appris, a répondu à notre demande que le seul remède à cette contagion funeste serait de découvrir les meurtriers de Laïus et de les faire périr ou de les bannir de la Béotie. Ne nous refuse donc pas ton secours, ô divin aveugle ! consulte le vol des oiseaux, appelle à ton aide tous les secours de ton art! sauve Thèbes et toi-même ; sauve-moi et purifie-nous des souillures du meurtre ! En toi seul est notre espoir, savant devin. Crois-moi, le plus bel usage que l'on puisse faire de la science ou du pouvoir, est d'appliquer l'un ou l'autre de ces présents des dieux au salut de ses semblables.

Tirésias répond :

— Hélas ! hélas ! que la science est un funeste présent, quand la science nuit sans cesse à celui qui la possède ! Je le savais par expérience, et cependant je l'ai oublié. Oh ! je n'aurais pas dû venir [1].

— Qu'y a-t-il, et dans quel abattement est-ce que je te vois !

— Laisse-moi partir ; tu serviras mieux ton intérêt et le mien, si tu veux m'en croire.

1. A cette époque de l'art, où la tragédie est dans toute sa simplicité, rarement plus de deux personnages parlent et se répondent à la fois. Il est donc inutile d'indiquer les noms, qui nous prendraient, dans des études qui ont besoin de développements, une place précieuse.

— Tu as tort de parler ainsi, vieillard, et c est ne pas aimer ton pays que de lui refuser le secours de tes oracles.

— Oh! c'est que ta demande est imprudente, et que je crains d'être imprudent en y répondant.

— Au nom des dieux, ne nous cache pas ce que tu sais, devin; vois, nous te supplions, nous sommes à tes pieds.

— C'est que vous êtes tous insensés. Non, je ne romprai jamais le silence; non, je ne révèlerai jamais tant de crimes.

— Que dis-tu? Tu sais tout, et tu refuses de parler! Tu veux nous trahir, tu veux perdre cette ville!

— Je ne veux, ô roi, ni mon malheur, ni le tien. Pourquoi me presses-tu inutilement de tes questions? Tu ne sauras rien de moi.

— O le plus pervers des hommes! car enfin ta résistance irriterait un rocher. Tu ne veux point parler, tu restes inflexible, tu demeures inexorable.

— Tu me reproches de t'irriter; mais tu ne vois donc pas, ô roi, que c'est toi qui irrites les autres! Tu me reproches de t'outrager; mais tu ne vois donc pas que c'est moi que tu outrages!

— Et qui ne s'irriterait de tes paroles et de ton mépris pour cette malheureuse ville?

— Oh! ne craignez rien, le secret fatal se révèlera de lui-même et malgré mon silence.

— Pourquoi ne pas me le dire, puisqu'il doit se révéler?

— Laisse-moi. Tu peux te livrer envers moi à tout l'emportement de ta colère, fais-le.

— Eh bien, oui, puisque tu le veux, et je ne te déguiserai plus mes soupçons. Pour moi, à partir de ce moment, tu parais le complice, je dirai même l'auteur du crime, et, si tu n'étais privé de la lumière, je t'accuserais à l'instant même de l'avoir commis, ô misérable devin!

— Vraiment! Et moi, grand roi, je t'ordonne de te conformer à l'arrêt que tu as prononcé, et, à partir de ce jour, de ne parler ni à moi, ni à aucun Thébain, car tu es l'impie qui souilles cette terre.

— Tu oses m'accuser avec cette impudence! Crois-tu donc ainsi détourner les soupçons?

— Je ne les crains pas, j'ai pour moi la vérité.

— Qui te l'a apprise? Assurément, ce n'est point ton art.

— Toi-même; car c'est toi qui m'as contraint d'interroger le dieu.

— Tu as dit la vérité! Voyons, répète-la, je veux la bien savoir.

— N'as-tu pas entendu? ou veux-tu m'éprouver?

— Je veux être plus certain; répète.

— Eh bien, je te dis que tu es le meurtrier que tu cherches.

— Vieillard, tu ne m'outrageras pas deux fois impunément.

— Faut-il en dire davantage pour redoubler ta colère?

— Dis tout ce qu'il te plaira, tes propos seront vains.

— Je te le déclare, tu ne connais pas ton malheur, puisque tu ignores encore les horribles nœuds que tu as formés.

— Oh! penses-tu que tant d'injures resteront impunies?

— Oui, si la vérité a conservé quelque puissance.

— Elle en a, mais non dans ta bouche, imposteur. Comment l'invoquerais-tu, toi dont les yeux, les oreilles et l'esprit sont à jamais fermées?

— Malheureux! tu me reproches ce que bientôt chaque Thébain te reprochera à toi-même.

— Toi qui vis dans les ténèbres, tu ne saurais nuire ni à moi, ni à aucun de ceux qui sont dans la lumière.

— Ton destin, ô roi, n'est point de tomber sous mes coups. Apollon suffit, c'est lui que la vengeance regarde.

— Voyons, parle franchement, vieillard, l'accusation vient-elle de toi ou de Créon?

— N'accuse pas Créon de tes maux : toi seul en es l'auteur.

Œdipe s'emporte.

— Puisque tu es si bon devin, pourquoi m'as-tu laissé affronter le sphinx? Toi qui lis dans les secrets des dieux, tu pouvais bien lire dans le mystère d'une énigme. Eh bien, ni la protection de Phœbus, ni le vol des oiseaux, ne t'ont rien appris à cette époque où il était si important de savoir, et c'est moi qui ai confondu le monstre par les seuls efforts de ma raison. Aujourd'hui, tu travailles à me renverser, tu espères régner à l'ombre de ton patron Créon ; mais tes intrigues te coûteront cher, ainsi qu'à leur auteur, et, si tu n'étais pas un vieillard, tu serais déjà puni.

Mais Tirésias, au contraire, reste calme.

— Tu es roi, Œdipe ; mais il y a entre nous cette égalité, que je puis te parler sans crainte. Sujet d'Apollon, je ne suis pas le tien, et tu t'es trompé en disant que j'étais inscrit au nombre des clients de Créon. Tu me reproches d'être aveugle ; mais, toi, malheureux, toi qui jouis de la lumière, à quoi te sert-elle, puisque tu ne vois pas le précipice dans lequel tu es tombé, puisque tu ne sais pas où tu habites, ni avec qui tu demeures ? Sais-tu qui t'a donné le jour ? sais-tu qui tu as épousé ? Déesse aux pieds terribles, la malédiction de ton père et de ta mère te repoussera hors de la Béotie ; alors, tes yeux aussi auront cessé de voir. Quel asile ne retentira pas de tes cris que répèteront les antres du Cythéron, ô malheureux roi, quand tu connaîtras l'hymen fatal où est venu échouer ton bonheur. Oh ! tu ne sais pas l'orage de maux qui fondra sur toi, et qui, en t'apprenant enfin qui tu es, te rendra égal à toi-même et égal à tes enfants. Insulte-moi donc, insulte donc Créon, insulte donc les dieux. Nul mortel, ô Œdipe, ne mènera une vie plus misérable que toi.

— Oh ! en est-ce assez, et peut-on supporter plus d'outrages d'une bouche plus vile ? Malédiction sur toi ! Ne partiras-tu pas ? ne t'éloigneras-tu pas enfin de ces lieux ?

— Je n'y serais pas venu si tu ne m'avais point appelé.

— Lorsque j'eus cette imprudence, j'ignorais que tu tiendrais de pareils discours ; autrement, crois-moi, j'eusse été moins pressé de te faire venir.

— Je suis insensé, n'est-ce pas? Soit; mais ton père et ta mère me jugeaient plus raisonnable.

— Mon père et ma mère, tu les a donc connus? (Le devin veut sortir.) Arrête! Qui m'a donné la vie?

— Écoute. Ce jour te donnera tout à la fois la naissance et la mort.

— En vérité, tes paroles ne sont que de ténébreuses énigmes.

— N'es-tu pas habile à les expliquer, toi qui as deviné celle du sphinx?

— Il ne te manquait plus que de me reprocher ce qui fait ma gloire.

— C'est cette gloire qui t'a perdu.

— J'ai sauvé Thèbes, peu m'importe.

— Je me retire. (A son guide.) Enfant, conduis-moi.

— Pars donc! il y a longtemps que ta présence me lasse; absent, tu ne me fatigueras plus.

— Je pars; mais je ne serai pas venu en vain : je parlerai sans crainte, car il n'est pas en ton pouvoir de me perdre. Cet homme que tu cherches, ce meurtrier que tu as maudit, il est dans Thèbes; on le croit étranger, on apprendra qu'il est Thébain, et lui sera loin de se réjouir de cette découverte : il perdra la vue, il perdra ses richesses; aveugle, pauvre, exilé, un bâton à la main, il sera errant sur la terre étrangère; alors, il sera reconnu pour le père et le frère de ses enfants, pour le fils et l'époux de sa mère, et pour le meurtrier de son père, dont son inceste aura souillé la couche. Maintenant, rentre dans ton palais, et réfléchis à ce que je te dis; et, si mes paroles sont fausses, dis alors, mais alors seulement, que je suis un faux devin.

Relisez tout l'*OEdipe* de Voltaire, et, si vous y trouvez une seule scène faite avec cette simplicité antique, cette gradation terrible, dites de votre côté que je suis un mauvais juge.

A la sortie du devin, le chœur remplit le vide par des strophes dans lesquelles il doute de la science devineresse de Tirésias. Il est interrompu par l'arrivée de Créon.

Créon sait l'accusation qu'Œdipe a portée contre lui; il revient en appeler au peuple. Le chœur essaye de calmer l'irritation de l'ancien régent.

Œdipe arrive.

Au milieu de la querelle que soulève entre les deux princes l'accusation d'Œdipe, Jocaste paraît; c'est sa première entrée. Avec une simplicité toute primitive, Sophocle ne pousse ses personnages en scène qu'au fur et à mesure du besoin qu'il a d'eux.

— Malheureux! dit Jocaste, pourquoi vous livrer à ces querelles insensées? Ne rougissez-vous pas d'entretenir vos haines privées au milieu des malheurs qui affligent la patrie? Œdipe, mon époux! Créon, mon frère! n'excitez pas des discordes funestes.

CRÉON. — Ma sœur, Œdipe, ton époux, me menace des plus cruels traitements, et me réserve, dit-il, ou l'exil ou la mort.

ŒDIPE. — Je l'ai surpris tramant d'odieux complots contre moi.

CRÉON. — Que je meure et que tes malédictions s'accomplissent, si j'ai rien fait de ce qu'on m'impute!

JOCASTE. — Œdipe, crois à ses serments; crois aux dieux qu'il invoque, et moi-même, et ces Thébains qui l'entourent.

LE CHŒUR. — Laisse-toi persuader, Œdipe, je t'en supplie!

ŒDIPE. — Que demandes-tu de moi?

LE CHŒUR. — Ne déshonore point, par d'injustes soupçons, un ami qui s'est lié à toi par la foi du serment.

ŒDIPE. — Eh bien, qu'il parte! Dussé-je payer son départ de ma mort ou de mon exil, je cède à vos larmes et non à ses prières; car, pour lui, en quelque lieu qu'il soit, il me sera toujours odieux.

CRÉON. — Tout en cédant, tu te montres implacable; mais

tu t'en voudras à toi-même quand ta colère sera calmée.

ŒDIPE. — Ne partiras-tu pas, enfin !

CRÉON. — Je pars méconnu de toi ; mais le peuple me rend plus de justice.

Créon sort. Le chœur invite Jocaste à faire rentrer Œdipe au palais ; mais Jocaste veut savoir d'Œdipe d'où vient sa colère contre Créon.

— Au nom des dieux ! dit-elle, apprends-moi ce qui a excité à ce point ta colère ?

— Jocaste, répond Œdipe, je te révère plus que personne ; je te dirai quel complot Créon a tramé contre moi.

— Parle, et explique-moi clairement le sujet de la querelle.

— Il m'accuse d'être le meurtrier de Laïus.

— T'accuse-t-il lui-même ou sur le rapport d'autrui ?

— Il a suborné un misérable devin ; car, pour lui-même, il se tait absolument sur ce point.

— Laisse là tous ces soins, Œdipe, et sache que les choses humaines n'ont rien à faire avec l'art des devins. Je veux t'en donner une preuve bien simple. Un oracle dicté, je ne dis point par Apollon lui-même, mais par ses ministres, prédit autrefois à Laïus que son destin était de périr par la main du fils qu'il aurait de moi ; et cependant, on assure que des brigands étrangers l'ont tué dans un chemin qui se partage en trois sentiers. — Ce malheureux enfant avait à peine trois jours, quand ses pieds ont été percés, et qu'il a été exposé par une main étrangère sur une montagne déserte. Apollon n'a pas réalisé cette prédiction, qu'il deviendrait le meurtrier de son père, et que Laïus, à qui l'oracle avait causé une si grande terreur, périrait de la main de son fils ; et cependant, Delphes avait parlé. Ne t'inquiète donc point de toutes ces prophéties : ce que le dieu juge nécessaire, il saura bien le révéler.

C'est alors seulement qu'Œdipe, qui a dévoré les paroles qui lui sont adressées au fur et à mesure qu'elles sortent de la bouche de Jocaste, — commence à voir clair à la fois dans l'oracle et dans sa vie.

— Que viens-je d'entendre, ô femme! s'écrie-t-il, et quels doutes tes paroles jettent dans mon âme!
— Quelle inquiétude te prend et te fait parler ainsi?
— N'as-tu pas dit que Laïus fut tué dans un chemin qui se partage en trois sentiers?
— On l'a dit ainsi, c'est vrai, et jamais ce bruit n'a été démenti.
— Et dans quel pays se passa ce funeste événement!
— En Phocide, à l'endroit où se rejoignent les routes de Delphes et de Daulis.
— Combien de temps s'est écoulé depuis?
— Ces événements nous furent connus peu de temps avant l'époque où tu devins roi de ce pays.
— O Jupiter! que décides-tu de moi?
— Œdipe, que se passe-t-il dans ton âme?
— Attends encore pour m'interroger. Mais Laïus, dis-moi, quelle était la taille, quel était l'âge de Laïus?
— Sa taille était haute, ses cheveux commençaient à blanchir, et ses traits, chose étrange! ressemblaient aux tiens.
— Malheureux! sans le savoir, c'est contre moi-même que j'ai lancé ces terribles imprécations.
— Que dis-tu? Je n'ose plus te regarder.
— Oh! le devin aurait-il dit vrai? — Encore un mot, Jocaste, et je n'aurai plus de doute.
— Je tremble; mais n'importe, parle, je répondrai.
— N'avait-il avec lui qu'une petite escorte? ou était-il entouré de gardes nombreux, comme il convient à un roi?
— Cinq hommes faisaient toute l'escorte, et au nombre de ces cinq hommes était le héraut. Un seul char menait Laïus.
— Hélas! hélas! tout est clair maintenant. — Quel est l'homme qui donna tous ces détails?
— Un de ses serviteurs échappé seul du danger.
— Est-il encore ici?
— Non; à peine de retour à Thèbes, te voyant sur le trône

et Laïus au tombeau, il me pria, en me serrant les mains, de l'envoyer loin de cette ville à la campagne garder nos troupeaux. Je lui accordai sa demande. Certes, ce fidèle serviteur eût mérité une autre récompense.

— Ne pourrait-on l'appeler vivement ici?

— Sans doute; mais pourquoi l'appeler?

— En effet, je crains bien d'en savoir déjà trop sur ce que je veux apprendre de lui.

— Soit, il viendra; mais ne suis-je pas digne que tu me confies tes douleurs?

— Tu vas les connaître.

Alors, Œdipe raconte à Jocaste sa prétendue naissance, l'insulte de son compagnon d'orgie, la réponse de l'oracle qui lui prédit qu'il sera l'assassin de son père et l'époux de sa mère, sa résolution de ne plus retourner à Corinthe, son combat avec un vieillard accompagné de cinq hommes et conduisant un char. Et, reconnaissant que c'est lui, en effet, qui est le meurtrier de Laïus, il s'écrie :

— Il faut m'exiler; mais, dans mon malheur, je ne puis ni revoir les miens, ni remettre le pied sur le sol de ma patrie, car, là, une nouvelle prédiction m'attend. Ne suis-je pas menacé de tuer mon père et de devenir l'époux de ma mère?

LE CHŒUR. — Nous partageons tes craintes; mais, jusqu'à ce que celui qui va venir ait éclairci tous tes doutes, conserve l'espérance.

Mais, au lieu du pâtre arrive un messager tout poudreux, comme un homme qui vient de faire une longue route.

Jocaste seule est en scène; quant à Œdipe, il est rentré dans le palais.

Le messager s'adresse au chœur.

LE MESSAGER. — Étranger, pourrais-je savoir de vous où est le palais d'Œdipe ? ou plutôt dites-moi où il est lui-même, si toutefois vous le savez.

LE CHŒUR. — Il est en ce palais ; mais voici devant toi sa femme, la mère de ses enfants.

LE MESSAGER. — Puisse cette reine accomplie être toujours entourée de prospérité !

JOCASTE. — Je fais les mêmes vœux pour toi, étranger, tu les mérites par ton langage ; mais dis-moi ce qui t'amène à Thèbes et quelle nouvelle tu viens nous annoncer.

LE MESSAGER. — D'heureuses nouvelles pour ton époux et pour ta famille.

JOCASTE. — Quelles sont-elles, et d'où viens-tu ?

LE MESSAGER. — De Corinthe. Les nouvelles, cependant, quoique heureuses, vous causeront peut-être quelque peine.

JOCASTE. — Comment peuvent-elles avoir ce double résultat ?

LE MESSAGER. — Les habitants de Corinthe veulent le faire roi, à ce que l'on assure.

JOCASTE. — Comment ! le vieux Polybe n'est-il plus sur le trône ?

LE MESSAGER. — Non ; il est dans le tombeau.

JOCASTE. — Que dis-tu ! Polybe est mort ?

LE MESSAGER. — Que je meure, si je ne dis la vérité.

JOCASTE. — O femme, va, cours, et annonce cette mort à ton maître. Oracle des dieux, qu'êtes-vous devenus ! Œdipe a fui de Corinthe dans la crainte de tuer son père, et voilà que le père succombe sous les coups du sort, et non sous ceux de son fils. (Entre Œdipe.)

ŒDIPE. — Épouse bien-aimée, pourquoi m'envoies-tu chercher ?

JOCASTE. — Écoute le récit de cet étranger, et tu verras quelle foi tu dois ajouter aux oracles si respectés des dieux.

ŒDIPE. — Quel est cet étranger, et que vient-il m'apprendre ?

JOCASTE. — Il vient de Corinthe pour t'annoncer que Polybe, ton père, n'est plus.

ŒDIPE. — Que dis-tu, étranger? Parle toi-même.

LE MESSAGER. — Si je dois commencer par la nouvelle mauvaise, Polybe a cessé de vivre.

ŒDIPE. — Est-il mort victime d'un crime ou de maladie?

LE MESSAGER. — Le moindre accident abat la vieillesse.

ŒDIPE. — Ainsi, la maladie a terminé ses jours?

LE MESSAGER. — Son âge avancé, plus encore que la maladie.

ŒDIPE. — Voilà donc à quoi sert de consulter les autels prophétiques de Delphes ou le chant des oiseaux! D'après les oracles, je devais tuer mon père, et mon père est mort à Corinthe, et moi, tranquille à Thèbes, je n'ai point tranché ses jours. A moins cependant que le regret de mon départ ne l'ait mis au tombeau; c'est ainsi seulement que je pourrais être cause de sa mort; mais Polybe est descendu aux enfers emportant avec lui ces oracles impuissants.

JOCASTE. — Ne t'avais-je pas depuis longtemps prédit ce qui arrive?

ŒDIPE. — Tu me l'as dit, c'est vrai, mais j'étais aveuglé par la crainte.

JOCASTE. — Éloigne donc ces vaines alarmes.

ŒDIPE. — Il me reste à redouter de devenir l'époux de ma mère.

. . . .

LE MESSAGER. — Quelle est la femme qui cause vos craintes?

ŒDIPE. — Mérope, l'épouse de Polybe.

LE MESSAGER. — Que redoutez-vous de ce côté?

ŒDIPE. — La plus terrible des prédictions.

LE MESSAGER. — Peut-on la connaître?

ŒDIPE. — Écoute. Apollon me prédit un jour que j'épouserais ma mère et que mes mains verseraient le sang de mon père. Je m'enfuis alors loin de Corinthe, et je ne me suis jamais repenti de cette fuite, quoiqu'il soit bien doux de voir les auteurs de ses jours.

LE MESSAGER. — Quoi! ce sont là les craintes qui t'éloignent de Corinthe, ô roi?

ŒDIPE. — Ce fut pour ne point devenir le meurtrier de mon père et l'époux de ma mère.

LE MESSAGER. — Je veux dissiper tes craintes, alors.

ŒDIPE. — Toi?

LE MESSAGER. — Oui, car je suis disposé à te servir.

ŒDIPE. — Alors, tu pourras compter sur ma reconnaissance.

LE MESSAGER. — Je l'avoue, je suis venu ici surtout dans l'espérance d'être récompensé par toi à ton retour à Corinthe.

ŒDIPE. — Oh! je ne retournerai jamais près de ceux qui m'ont donné le jour.

LE MESSAGER. — Mon fils, tu ne sais pas ce que tu fais.

ŒDIPE. — Je ne te comprends pas. Au nom des dieux, vieillard, explique-toi!

LE MESSAGER. — Est-ce le motif que tu as dit qui t'éloigne de Corinthe?

ŒDIPE. — Je crains que l'oracle ne s'accomplisse.

LE MESSAGER. — Tu crains de commettre un double crime sur les auteurs de tes jours.

ŒDIPE. — Oui, vieillard, et c'est pourquoi je tremble.

LE MESSAGER. — Eh bien, apprends que tu trembles sans raison, ô roi! Polybe ne t'était rien par le sang.

ŒDIPE. — Que dis-tu! Polybe ne m'a point donné le jour?

LE MESSAGER. — Pas plus que moi-même.

ŒDIPE. — Mais pourquoi m'appelait-il son fils?

LE MESSAGER. — Il t'avait reçu de mes mains.

ŒDIPE. — Comment donc, alors, chérissait-il à ce point un enfant étranger?

LE MESSAGER. — Il était sans enfants, sa tendresse se reporta sur toi.

ŒDIPE. — M'avais-tu acheté, ou étais-tu mon père?

LE MESSAGER. — Je t'avais trouvé sur les rochers déserts du Cythéron.

ŒDIPE. — Quel motif te conduisait en ces lieux déserts?

LE MESSAGER. — Je gardais les troupeaux du roi sur la montagne.

ŒDIPE. — Tu étais donc berger, menant, pour un salaire, une vie errante?

LE MESSAGER. — Ce qui ne m'empêcha point d'être ton sauveur, ô mon fils!

OEDIPE. — Quel était mon mal, et dans quel état m'as-tu trouvé?

LE MESSAGER. — Regarde tes pieds, tes pieds rendront témoignage.

OEDIPE. — Dieu! quel terrible souvenir!

LE MESSAGER. — Je détachai les liens qui traversaient tes talons.

OEDIPE. — Signe fatal et honteux!

LE MESSAGER. — Et c'est ce qui te fit donner le nom que tu portes.

OEDIPE. — Au nom des dieux, est-ce par l'ordre de mon père ou de ma mère que j'ai été exposé en cet état?

LE MESSAGER. — Je ne sais; celui qui te remit entre mes mains pourrait seul te répondre.

OEDIPE. — Tu m'as donc reçu des mains d'un autre? tu ne m'as donc pas trouvé toi-même?

LE MESSAGER. — Non, un autre berger te remit à moi.

OEDIPE. — Quel est-il? pourrais-tu me le désigner?

LE MESSAGER. — C'était un serviteur de Laïus.

OEDIPE. — L'ancien roi de Thèbes?

LE MESSAGER. — Oui; il avait la garde de ses troupeaux.

OEDIPE. — Vit-il encore? Pourrais-je le voir?

LE MESSAGER. — Vous pouvez le savoir mieux que moi, vous qui habitez le pays.

OEDIPE, se retournant vers le chœur. — Y a-t-il quelqu'un de vous qui connaisse le berger dont parle cet homme, et qui l'ait vu, soit dans la campagne, soit à Thèbes? S'il est un homme qui sache cela, que cet homme parle, car il faut que ce fait soit éclairci sur-le-champ.

LE CHOEUR. — Je pense que c'est précisément ce même berger retiré à la campagne, que tu as désiré voir; mais demande à Jocaste, elle pourra te répondre mieux que personne.

OEDIPE. — Femme, penses-tu que ce berger que nous avons envoyé chercher soit véritablement celui dont parle cet homme?

JOCASTE. — Que t'importe celui dont il parle? Ne t'inquiète de rien, oublie de vaines paroles.

OEDIPE. — Non, rien, rien ne pourra m'empêcher de chercher les indices qui peuvent me révéler ma naissance.

JOCASTE. — Au nom des dieux, si tu tiens encore à la vie, renonce à tes recherches; j'ai déjà bien assez de tourments ainsi.

OEDIPE. — Quand je serais trois fois esclave par une triple mère, cet opprobre ne rejaillira point sur toi.

JOCASTE. — Je t'en supplie, cependant, arrête-toi.

OEDIPE. — Non, rien ne m'empêchera de pénétrer ce mystère.

JOCASTE. — Je sais ce que je dis; crois-moi, mon conseil est le meilleur à suivre.

OEDIPE. — Il y a trop longtemps déjà que les excellents conseils me fatiguent; il faut que je sorte de mon doute.

JOCASTE. — Infortuné, puisses-tu ne jamais savoir qui tu es.

OEDIPE, impatient. — M'amènera-t-on enfin ce berger?

JOCASTE, sortant. — Hélas! hélas! malheureux! c'est le seul nom que je puisse te donner. (Elle sort.)

Je doute que tout l'art moderne aille plus loin que cette simplicité antique; une telle scène mise en vers fermes, graves et bien rimés, eût été sublime jouée par Talma, mademoiselle Georges et Damas.

OEdipe est resté seul avec le chœur et le messager : les paroles funestes de Jocaste, qui lui donnent à pressentir les plus grands malheurs, ne peuvent l'arrêter dans sa route. Entré dans la voie fatale, il ira jusqu'au bout; d'ailleurs, il croit qu'il n'est encore question pour lui que d'une naissance obscure, et il se sent au-dessus de la multitude encore plus par son génie que par sa fortune.

Aussi s'écrie-t-il :

— Malgré tout ce qui peut éclater, je veux connaître ma naissance, dût-elle être la plus humble ; que Jocaste rougisse de mon obscurité, on peut pardonner cet orgueil à une femme ; mais moi, fils de la Fortune, élevé par elle au plus haut rang, je n'aurai point à rougir, car la Fortune est ma mère !

Alors s'avance le chœur, c'est à lui de parler. OEdipe est encore sur le trône, il flatte OEdipe.

LE CHŒUR. — Si je sais lire dans l'avenir, si j'ai l'intelligence des événements, ô Cythéron ! demain, lorsque la lune sera dans son plein, tu te verras honoré par nous, ô mont sacré ! comme le père et le nourricier d'OEdipe, et célébré par nos danses, pour la protection que tu accordes à nos rois. Apollon sauveur, exaucez ces vœux ! — O mon fils, quelle fille des dieux t'a donné le jour ? Serait-ce quelque amante du dieu Pan qui erre sur la montagne, ou quelque maîtresse d'Apollon ? — car ce dieu se plaît aussi sur les collines aux riches pâturages, — ou le dieu de Cythère ? ou Bacchus, qui habite la cime des monts, t'aurait-il eu des nymphes de l'Hélicon, avec lesquels il se plaît à folâtrer ?

Cette flatterie du chœur, qui veut absolument que, du moment où OEdipe ne connaît pas son père, OEdipe soit le fils d'un dieu, est interrompue par l'arrivée du berger qu'OEdipe a envoyé chercher.

OEdipe le voit venir de loin, et, s'adressant au chœur d'abord, puis au Corinthien qui vient de lui annoncer la mort de Polybe.

— Étranger de Corynthe, dit-il, est-ce là celui dont nous parlais ?

LE MESSAGER. — C'est lui-même.

OEDIPE, au berger. — Vieillard, réponds-moi et réponds toutes mes demandes. Tu étais au service de Laïus ?

LE BERGER. — J'étais son esclave, non point pour avoir été acheté par lui, mais pour avoir été élevé dans son palais.

ŒDIPE. — Quel était ton emploi, ton occupation?

LE BERGER. — La plupart du temps, je conduisais les troupeaux.

ŒDIPE. — Quels étaient les lieux que tu fréquentais plus particulièrement?

LE BERGER. — Le Cythéron et les pâturages qui l'entourent.

ŒDIPE, lui montrant le Corinthien. — Y as-tu jamais vu cet homme?

LE BERGER. — De quel homme parles-tu?

ŒDIPE. — De celui qui est là devant tes yeux. Ne l'as-tu jamais rencontré?

LE BERGER. — Non, autant du moins que mes souvenirs me permettent de l'affirmer.

LE MESSAGER. — Il n'y a rien d'étonnant à cela, ô maître! Mais je rappellerai bientôt ses souvenirs effacés; je sais très-bien qu'il m'a vu sur les pâturages du Cythéron; il conduisait deux troupeaux : je n'en avais qu'un. Nous restâmes ensemble trois mois entiers, depuis la fin du printemps jusqu'au lever de l'Aréthuse; et, l'hiver venu, nous ramenâmes nos troupeaux, moi dans mes bergeries, lui dans celles de Laïus. Y a-t-il, dans tout ce que je dis, quelque chose qui ne soit exact?

LE BERGER. — C'est vrai; mais tu parles d'un temps bien reculé.

LE MESSAGER. — Dis-moi, te souviens-tu alors que tu me remis un enfant pour l'élever comme le mien?

LE BERGER. — Que veux-tu dire? Pourquoi cette question?

LE MESSAGER. — C'est que voici devant toi celui qui était alors enfant.

LE BERGER. — Oh! misérable!... ne peux-tu donc te taire?

ŒDIPE. — Ne le maltraite pas, vieillard; c'est toi et non lui qui mérites le blâme.

LE BERGER. — Qu'ai-je donc fait de mal, ô le meilleur des maîtres?

ŒDIPE. — Pourquoi ne réponds-tu pas sur cet enfant dont je te parle?

LE BERGER. — Il ne sait ce qu'il dit, et prend une peine inutile.

ŒDIPE. — Prends garde, vieillard! si tu refuses de parler de bonne volonté, on trouvera moyen de te faire parler de force.

LE BERGER. — Au nom des dieux! ne maltraite pas un vieillard, ô roi!

ŒDIPE. — Qu'on lui lie les mains derrière le dos.

LE BERGER. — Malheureux!... et pourquoi? que veux-tu apprendre?

ŒDIPE. — Lui as-tu remis un enfant?

LE BERGER. — Oui, je le lui donnai. Oh! que ne suis-je mort ce jour-là!

ŒDIPE. — Ce qui eût dû t'arriver ce jour-là t'arrivera aujourd'hui si tu ne dis pas la vérité.

LE BERGER. — Ce sera bien plutôt si je parle.

ŒDIPE. — En vérité, cet homme ne cherche que des délais.

LE BERGER. — J'ai déjà dit que je lui avais remis l'enfant.

ŒDIPE. — Oui, mais d'où le tenais-tu? était-il à toi? l'avais-tu reçu d'un autre?

LE BERGER. — Il n'était point à moi, je l'avais reçu de quelqu'un.

ŒDIPE. — De qui? de quelle maison?

LE BERGER. — Au nom des dieux, ne me questionne pas davantage.

ŒDIPE. — Vieillard! tu es mort, si tu me forces de répéter ma question.

LE BERGER. — Eh bien, celui qui me l'avait remis était de la maison de Laïus.

ŒDIPE. — Esclave, ou de la famille du roi?

LE BERGER. — Hélas! hélas! voilà le secret le plus terrible à révéler.

ŒDIPE. — Et le plus terrible à entendre, n'est-ce pas? Parle cependant.

LE BERGER. — On disait l'enfant, fils de Laïus ; mais Jocaste, mieux que personne, pourrait t'éclairer là-dessus.

ŒDIPE. — Est-ce donc elle qui te le remit

LE BERGER. — Elle-même.

ŒDIPE. — Dans quelle intention ?

LE BERGER. — Pour le faire périr.

ŒDIPE. — Elle qui l'avait enfanté ?

LE BERGER. — Elle redoutait de funestes oracles.

ŒDIPE. — Que disaient-ils ?

LE BERGER. — Qu'il tuerait l'auteur de ses jours.

ŒDIPE. — Pourquoi le remis-tu à ce vieillard ?

LE BERGER. — J'en eus pitié. Je crus qu'il l'emporterait dans sa patrie, sur une terre étrangère ; il l'a conservé pour les plus grands malheurs, car tu es celui dont il parle, tu es le plus infortuné des hommes.

ŒDIPE. — Hélas ! hélas ! tout est révélé maintenant. O soleil, je te vois pour la dernière fois ! Il est trop vrai, par ma naissance, par mon mariage, par mon parricide, j'ai violé les plus saintes lois de la nature.

OEdipe sort désespéré, et le chœur s'écrie :

— O race des mortels, que votre vie est peu de chose ! L'homme le plus heureux a-t-il autre chose que l'apparence du bonheur ? Et encore, combien facilement s'évanouit cette apparence ? O OEdipe ! instruit par l'exemple de ta destinée, je ne croirai plus au bonheur d'aucun mortel.

C'est l'enfance de l'art, j'en conviens ; mais, convenez-en aussi, c'est l'apogée du génie.

Au milieu des plaintes du chœur, on voit à pas lents s'avancer *un envoyé ;* c'est l'acteur chargé, dans presque tous les drames grecs, de faire ce qu'on appelait le récit.

En le voyant, le chœur se tait et chacun écoute.

L'ENVOYÉ. — O vous qui êtes les habitants les plus respectés de Thèbes, quels malheurs vous allez entendre, quels malheurs vous allez voir, quelle douleur va s'emparer de vous si vous portez encore quelque intérêt à la famille des Labdacides ! Non, les eaux de l'Ister, ni celles du Phase, ne suffiraient point à laver les souillures cachées dans ce palais; mais voici d'autres désastres volontaires qui vont paraître au grand jour, et, de tous les maux, les plus cuisants sont ceux que l'on s'est infligés soi-même.

LE CHOEUR. — Hélas! ceux que nous connaissons n'étaient-ils pas assez déplorables! que te reste-t-il à annoncer?

L'ENVOYÉ. — Oh! ce ne sera pas long : Jocaste est morte.

LE CHOEUR. — Malheureuse! Et qui l'a tuée?

L'ENVOYÉ. — Elle-même, de ses propres mains. Ah! vous ne la plaindrez pas comme elle mérite d'être plainte; car vous ne verrez pas ce que j'ai vu. Mais, autant que c'est possible à la langue de l'homme, je vous dirai les souffrances de cette malheureuse reine. En proie au désespoir, à peine eut-elle franchi la porte du palais, qu'elle courut vers la couche nuptiale, arrachant sa chevelure à pleines mains; et, à peine entrée, fermant derrière elle et violemment la porte du gynécée, là, elle tombe à genoux, évoque l'ombre de Laïus, lui rappelle le souvenir de ce fils oublié qui devait donner la mort à son père et avoir de sa mère des enfants incestueux. Elle arrose cette couche, où, doublement infortunée, elle eut un fils de son époux; et des enfants de son enfant. Comment elle périt après cette évocation, nous ne le vîmes point, car ce fut alors le tour d'Œdipe de se précipiter en poussant de grands cris, ce qui nous détourna de Jocaste. Nous courûmes à lui, mais lui errait çà et là, demandant une épée.

« Où est, disait-il, où est celle que j'appelais ma femme et qui ne l'est pas, et qui est à la fois ma mère et celle de mes enfants? »

Dans sa fureur, je ne sais quel dieu lui indiqua le lieu où Jocaste était réfugiée, car, à coup sûr, ce ne fut aucun de nous. Poussant alors de grands cris, et comme si quelqu'un le guidait, il enfonça les portes, fit sauter les battants de leurs gonds et s'élança dans l'appartement.

Là, par l'ouverture qu'il a laissée en passant, nous voyons Jocaste encore suspendue au lien fatal qui a terminé sa vie. A cette vue, Œdipe poussa un rugissement de lion et détacha le lien funeste ; le corps tomba gisant à terre, et alors on vit un affreux spectacle : Œdipe, arrachant les agrafes qui attachaient le manteau de Jocaste à ses épaules, Œdipe en frappa ses yeux, qui n'avaient vu ni ses malheurs ni ses crimes. Et, en même temps, nous vîmes le sang jaillir de ses yeux et inonder son visage. Et ce n'étaient pas seulement des gouttes qui s'en échappaient, mais une pluie noire, mais un double torrent de sang.

Tels sont les maux des deux époux, et c'est ainsi que furent confondues leurs infortunes. Heureux hier encore, ils jouissaient d'un bonheur qu'on croyait inaltérable. Malheureux aujourd'hui, les gémissements, le désespoir, l'opprobre, la mort, rien ne manque à leur malheur.

LE CHOEUR. — Et maintenant, que devient notre roi infortuné ?

L'ENVOYÉ. — Il crie d'ouvrir les portes. Il veut exposer lui-même aux yeux des Thébains ce parricide, ce fils dont la mère... Je ne répéterai point ses blasphèmes. Il est résolu à s'exiler de la Béotie. Il ne veut plus rester dans ce palais, sous le poids des malédictions qu'il a lancées contre lui-même. Cependant, il a tout à la fois besoin de secours et de guide. Son malheur est au-dessus des forces humaines ; d'ailleurs, tu vas en être témoin ; les portes s'ouvrent, tu vas voir un spectacle qui attendrirait un ennemi.

Œdipe paraît chancelant, sans soutien, les bras étendus dans le vide, les yeux ensanglantés.

Alors, le chœur s'écrie :

— O spectacle horrible ! le plus horrible qui ait jamais frappé mes yeux ! Malheureux prince, quel vertige s'est donc emparé de toi ? quel dieu ennemi a donc fait fondre sur toi toutes ces calamités ? Hélas ! je ne puis même supporter ta vue, moi qui, cependant, aurais tant de questions à te faire, tant de choses à apprendre de toi ou à contempler en toi ; je ne le puis, car ton seul aspect me fait frissonner.

OEDIPE. — Hélas! hélas! misérable que je suis. En quels lieux me portent mes pas? où s'égarent les accents de ma voix? O Fortune! dans quel abîme m'as-tu précipité?

LE CHOEUR, se détournant. — Dans des horreurs qu'on ne peut ni voir ni entendre.

OEDIPE. — O ténèbres! nuages odieux, implacables, qui m'enveloppent sans retour d'une impénétrable obscurité! Malheur à moi, mille fois malheur! Ah! de quels coups de poignard me frappent à la fois mes douleurs présentes et le souvenir de mes douleurs passées!

LE CHOEUR. — Au milieu de tant de maux, il n'est pas étonnant que tu aies doublement à gémir, doublement à souffrir.

OEDIPE, tendant les bras vers le chœur. — O mes amis! vous m'êtes donc fidèles? Vous n'abandonnez donc pas le malheureux privé de la lumière du jour? Oh! je ne me trompe point, et, quoique mes yeux ne puissent plus vous voir, je reconnais et je distingue la voix de chacun de vous.

LE CHOEUR. — Oh!, quelle résolution affreuse as-tu donc prise! quel Dieu a poussé ton bras contre toi-même?

OEDIPE. — Apollon, mes amis, oui, Apollon lui-même, c'est lui qui est l'auteur de mes maux, la cause de mes souffrances ; non pas que ce soit lui qui m'ait frappé ; non, ma main, ma main seule m'a mis dans l'état où vous me voyez. Hélas! que me servait de voir, puisque je ne pouvais plus rien voir que d'attristant?

LE CHOEUR. — Il n'est que trop vrai.

OEDIPE. — Et, en effet, mes amis, dites, que pourrais-je donc encore voir, entendre, aimer avec plaisir? Oh non! chassez-moi de cette terre, délivrez-la au plus tôt du coupable qui lui pèse, d'un monstre chargé de la haine des hommes et des dieux.

LE CHOEUR. — O OEdipe! toi qui es doublement malheureux, et par ta misère et par la conscience que tu en as, plût aux dieux que je ne t'eusse jamais connu.

œdipe. — Oh! périsse celui qui, dans ces forêts, détacha les liens de mes pieds et me sauva de la mort, funeste bienfait; j'eusse péri, et je ne serais pas à cette heure, pour mes amis et pour moi-même, un éternel sujet de douleur.

le chœur. — Oh! oui, tu as bien raison, Œdipe, pourquoi n'es-tu pas mort?

œdipe. — Je n'eusse pas été le meurtrier de mon père, ni l'époux de celle qui m'a donné le jour; maintenant, abandonné des dieux, fils de parents impies, j'ai eu des enfants de celle dont je suis né moi-même, et, s'il est des maux plus horribles encore, ces maux-là ont fondu sur moi.

le chœur. — Oui, mais pourquoi ce châtiment cruel? ne valait-il pas mieux ne plus vivre que de vivre aveugle?

œdipe. — Oh! ne condamnez pas ma résolution, j'ai fait ce qu'il y avait de mieux à faire; de quels yeux, descendu dans le séjour des morts, y regarderai-je mon père, de quels yeux ma mère, sur laquelle j'ai commis des crimes que la pendaison elle-même ne saurait expier? Diras-tu qu'il m'eût été doux de voir grandir mes enfants sous mes yeux; jamais je n'aurais pu supporter leur vue; je ne pouvais plus regarder cette ville, ces murs, ces images sacrées des dieux que moi seul, entre les Thébains, je me suis interdit à moi-même, lorsque je vous ordonnai à tous de bannir le coupable, — moi, l'impie que les dieux ont désigné pour l'impur sorti du sang de Laïus. Après avoir ainsi révélé mon opprobre, dites, pouvais-je encore en voir les témoins d'un œil assuré? Non. Que ne puis-je éteindre en moi les sources de l'ouïe comme j'ai éteint celles de la vue. Oh! ce serait un bonheur d'être non-seulement aveugle, mais sourd; c'est une consolation que de n'avoir pas le sentiment de son malheur. — O Cythéron, pourquoi m'as-tu donné asile, et pourquoi, au contraire, ne m'as-tu pas donné la mort, afin de cacher au monde le secret de ma naissance! O Polybe, ô Corinthe, palais antique que je nommais le palais paternel, quel amas de crimes vous nourrissiez en moi sous ses brillants dehors! Et voilà que maintenant je me trouve être un coupable issu d'une race coupable; ô triple chemin, sombre vallée, forêt témoin de mon crime, étroit sentier à l'embranchement de trois routes, qui avez bu le sang de mon père versé par mes mains, avez-vous gardé le souvenir des crimes que je commis alors et de ceux que je commis ensuite, une fois arrivé à Thèbes? O hymen funeste, tu m'as donné la vie, et, après me l'avoir donnée, tu fis rentrer mon sang dans ces mêmes flancs où je fus formé, et par là tu produisis des pères, des frères, des fils, fatal assemblage, des femmes, des épouses et des mères, et tout ce que les hommes, enfin, virent jamais de plus affreux... Ah! c'en est trop, il est horrible de redire ce qu'il est horrible de faire. Au nom des dieux, amis, hâtez-vous, poussez-moi sur quelque terre écartée; arrachez-moi la vie, précipitez-moi dans les flots, jetez-moi dans quelque abîme d'où je ne puisse sortir; approchez, ne craignez pas de toucher un malheureux; croyez-moi, ne craignez rien, les malheurs qui m'accablent sont bien à moi et ne peuvent atteindre aucun autre homme que moi.

En ce moment, Créon, qu'OEdipe a soupçonné, Créon qu'il a voulu punir de mort pour un crime que lui, OEdipe, avait commis, Créon arrive, conduisant les deux filles d'OEdipe, Antigone et Ismène.

Il vient pour empêcher OEdipe de se donner ainsi en spectacle aux habitants de Thèbes, et, d'une voix douce et fraternelle, il invite OEdipe à rentrer au palais.

— Ah! dit OEdipe, puisque, trompant mon attente, tu payes de la plus généreuse amitié mes cruels outrages, je te conjure de préparer un tombeau pour celle dont le corps est étendu dans ce palais. Je me repose de ce soin sur ton attachement pour les tiens. Quant à moi, la ville de mes pères ne me possédera plus vivant. Laisse-moi aller sur les montagnes, sur le Cythéron, ma patrie que ma mère et mon père m'avaient désignée dès ma naissance pour tombeau, afin que je meure où ils voulaient me faire périr. Quant à mes enfants, je ne te recommande pas mes fils, Créon, ils sont hommes, et, partout où ils seront, ils ne manqueront de rien. Mais je laisse deux filles dignes de pitié. Autrefois, elles s'asseyaient à ma table, et je ne touchais à aucun aliment dont elles n'eussent leur part. Veille sur elles avec tendresse. Permets-moi de les toucher encore, et de pleurer avec elles notre mère. Créon, frère généreux ! oh ! s'il m'était permis de les toucher de mes mains, il me semblerait les voir encore. Que dis-je ! ne les entends-je pas verser des larmes ? — O filles chères ! la pitié de Créon ne vous aurait-elle pas envoyées vers moi ? dites, ne me trompé-je pas ?

CRÉON. — Tu ne te trompes pas, c'est moi qui les ai fait venir, devinant le besoin que tu aurais de les voir.

OEDIPE. — Oh ! puisses-tu être heureux ! puisse le ciel, en récompense de tes soins, te traiter plus favorablement que moi ! O mes enfants ! où êtes-vous ? (Les jeunes filles s'approchent en pleurant.) Venez ici, venez toucher ces mains fraternelles qui ont répandu sur les yeux de notre père une éternelle nuit ! Malheureux, qui, sans rien connaître, sans rien prévoir, vous engendrai dans le sein qui m'avait porté ! Je ne puis vous voir, mais je pleure sur vous, en songeant aux amertumes qui attendent le reste de votre vie au milieu des hommes. A quelle assemblée de citoyens, à quelle fête pourrez-vous assister sans les quitter les yeux tout baignés de larmes ? Et, quand le temps de l'hymen sera venu pour vous, quel homme, ô mes enfants ! osera associer à son nom toute cette honte répandue sur mes parents et sur les vôtres ? Votre père a assassiné son père. Il a rendu mère celle qui l'avait engendré. Vous êtes nées dans le sein où lui-même avait reçu la vie. Voilà les reproches que vous entendrez. Alors, qui osera vous épouser, dites ? Personne, ô mes enfants ! personne ! L'abandon, la stérilité seront votre partage. — O fils de Ménécée, toi le seul père qui leur reste, car leur mère est morte, et, moi, je ne suis plus, ne les regarde pas avec dédain, elles qui sont issues de ton sang ; ne souffre point qu'elles consument leur vie errante dans l'abandon et le malheur ; n'égale point leur infortune à la mienne ; aie pitié de leur jeunesse, du délaissement où les plonge mon exil ; elle n'ont que toi pour soutien, mon frère ! Promets ce que je te demande, touche-moi de ta main, noble Créon. — Ah! j'aurais bien des conseils à vous donner, mes enfants, si vous pouviez les entendre. Mais, à défaut de conseils, voici le vœu que je forme pour vous : En quelque lieu que le destin vous conduise, puisse votre vie être plus heureuse que ne l'a été celle de votre père!

CRÉON. — Allons, c'est assez verser de pleurs, rentre dans le palais.

OEDIPE. — Eh bien, emmène-moi d'ici.

CRÉON. — Quitte tes enfants, alors.

OEDIPE. — Oh! ne me les arrache point.

CRÉON. — Prends garde de former un désir, Œdipe; les dieux ne t'ont point été favorables en accomplissant ceux que tu as formés jusqu'aujourd'hui! (Créon emmène OEdipe. — Les deux jeunes filles les suivent de loin, pleurant et voilées. — Le chœur reste seul.)

LE CHOEUR. — Voyez, Thébains, cet OEdipe qui expliqua les énigmes du sphinx et qui était si puissant qu'il n'a jamais regardé avec envie la prospérité de ses concitoyens, voyez dans quel abîme de maux il est tombé; sachez donc qu'aucun mortel, tant qu'il n'a pas vu son dernier jour, ne saurait être appelé heureux.

La pièce finit simple et grande comme elle a commencé.

Eh bien, il nous semble que, si l'on veut absolument faire étudier l'antique à nos jeunes comédiens, c'est sur l'antique lui-même qu'il faut les faire étudier. Les poëtes de tous les temps se regarderaient comme honorés d'être chargés de traduire en vers Eschyle, Sophocle et Euripide. Cela ne les empêcherait pas, si bon leur semblait, d'étudier à part Racine et Voltaire; mais ils pourraient au moins se rendre compte de ce que le goût du temps ou les caprices de leur génie leur a fait retrancher ou ajouter aux vénérables restes d'un art à sa première période, mais qui, dès son apparition dans le monde, a dit : « Je suis roi, inclinez-vous devant ma majesté. »

Et maintenant, nous allons étudier l'*Œdipe* de Voltaire avec la même impartialité, sinon le même respect, que nous avons étudié l'*Œdipe* de Sophocle.

Et d'abord le côté grandiose de l'auteur antique paraît avoir complétement échappé à Voltaire.

Suivons-le dans la critique du maître auquel, jeune homme, il vient d'emprunter son premier ouvrage, et auquel il doit son premier succès.

Vous croyez que les paroles du jeune auteur, à l'endroit de Sophocle, seront des paroles de reconnaissance; détrompez-vous, le mot reconnaissance n'a pas de place dans le *Dictionnaire philosophique*.

Non, ses premières paroles seront des paroles de critique, de critique amère, nous nous trompons, plus qu'amère, mensongère même.

Le vieux Sophocle, si grand, traduit même par un écolier, devient un idiot traduit par Voltaire.

Voyez plutôt, c'est du Voltaire tout pur que nous allons vous offrir; nous extrayons ce qui suit de la *Correspondance* du philosophe de Ferney :

« Monsieur,

» Mon peu d'érudition ne me permet pas d'examiner si la tragédie de Sophocle (*Œdipe*) fait son imitation par le discours, le nombre et l'harmonie, ce qu'Aristote appelle un discours agréablement assaisonné. Je ne discuterai pas non plus si c'est une pièce du premier genre simple et implexe ; simple, parce qu'elle n'a qu'une simple catastrophe, et implexe, parce qu'elle a la reconnaissance avec la péripétie.

» Je vous rendrai seulement compte avec simplicité *des endroits qui m'ont révolté*, et sur lesquels j'ai besoin des lumières de ceux qui, connaissant mieux que moi les anciens, peuvent mieux excuser tous leurs défauts. »

Comment trouvez-vous M. de Voltaire qui emprunte son premier ouvrage à une tragédie qui a pour *lui des endroits révoltants*. L'auteur de *la Henriade* était-il si à court de sujets dramatiques ?

Attendez, vous allez voir ce qui révolte M. de Voltaire.

« La scène s'ouvre, dans Sophocle, par un chœur de Thébains prosternés au pied des autels, et qui, par leurs larmes et par leurs cris, demandent aux dieux la fin de leurs calamités.

» OEdipe, leur libérateur et leur roi, paraît au milieu d'eux.

» — Je suis OEdipe, leur dit-il, si vanté par tout le monde.

» Il y a quelque apparence que les Thébains n'ignoraient point qu'il s'appelait OEdipe. »

Et c'est un des endroits qui, comme *stupidité*, révoltent M. de Voltaire.

M. de Voltaire est bien bon de se révolter, attendu qu'il n'y a pas dans le texte — du moins dans le sens niais qu'il attribue à la phrase : « Je suis OEdipe, si vanté par tout le monde. »

Il y a :

— Enfants, jeune postérité de l'antique Cadmus, d'où vient l'empressement que vous mettez à vous réunir sur ces degrés les mains chargées de rameaux suppliants ? L'encens des sacrifices fume d'un côté de la ville, tandis que de l'autre elle retentit de gémissements et de chants de deuil. Je n'ai point voulu vous interroger sur vos malheurs par une bouche étrangère, mes enfants, et je suis venu en personne, *moi, Œdipe*, appelé illustre dans tout le monde.

Je vous le demande, les paroles du vieux Sophocle ont-elles le sens que leur donne M. de Voltaire, et le vieillard de Salamine n'a-t-il donc eu le second prix pour *Œdipe*, que parce que l'auteur d'*Ajax*, d'*Électre* et de *Philoctète* commençait à radoter.

Voltaire reprend :

« — Mes enfants quel est le sujet qui vous amène ici ? »

Sophocle ne dit point cela, — dans ces termes, du moins ; — peut-être a-t-il tort. Mais la question n'est point là.

Sophocle continue en s'adressant au grand prêtre

— Apprends-moi donc, vieillard, toi à qui il appartient de parler au nom des autres, apprends-moi pourquoi cette attitude suppliante. Que craignez-vous ? que demandez-vous ? Mon désir est de vous être secourable ; car il faudrait que je fusse insensible pour n'être point ému de compassion en face d'un tel spectacle.

Il est difficile, parlât-il la langue de M. de Voltaire, qu'Œdipe s'exprime en termes plus nobles et plus royaux.

Voyons, selon M. de Voltaire, ce que répond le grand prêtre à ces mots : « Mes enfants, quel est le sujet qui vous amène ici? » lesquels mots ne sont point dans le texte grec.

Il répond, selon M. de Voltaire :

« — Vous voyez devant vous des jeunes gens et des vieillards. *Moi qui vous parle, je suis le grand prêtre de Jupiter. Votre ville est comme un vaisseau battu de la tempête, elle est près d'être abîmée et n'a pas la force de surmonter les flots qui fondent sur elle.* »

Ce qui fait dire très-spirituellement, quant à la première phrase, à M. de Voltaire :

« De là le grand prêtre prend occasion de faire une description de la peste, dont OEdipe était aussi bien informé *que du nom et de la qualité du grand prêtre.* »

Et très-pédamment, quant à la seconde :

« D'ailleurs, ce grand prêtre rend-il son homélie bien pathétique en comparant une ville pestiférée, couverte de morts et de mourants, à un vaisseau battu par la tempête? Ce prédicateur ne savait-il pas qu'on affaiblit les grandes choses quand on les compare au petites? »

Si fait, le prédicateur savait cela; mais il ignorait qu'après deux mille deux cents ans, viendrait u homme qui ne respecterait ni la majesté de Dieu, celle du génie, et qui, ayant faussé les textes saints pourrait bien altérer les textes profanes.

Voici ce qu'il y a dans le grec. Nous mettons en regard la citation de Voltaire et le texte de Sophocle :

CITATION DE VOLTAIRE.	TEXTE GREC.
— Mes enfants, leur dit Œdipe, quel est le sujet qui vous amène ici ? — Vous voyez devant vous les jeunes gens et les vieillards; *moi qui vous parle, je suis le grand prêtre de Jupiter.*	— Œdipe, roi de mon pays, tu vois cette foule se pressant autour des autels qui s'élèvent devant ton palais ; tu vois des enfants qui peuvent à peine se soutenir, des prêtres courbés sous le poids des années, *et moi, pontife de Jupiter.*

Voyons un peu si le reproche à propos de la comparaison d'une ville à un vaisseau est mieux motivé que le reproche à propos de la double identité d'Œdipe et du grand prêtre :

CITATION DE VOLTAIRE.	TEXTE GREC.
— Votre ville est comme un vaisseau battu par la tempête ; elle est près d'être abimée et n'a pas la force de surmonter les flots qui fondent sur elle.	— Si tu dois continuer à gouverner le pays, tu ne peux vouloir un royaume dépeuplé de citoyens ; car qu'est-ce qu'une forteresse sans soldats ? qu'est-ce qu'un navire sans matelots ?

Voltaire a bien raison de dire, n'est-ce pas, qu'il a besoin des lumières de ceux qui connaissent mieux que lui les anciens.

« Tout cela, continue Voltaire, n'est guère une preuve de cette perfection où l'on prétendait, il y a quelques années, que Sophocle avait poussé la tragédie; et *il ne paraît pas qu'on ait grand tort dans ce siècle de refuser son admiration* à un poëte qui n'emploie d'autre artifice pour faire connaître ses personnages que de faire dire à l'un : *Je m'appelle Œdipe, si vanté par tout le monde,* et à l'autre : *Je suis le grand prêtre de Jupiter.*

» Cette *grossièreté* n'est plus regardée aujourd'hui comme *une noble simplicité*. »

Et comment appelle-t-on l'acte de l'homme qui, empruntant son sujet à un autre homme, vainqueur d'Eschyle, et couronné vingt fois, traite cet homme d'*idiot* et de *grossier ?*

Nous en avons assez vu sur la bonne foi de M. de Voltaire, pour ne point poursuivre notre examen de ce côté-là. Suivons-le donc sur un autre terrain, et laissons-le parler :

« La description de la peste est interrompue par l'arrivée de Créon, frère de Jocaste, que le roi avait envoyé consulter l'oracle, et qui commence par dire à OEdipe :

» Seigneur, nous avons eu autrefois un roi qui s'appelait Laïus.

» OEDIPE. — Je le sais, quoique je ne l'aie jamais vu.

» CRÉON. — Il a été assassiné, et Apollon veut que nous punissions ses meurtriers.

» OEDIPE. — Est-ce dans sa maison ou à la campagne que Laïus fut tué ?

» Il est déjà contre la vraisemblance qu'OEdipe, qui règne depuis si longtemps, ignore comment son prédécesseur est mort : mais qu'il ne sache pas même si c'est aux champs ou à la ville que ce meurtre a été commis, et qu'il ne donne pas la moindre raison ni la moindre excuse de son ignorance, j'avoue que je ne connais pas de terme pour exprimer *une pareille absurdité*. »

Ce n'était point assez pour le pauvre Sophocle d'être *idiot*, le voilà *absurde* après avoir été *révoltant*.

M. de Voltaire continue :

« C'est une faute du sujet, dit-on, et non de l'auteur ; comme si ce n'était pas à l'auteur à corriger son sujet lorsqu'il est défectueux. »

Bon ! M. de Voltaire, prenant le même sujet défectueux que Sophocle, va donc corriger le sujet *défectueux* contre lequel a échoué son prédécesseur ?

Soit, il sera beau de voir ce jeune génie en remontrer au vieux maître. — Apprenez-nous, monsieur de Voltaire, comment on corrige un sujet défectueux.

Voyons comment vous vous y prenez ; c'est une leçon que les dramaturges vos successeurs recevront de vous avec reconnaissance.

« Je sais qu'on peut me reprocher à peu près la même faute mais aussi je ne me ferai pas plus de grâce qu'à Sophocle, et j'espère que la sincérité avec laquelle j'avouerai mes défauts justifiera la hardiesse que je prends de relever ceux d'un ancien. »

Ah ! il ne s'agit pas, monsieur de Voltaire, d'avouer que vous avez fait la même faute que Sophocle, il s'agit de la corriger ; ou, ma foi, prenez garde, tombant après deux mille deux cents ans dans la même absurdité que lui, vous risquez d'être tenu vous-même pour absurde.

« Ce qui suit me paraît également éloigné du sens commun. Œdipe demande s'il ne revint personne de la suite de Laïus à qui on puisse en demander des nouvelles ; on lui répond qu'un de ceux qui accompagnaient ce malheureux roi, s'étant sauvé, vint dire dans Thèbes que Laïus avait été assassiné par des voleurs, qui n'étaient pas en petit, mais en grand nombre.

» Comment se peut-il faire qu'un témoin de la mort de Laïus dise que son maître a été accablé sous le nombre, lorsqu'il est pourtant vrai que c'est un homme seul qui a tué Laïus et toute sa suite ? »

Ah ! cependant, ceci nous paraît on ne peut plus clair, à nous, et nous sommes fâché de ne pas avoir vécu du temps de Voltaire pour lui donner cette explication.

Cinq hommes accompagnaient Laïus : Œdipe, à lui seul, tue Laïus, quatre de ses hommes, et blesse le cinquième, qui reste pour mort sur le champ de bataille.

Cet homme se relève et revient.

Il est évident qu'il ne va pas dire : « Un seul homme a tué le roi et mes quatre compagnons, et m'a laissé, moi, pour mort, » car on lui demandera naturellement : « Quel homme était-ce ? » ou : « Quels lâches étiez-vous ? »

Non, il invente une histoire de brigands, et, pour qu'on ne l'accuse pas de pusillanimité, il affirme que ces bandits étaient nombreux.

La chose est si simple, que le vieux Sophocle n'a pas cru qu'il était besoin de l'expliquer.

Continuons ; nous ne sommes pas au bout, allez !

Remarquez que nous suivons M. de Voltaire ligne par ligne.

« Pour comble de contradiction, Œdipe dit, au second acte, qu'il a ouï dire que Laïus avait été tué par des voyageurs. »

Pardon, vous vous trompez, monsieur de Voltaire, voici ce qui se passe entre Œdipe et le chœur :

Œdipe ne s'en rapporte pas à l'homme échappé au massacre ; il pense que celui-ci peut avoir des raisons de cacher la vérité; il se connaît en mensonges, lui qui en fait à chaque instant de si gros.

Il va consulter un devin avant de consulter le messager, de sorte que, demandant à Apollon lui-même la source de la vérité, il sera fort contre le mensonge.

Voulez-vous le mot à mot grec ? Je vais vous le donner :

LE CHŒUR. — Je sais; le prince Tirésias voyant précisément les mêmes choses que le prince Phœbus, par le moyen duquel quelqu'un, examinant ces choses, les verrait très-clairement, ô prince !

OEDIPE. — Mais je n'ai point rangé cela dans les choses oisives; car, Créon l'ayant dit, j'ai envoyé des messagers doubles, et avec surprise je vois qu'ils ne sont point présents depuis longtemps.

C'est-à-dire qu'ils tardent à revenir.

LE CHŒUR. — Et, à la vérité, les autres paroles au moins sont frivoles et vieilles.

OEDIPE. — Lesquelles sont-elles ? car j'examine toutes paroles.

LE CHŒUR. — Il fut dit que Laïus était mort par le fait de quelques voyageurs.

OEDIPE. — Aussi, moi, je l'ai appris ainsi; mais personne ne voit celui qui a vu.

Pourquoi personne ne voit-il *celui qui a vu ?*

C'est bien simple, et Jocaste nous l'explique elle-même.

JOCASTE. — Lorsqu'à son retour à Thèbes, il te vit sur le trône et Laïus au tombeau, il me supplia, en me prenant la main, de l'envoyer à la campagne pour y garder les troupeaux, voulant être à jamais éloigné de cette ville. J'y consentis; ce fidèle serviteur aurait mérité une plus grande récompense.

Maintenant qu'OEdipe sait où retrouver l'homme qu'il cherchait inutilement, soyez tranquille, il ne va point perdre de temps.

OEDIPE, à Jocaste. — Peut-on le faire venir promptement en ces lieux?

JOCASTE. — Sans doute ; mais pourquoi veux-tu l'appeler?

OEDIPE (mot à mot). — Je crains moi-même, ô femme! de peur que des choses trop nombreuses ne soient, ayant été dites devant moi, pour lesquelles je veux voir ceci.

Ainsi, n'en déplaise à M. de Voltaire, tout cela est parfaitement logique.

OEdipe, qui, distrait, ainsi que les Thébains, par les calamités qui fondent sur la Béotie, de la poursuite du meurtre de Laïus; OEdipe, qui a, du reste, hérité du trône et de la veuve de Laïus, toutes choses qui font qu'il n'a pas grand empressement à remuer la cendre du roi mort, OEdipe, du moment qu'il apprend, par Créon, que tous ces malheurs fondent sur son royaume parce que le meurtrier de Laïus est resté impuni, OEdipe se met à la recherche des assassins, et, dès ce moment, c'est-à-dire dès la seconde scène de l'ouvrage, il ne se donnera plus de relâche qu'il n'ait tout découvert.

M. de Voltaire a bien vu tout cela comme moi, — car je ne puis supposer que je vois plus clair que ne voyait M. de Voltaire, — ce qui ne l'empêche pas de dire :

« Les Thébains auraient été bien plus à plaindre, si

l'énigme du sphinx n'avait pas été plus aisée à deviner que toutes ces contradictions.

» Mais ce qui est encore plus étonnant, ou plutôt ce qui ne l'est point après de telles fautes contre la vraisemblance, c'est qu'OEdipe, *lorsqu'il apprend que Phorbas vit encore*, ne songe pas seulement à le faire chercher. »

Que signifient donc ces paroles dites à Jocaste : « Peut-on le faire venir en ces lieux ? »

« Il s'amuse à faire des imprécations *et à consulter des oracles*, » ajoute le critique.

Dans un temps où l'on croyait aux oracles, à ce point qu'OEdipe, sur la foi d'un oracle, abandonne Corinthe, qu'il croit sa patrie, Polybe, qu'il croit son père, un trône, qu'il croit son héritage, que M. de Voltaire veut-il donc que consulte OEdipe, si ce n'est l'oracle ?

Si OEdipe avait vécu au XVIIIe siècle, comme M. de Voltaire, il est probable qu'au lieu de consulter l'oracle, il eût consulté M. de Sartines ou M. Lenoir. Mais ce n'est pas la faute de Sophocle si, quatorze cents ans avant le Christ, c'est-à-dire sous le règne d'OEdipe, la police n'en était point encore arrivée au degré de perfectionnement qu'elle atteignit dix-huit cents ans après.

« Le chœur lui-même, continue M. de Voltaire, le chœur lui-même, si intéressé à voir finir les malheurs de Thèbes et qui donne toujours des conseils à OEdipe, ne lui donne pas celui d'interroger ce témoin de la mort du feu roi : il le prie seulement d'envoyer chercher Tirésias. »

Et le chœur est logique, n'en déplaise à M. de Voltaire.

Il y a quelque chose comme vingt-deux ans que le crime a été commis, — puisque OEdipe a deux grands fils, Étéocle et Polynice, qui vont régner après lui et s'entre-tuer, parce qu'ils ne peuvent s'entendre ; — il y a quelque chose donc comme vingt-deux ans que le crime a été commis : depuis cette époque, le seul témoin de la mort de Laïus a disparu, puisque Jocaste l'a caché à la campagne ; on ne sait où le chercher, où le découvrir, où le prendre.

Le chœur donne le conseil à OEdipe de s'adresser à un devin. Est-ce qu'aujoud'hui qu'il y a un préfet de police, un chef de sûreté, deux ou trois mille agents dans Paris, il n'y a pas des gens qui, avec tous ces moyens d'arriver à la vérité, vont encore consulter Alexis ?

Mais qu'on se souvienne donc ce que c'était que ce formidable oracle de Delphes, dont les prédictions s'accomplissaient toujours et vont s'accomplir sur OEdipe, quelque précaution qu'il prenne pour lui échapper !

« Mais, dit M. de Voltaire, continuons à examiner de suite l'ouvrage de Sophocle. »

Et nous, continuons à suivre M. de Voltaire dans son examen.

« Lorsque Créon, dit-il, a appris à OEdipe que Laïus a été assassiné par des voleurs qui n'étaient pas en petit, mais en grand nombre, OEdipe répond, au sens de plusieurs interprètes :

» — *Comment des voleurs auraient-ils pu entreprendre cet attentat, puisque Laïus n'avait pas d'argent sur lui ?* »

Ces interprètes, j'en demande pardon à M. de Voltaire, faisaient, pour le coup, dire une niaiserie au pauvre Sophocle. Avant d'arrêter les gens, les voleurs n'ont point l'habitude de leur demander s'ils ont ou s'ils n'ont pas pris leur bourse.

Ils leur demandent la bourse ou la vie, et, alors, ils voient si les voyageurs ont une bourse, et, subsidiairement, ce qu'ils ont dedans.

Il est vrai que M. de Voltaire ajoute :

« La plupart des autres scoliastes entendent autrement ce passage, et font dire à Œdipe :

» — *Comment des voleurs auraient-ils pu entreprendre cet attentat, si on ne leur avait pas donné de l'argent?* »

Voilà le véritable sens.

Il y a dans le mot à mot grec :

— Comment donc le brigand serait-il venu à ce point d'audace, si quelque chose n'était pas négocié d'ici avec de l'argent?

Mais cette explication ne satisfait pas plus que l'autre M. de Voltaire.

« On sait, dit-il, que les voleurs n'ont pas besoin qu'on leur promette de l'argent pour faire un mauvais coup. »

Cependant, il faut le dire, les voleurs attaquent rarement les rois, et la preuve, c'est que l'histoire ne cite pas un seul fait de roi assassiné par des voleurs.

Œdipe, sans que Sophocle soit aussi stupide que le dit M. de Voltaire, peut donc s'étonner qu'un voleur, s'il n'y a pas été poussé par une grande récompense, ait été assez hardi pour porter la main sur un roi.

M. de Voltaire continue :

« Œdipe, au commencement du second acte, au lieu de mander Phorbas, — il n'y a nulle part *Phorbas*, mais partout *le serviteur*, — au lieu de mander Phorbas, fait venir devant lui Tirésias. Le roi et le devin commencent par se mettre en colère l'un contre l'autre. »

Mais non, monsieur de Voltaire, ils ne commencent pas du tout par là ; au contraire, OEdipe commence par lui faire toute sorte de compliments.

Écoutez plutôt :

— O toi qui gouvernes toutes les choses qui s'enseignent, comme celles qui ne s'apprennent pas ; celles qui appartiennent au ciel, comme celles qui sont de la terre ; toi qui ne vois pas, mais qui cependant devines quelle terrible maladie désole la ville, maladie de laquelle, ô prince ! tu peux être le seul guérisseur ; car Phœbus, consulté par nous, — peut-être le sais-tu par nos messagers, — a répondu que la seule délivrance de cette malheureuse cité devait venir de ce que, ayant appris quels sont ceux qui ont tué Laïus, nous les tuions à leur tour, ou les envoyions en fugitifs ou hors pays. Or, ne nous refuse donc pas la vérité, soit qu'elle vienne des augures, soit que tu aies quelque autre moyen de divination ; sauve toi-même, sauve la ville, sauve-moi, et efface toute la souillure du meurtre de Laïus. Notre unique espoir est en toi, et c'est le plus beau travail de l'homme que d'être utile par les choses qu'il a ou qu'il peut.

Térésias répond :

— Hélas ! hélas ! combien deviner est terrible, là où deviner ne doit rien rapporter à celui qui devine. Je savais cela, et cependant, je l'avais oublié ; sans quoi, je ne serais pas venu ici.

œdipe. — Mais qu'y a-t-il, et pourquoi sembles-tu si découragé ?

Il n'y a rien dans tout cela qui ressemble à une dispute.

« Enfin, continue M. de Voltaire, Tirésias finit par dire à OEdipe :

» — *C'est vous qui êtes le meurtrier de Laïus. Vous vous croyez fils de Polybe, roi de Corinthe; mais vous ne l'êtes point : vous êtes Thébain. La malédiction de votre père et de votre mère vous a autrefois éloigné de cette terre ; vous y êtes revenu; vous avez tué votre père, vous avez épousé votre mère; vous êtes l'auteur d'un inceste et d'un parricide*, et, si vous trouvez que je mens, dites que je ne suis pas prophète. »

Voulez-vous savoir ce que dit Tirésias, à la fin d'une scène graduée avec tout l'art que pourrait y mettre un dramaturge moderne ? Vous allez voir si cela ressemble à ce que M. de Voltaire lui fait dire :

TIRÉSIAS. — Et moi, je t'ordonne d'obéir à l'arrêt que tu as prononcé, et, dès ce jour, de ne plus parler ni à ces Thébains ni à moi; car tu es le scélérat impie de cette terre.

OEDIPE. — Qu'as-tu dit? Répète, afin que je t'entende mieux.

TIRÉSIAS. — Je te dis que tu es le meurtrier de l'homme, que tu es celui que tu cherches !

OEDIPE. — Parle autant que tu voudras, car ce que tu diras sera dit en vain.

TIRÉSIAS. — Je dis que tu es caché à toi-même, que tu as commencé honteusement avec les êtres que tu chéris le plus, et que tu ne sais pas à quel point de mal tu es.

Voilà le texte grec. A la suite du travestissement qu'il en fait, M. de Voltaire dit :

« Tout cela ne ressemble guère à l'ambiguïté ordinaire des oracles. »

Si fait ; il me semble, du moins.

« Il était, continue M. de Voltaire, difficile de l'expliquer moins obscurément, et, si vous joignez aux paroles de Tirésias le reproche qu'un ivrogne a fait autrefois à Œdipe, qu'il n'était pas le fils de Polybe, et l'oracle d'Apollon, qui lui a prédit qu'il tuerait son père et qu'il épouserait sa mère, vous trouverez que la pièce est entièrement finie au second acte. »

Oui, sans doute, elle serait finie si Térésias disait à Œdipe les paroles que M. de Voltaire met dans sa bouche ; mais il ne dit pas un mot de ce que nous avons souligné. Il ne dit pas : « Vous vous croyez fils de Polybe, roi de Corinthe, et vous ne l'êtes point. » Il ne dit pas : « La malédiction de votre père et de votre mère vous a autrefois éloigné de cette terre ; vous y êtes revenu ; vous avez tué votre père, vous avez épousé votre mère ; vous êtes l'auteur d'un inceste et d'un parricide. » Non, il dit ce que vous avez lu.

Seulement, il ajoute :

— Oui, je le dis à toi, cet homme que tu cherches depuis longtemps, menaçant et proclamant le meurtre de Laïus, celui-là est ici étranger, si l'on en croit ce que l'on dit ; mais ensuite il sera évident qu'il est originaire de Thèbes, et il ne se réjouira pas de l'événement, car, aveugle au lieu d'être clairvoyant, et pauvre au lieu d'être riche, il marchera vers une terre étrangère, montrant devant lui le chemin avec un bâton, et il sera évident qu'il est à la fois lui-même père et frère aux enfants de lui-même, et fils et époux de la femme dont il est né, et fécondant la même femme, et, de plus, meurtrier de son père. Va au fond et réfléchis aux choses, et, si tu me surprends ayant menti, dis dès lors de moi que je ne connais rien à l'art de la divination.

Et M. de Voltaire, triomphant, à ces mots : « La pièce est entièrement finie à la fin du second acte, » ajoute :

« Nouvelle preuve que Sophocle n'avait pas perfectionné son art, puisqu'il ne savait pas préparer les événements, ni cacher sous le voile le plus mince la catastrophe de ses pièces. »

Mais, alors, monsieur de Voltaire, pourquoi donc imitez-vous Sophocle ?

Il est vrai que vous l'imitez si étrangement, que vous pourriez nier l'avoir jamais lu, et surtout l'avoir jamais compris.

M. de Voltaire continue :

« Allons plus loin. OEdipe traite Tirésias de *fou* et de *vieux enchanteur*. Cependant, à moins que l'esprit ne lui ait tourné, il doit le regarder comme un véritable prophète. Et de quel étonnement et de quelle horreur ne doit-il pas être frappé en apprenant de la bouche de Tirésias tout ce qu'Apollon lui a prédit autrefois ! Quel retour ne doit-il pas faire sur lui-même en apprenant ce rapport fatal qui se trouve entre les reproches qu'on lui a faits à Corinthe, qui lui disent qu'il est un fils supposé, et les oracles de Thèbes, qui lui disent qu'il est Thébain (les oracles ne lui disent pas cela) ! entre Apollon, qui lui a prédit qu'il tuerait son père et qu'il épouserait sa mère, et Tirésias, qui lui apprend que les destins affreux sont remplis ! »

Tirésias ne lui apprend pas cela, et il ne saura véritablement que ses destins affreux sont remplis que lorsque le messager de Corinthe lui aura dit qu'il n'est pas le fils de Polybe.

Or, ce n'est qu'à la fin de la pièce que le messager le lui dit; jusque-là, croyant toujours Polybe son père, et Mérope sa mère, il ne peut croire qu'il a épousé sa mère et tué son père, puisque celle qu'il a épousée est Jocaste, et que celui qu'il a tué est Laïus.

« Cependant, continue encore M. de Voltaire, comme s'il avait perdu la mémoire de ces événements épouvantables, il ne lui vient d'autre idée que de soupçonner Créon, son ancien et fidèle ami, comme il l'appelle, d'avoir tué Laïus, et cela, sans aucune raison, sans aucun fondement, sans que le moindre jour puisse autoriser ses soupçons ; et, puisqu'il faut appeler les choses par leur nom, avec une extravagance dont il n'y a guère d'exemple parmi les modernes, ni même parmi les anciens. »

Nous sommes désespéré de n'être pas plus sur ce point que sur les autres de l'avis de M. de Voltaire.

Il y a une axiome de droit qui dit : « Cherchez le meurtrier dans celui à qui le meurtre profite. »

Or, à qui profitait le meurtre de Laïus ? A Créon ; et la preuve, c'est que Créon était régent lorsque OEdipe, en devinant l'énigme, le détrôna.

Il y a plus : c'est Créon qui donne l'avis d'envoyer chercher Tirésias. Tirésias vient et accuse OEdipe.

— OEdipe, raisonnablement, ne peut-il pas soupçonner que Créon ne serait pas fâché de le voir sortir de Thèbes en proscrit, afin de reprendre la régence où il avait été forcé de l'abandonner ?

Ce n'est donc pas une si grande folie que de soupçonner Créon.

Mais, après avoir dit que le vieux Sophocle était révoltant, était idiot, était grossier, était ignorant, il restait à M. de Voltaire à dire — comme Jophon — qu'il était fou.

On sait que Sophocle se défendit devant ses juges, justement en disant des vers de son *OEdipe à Co-*

Ione, qu'il était en train de faire lors de l'accusation.

Accusé, Créon se défend.

Mais, à l'avis de M. de Voltaire, il se défend mal.

« Un prince qui serait, dit l'auteur de l'*OEdipe* moderne, accusé d'avoir conspiré contre un roi, et qui ne donnerait d'autre preuve de son innocence, que le verbiage de Créon, aurait besoin de la clémence de son maître. »

Voyons comment se défend Créon :

CRÉON. — Tu m'accuses ; mais tu vas reconnaître ton erreur. Crois-tu qu'il y ait un homme qui préfère le trône, avec les terreurs qui l'entourent, à un sommeil paisible, joint au pouvoir d'un roi ? Pour moi, quel est mon désir ? Non pas d'avoir le titre de roi, mais, sans ce titre, de faire des choses royales. Tout homme prudent pensera comme moi. Maintenant, je vis tranquille, obtenant de toi tout ce que je te demande ; mais, si j'étais roi, il n'en serait pas ainsi ; à tout moment, je verrais ma volonté forcée par la nécessité. Comment donc la royauté pourrait-elle avoir pour moi plus de charme qu'un pouvoir égal à elle sans troubles et sans chagrins ? Oh ! non, je ne suis pas assez insensé de désirer autre chose, que d'avoir à la fois, et le beau côté et le profit du trône. Que voudrais-je donc de plus ? Maintenant, j'aime tout le monde, et tout le monde me respecte et me salue ; maintenant, quiconque a une grâce à obtenir vient à moi, et m'invoque, car on sait que c'est par moi qu'on peut tout obtenir ; et, pour être roi, je renoncerais à tous ces avantages ? Oh ! non, un esprit sensé ne s'égare pas ainsi. Je n'ai jamais formé de pareils vœux, et jamais je n'appuierai les vœux d'un autre.

Mais ces raisons ne nous paraissent pas si mauvaises, à nous. Elles sont tout à fait philosophiques et dans l'esprit du temps. On eût consulté les sept Sages de la Grèce, y compris Pittacus, qui était roi, que je suis convaincu qu'ils n'eussent pas répondu autrement que Créon.

« Après tous ces grands discours *étrangers au sujet*, continue M. de Voltaire, — êtes-vous d'avis, chers lecteurs, que ce que répond Créon soit étranger au sujet? — après tous ces grands discours étrangers au sujet, Créon demande à OEdipe :

» — Veux-tu me chasser du royaume?

» OEDIPE. — Ce n'est pas ton exil que je veux, je te condamne à mort.

» CRÉON. — Il faut que vous me fassiez voir auparavant si je suis coupable.

» OEDIPE. — Tu parles en homme résolu à ne pas obéir.

» CRÉON. — C'est parce que vous êtes injuste.

» OEDIPE. — Je prends mes sûretés.

» CRÉON. — Je dois prendre aussi les miennes.

» OEDIPE. — O Thèbes! ô Thèbes!

» CRÉON. — Il m'est permis de crier aussi : O Thèbes! ô Thèbes!

» Jocaste vient pendant ce beau discours, et le chœur la prie d'emmener le roi; proposition très-sage, car, après toutes les folies qu'OEdipe vient de faire, on ne ferait pas mal de l'enfermer. »

D'abord, nous ne croyons pas qu'OEdipe ait fait assez de folies pour qu'on l'enferme; mais, savez-vous, monsieur de Voltaire, ce qui serait arrivé si l'on eût enfermé OEdipe? C'est que vous n'eussiez pas, soutenu par ce vieux Sophocle que vous méprisez tant, traité le sujet d'OEdipe; non, vous eussiez puisé l'inspiration en vous-même, et vous eussiez fait *Marianne;* si bien que vous eussiez commencé par une abominable chute au lieu de débuter par un éclatant succès.

Mais vous êtes un critique bien plus qu'un poëte,

monsieur de Voltaire, et voilà pourquoi vous faites si mal les tragédies, les comédies et les drames, et pourquoi en même temps vous êtes si injuste pour ceux qui les font bien.

Revenons à M. de Voltaire, qui veut qu'on enferme OEdipe, et qui fait dire à Jocaste : « J'emmènerai mon mari quand j'aurai appris la cause de ce désordre. »

Voici ce que dit Jocaste :

— Malheureux! qui a suscité entre vous cette querelle insensée? ne rougissez-vous pas, la terre étant si malheureuse, d'exciter encore des maux particuliers? OEdipe, ne rentres-tu pas au palais? Et toi, mon frère, ne vas-tu pas vers ta maison?... Et, au lieu d'une douleur qui n'est rien, allez-vous nous faire de grandes douleurs?

Ce serait incroyable de mauvaise foi, convenez-en, si chacun ne pouvait pas jeter les yeux sur la première traduction venue de Sophocle, et s'assurer qui ment ou qui dit la vérité.

Selon M. de Voltaire, le chœur répond :

« — OEdipe et Créon ont ensemble des paroles sur des rapports fort incertains; on se pique souvent sur des soupçons très-injustes.

» JOCASTE. — Cela est-il venu de l'un et de l'autre?

» LE CHŒUR. — Oui, madame.

» JOCASTE. — Quelles paroles ont-ils donc eues?

» LE CHŒUR. — C'est assez, madame; les princes n'ont pas poussé la chose plus loin : cela suffit.

» Et, en effet, ajoute M. de Voltaire, comme si cela suffisait, Jocaste n'en demande pas davantage du chœur. »

Vous vous trompez, monsieur de Voltaire, ou plutôt,

comme toujours, vous trompez vos lecteurs. Jocaste en demande beaucoup plus, et la preuve, la voici :

CRÉON. — Ma sœur, ton époux Œdipe juge à propos de me faire des choses terribles. Il me menace ou de me chasser de la terre de ma patrie ou de me tuer.

OEDIPE. — Je l'avoue, car je l'ai surpris conspirant contre moi.

CRÉON. — Que je sois désormais malheureux, et que je meure maudit, si j'ai fait contre lui aucune des choses qu'il m'accuse d'avoir faites.

JOCASTE. — Oh! par les dieux! Œdipe, crois-en les paroles de mon frère, crois au serment fait par les dieux, enfin crois en moi et dans ceux qui nous entourent.

LE CHOEUR. — Sois persuadé, prince, je t'en supplie.

OEDIPE. — Eh bien, voyons, en quoi voulez-vous que je cède?

LE CHOEUR. — Respecte un homme sage, que son serment rend sacré.

OEDIPE. — Sais-tu bien ce que tu veux?

LE CHOEUR. — Je le sais.

OEDIPE. — Alors, explique-toi.

LE CHOEUR. — Ne chasse pas, hors de la patrie, sur un simple soupçon, l'ami lié par le serment.

OEDIPE. — Mais me faire cette demande, c'est me demander ma perte et mon exil à moi.

LE CHOEUR. — Non, par le soleil, le premier des dieux, que je périsse, haï des dieux et des hommes, si une pareille pensée est entrée dans mon esprit; mais les malheurs de mon pays déchirent mon âme, à moi plus désespéré encore, si tu ajoutes à nos maux d'autrefois ces nouvelles calamités.

OEDIPE. — Eh bien, qu'il s'en aille donc, et, si l'un des deux doit mourir ou être hautement chassé de la ville, que ce soit moi; mais sache bien que ce sont tes prières et non les siennes qui excitent ma pitié; en attendant, lui, quelque part qu'il soit, il me sera odieux.

CRÉON. — Tu cèdes avec un visage sombre, Œdipe; mais, une fois ta colère calmée, tu seras insupportable à toi-même;

des caractères comme le tien sont encore plus douloureux à eux-mêmes qu'aux autres.

ŒDIPE. — Voyons, partiras-tu?

CRÉON. — Je pars méconnu de toi, mais apprécié du moins par ceux-ci.

LE CHOEUR. — Femme, que tardes-tu d'emmener Œdipe dans le palais?

JOCASTE. — Non, je veux savoir l'événement cause de tout ce bruit.

LE CHOEUR. — Un soupçon incertain a fait naître la querelle; ce qui est injuste blesse profondément.

JOCASTE. — L'attaque est-elle venue des deux?

LE CHOEUR. — Oui.

JOCASTE. — Et quels étaient leurs discours?

LE CHOEUR. — C'est assez, reine, il suffit; il est bon, au milieu des malheurs de Thèbes, de nous arrêter où s'arrête leur querelle.

Voyons, chers lecteurs, sérieusement, Jocaste mérite-t-elle le reproche de s'en aller sans être suffisamment renseignée?

Est-ce que Dieu, si bon, si miséricordieux, n'aurait pas pu inventer, pour aider à la digestion, quelque chose de mieux que cette vésicule du fiel, qui s'occupe à de pareilles choses dans les moments perdus que lui laisse un mauvais estomac.

Nous en sommes à la scène entre Œdipe et Jocaste.

« C'est dans cette scène, dit M. de Voltaire, qu'Œdipe raconte à Jocaste qu'un jour, à table, un homme ivre lui reprocha qu'il était un fils supposé : « J'allai, continue-t-il, trouver le roi et la reine; je les interrogeai sur ma naissance, ils furent tous deux très-fâchés du reproche que l'on m'avait fait; quoique je les aimasse avec beaucoup de tendresse, cette injure, qui était devenue publique, ne laissa pas de me demeurer sur le cœur et de me donner des soupçons. Je partis donc à leur insu pour aller à Delphes. Apollon ne daigna pas répondre précisément à ma demande ; mais il me dit les choses les plus affreuses et les plus épouvantables dont on ait jamais ouï parler : que j'épouserais infailliblement ma propre mère, que je ferais voir aux hommes une race malheureuse qui les remplirait d'horreur, et que je serais le meurtrier de mon père. »

Voici la traduction littérale du texte grec :

— Mon père était le Corinthien Polybe et ma mère Mérope la Dorienne. Or, on me tenait pour le premier des citoyens de la ville avant qu'il m'arrivât un accident qui pouvait m'étonner, mais qui, cependant, ne devait me donner aucune inquiétude ; en effet, au milieu d'un festin, on m'appela enfant supposé, et moi, offensé et me contenant à grand'peine, je me contins cependant tout le jour ; mais, le lendemain, étant allé près de mon père et de ma mère, je m'informai ; ceux-ci supportèrent avec peine l'outrage, et leur indignation fut grande contre son auteur. En cela et de leur côté, *j'eus donc tout lieu d'être satisfait.* Mais le souvenir de cette insulte me tourmentait sans cesse, et remuait fréquemment au fond de mon cœur, — si bien qu'à l'insu de mon père et de ma mère, je vins à Delphes ; *mais Phœbus, sans m'honorer d'une réponse sur les choses pour lesquelles j'étais venu,* me révéla d'autres choses malheureuses, terribles et misérables : que le destin disait que je serais joint à ma mère et que je montrerais aux hommes une race horrible à voir, enfin que je serais le meurtrier du père qui m'avait engendré ; — et moi, ayant entendu ces choses, réglant ma fuite sur les astres, je m'exilai de Corinthe, afin de ne pas voir accomplis les opprobres de ces sinistres oracles, et, toujours marchant, j'arrivai au lieu où tu dis que le roi Laïus a été assassiné.

Revenons à M. de Voltaire.

« Voilà encore la pièce finie; » dit-il.

Oui, si le texte était tel que vous dites; mais vous faussez le texte; il est vrai que cela vous donne l'occasion d'insulter à nouveau Sophocle.

« Tant d'ignorance dans OEdipe et dans Jocaste n'est qu'un *artifice grossier* du poëte, qui, pour donner à sa pièce une juste étendue, fait filer jusqu'au cinquième acte une reconnaissance déjà manifeste au second, et qui viole les règles *du sens commun*, pour ne point manquer en apparence à celles du théâtre. »

Et que direz-vous, monsieur de Voltaire, de ceux qui violent les règles de la bonne foi, qui oublient de dire ces deux choses si importantes qui expliquent pourquoi OEdipe est resté aveugle. *De la part de mon père et de ma mère, j'eus tout lieu d'être satisfait.*

C'est-à-dire que Polybe et Mérope rassurèrent OEdipe, lui répétant qu'il était leur fils. Or, comme ils devaient en savoir quelque chose, OEdipe les eût cru aveuglément, qu'il n'eût point fallu s'en étonner.

Mais le poëte est plus difficile que cela pour lui-même; malgré l'assurance de Polybe et de Mérope qu'il est bien leur fils, un soupçon lui reste au cœur, et il va consulter l'oracle de Delphes.

Mais Phœbus ne l'honore pas d'une réponse sur les choses pour lesquelles il est venu le consulter, ce qui n'empêche pas OEdipe de fuir en réglant sa fuite sur la la course des astres.

Mais ce qu'il y a de plus curieux, c'est que c'est juste au moment où M. de Voltaire accuse OEdipe d'aveuglement, que les premières lueurs de la vérité terrible pénètrent jusqu'à son cœur.

Écoutez ce que M. de Voltaire se garde bien de citer :

— Toujours marchant, j'arrivai aux lieux où tu dis que Laïus fut assassiné ; et maintenant, écoute, ô femme ! car je vais te révéler la vérité[1]. Lorsque je voyageais, arrivant à ce triple sentier dont tu as parlé, alors un héraut et un homme monté sur un char traîné par de jeunes chevaux venaient à ma rencontre. Alors, le conducteur et le vieillard voulurent m'écarter de la route avec violence, et, moi, je frappai par colère celui qui me repoussait, c'est-à-dire le conducteur ; ce que voyant le vieillard et que je marchais près du char, il me frappa au milieu du front de son aiguillon double. Par malheur, je ne le payai pas de la même peine ; je le frappai du bâton que je tenais dans cette main, et aussitôt il fut renversé sur le dos, tombant du milieu du char. Alors, je les tuai tous ; maintenant, s'il y a quelque chose de commun entre cet étranger et Laïus, quel est l'homme plus malheureux que je ne le suis ? quel homme est plus que moi haï des dieux ! Maintenant, aucun citoyen ni aucun étranger ne pourra plus me recevoir dans sa maison ; personne n'osera plus m'adresser la parole...; on me chassera de tous les seuils, et ces malheurs, c'est moi-même qui les aurai appelés sur ma tête par mes propres imprécations. Or, je souille la couche du mort qui a péri par mes mains. Ne suis-je pas né pervers !... ne suis-je pas devenu impur ! Il faut que je m'exile ; et, en m'exilant, il ne m'est pas même permis de revoir les miens ni de rentrer dans ma patrie... *ou alors il faut que je m'expose à être uni, par l'hymen, à ma mère... il faut que je m'expose à tuer mon père Polybe, qui m'a nourri, qui m'a engendré !...* Est-ce qu'il serait injuste, celui qui dirait que de pareils malheurs viennent d'une divinité cruelle ? Que jamais donc, sainte majesté des dieux... que jamais donc je ne voie ce jour !... mais que je marche

---

[1] Nous verrons, dans l'*Œdipe* de M. de Voltaire, de quelle façon grotesque cette révélation se fait.

ignoré au milieu des mortels avant que de voir le malheur me tacher d'une pareille souillure !

LE CHOEUR. — Prince, nous partageons tes craintes ; mais, jusqu'à ce que tu sois éclairé par celui que tu as envoyé chercher, conserve l'espérance.

Et c'est tout simple qu'OEdipe conserve l'espérance ; car qu'est-ce que la mort d'un homme qu'il ne connaît pas, qui l'a attaqué, insulté, frappé, près de cette terrible prédiction à laquelle il ne peut croire ? puisque vivent Polybe, qu'il croit son père... Mérope, qu'il croit sa mère... près de cette terrible prédiction : « Tu tueras ton père ! et tu épouseras ta mère ! »

On attend donc le serviteur... et on l'attend, il faut le dire, avec une anxiété d'autant plus grande, que le spectateur pénètre ce secret que ni OEdipe ni Jocaste n'ont pénétré encore, et qui va éclater comme un tonnerre vengeur sur leurs têtes.

Suivons M. de Voltaire, si mauvais que soit le terrain sur lequel il nous mène ; mais nous faisons l'office des cantonniers, nous comblons les ornières.

« Cette même faute, dit M. de Voltaire, subsiste dans tout le cours de la pièce.

» Cet OEdipe, qui expliquait les énigmes, n'entend pas les choses les plus claires. Lorsque le pasteur de Corinthe lui apporte la nouvelle de la mort de Polybe, et qu'il lui apprend que Polybe n'est pas son père, qu'il a été exposé par un Thébain sur le mont Cythéron, que ses pieds avaient été percés et liés avec des courroies, OEdipe ne soupçonne rien encore ; il n'a d'autre crainte que d'être né d'une famille obscure, et le chœur, toujours présent dans le cours de la pièce, ne prête aucune attention à tout ce qui aurait dû instruire OEdipe de sa naissance. Le chœur, qu'on donne pour une assemblée de gens éclairés, montre aussi peu de pénétration qu'OEdipe, et, dans le temps que les Thébains devraient être saisis d'horreur et de pitié à la vue des malheurs dont ils sont témoins, il s'écrie :

» — Si je puis juger de l'avenir et si je ne me trompe dans mes conjectures, Cythéron, le jour de demain ne passera pas que vous ne fassiez connaître la patrie et la mère d'OEdipe, et que nous ne menions des danses en votre honneur, pour vous rendre grâce du plaisir que vous aurez fait à nos princes. Et vous, prince, duquel des dieux êtes-vous donc fils ? quelle nymphe vous a eu de Pan, dieu des montagnes ? Êtes-vous le fruit des amours d'Apollon, car Apollon se plaît aussi sur les montagnes ? Est-ce Mercure ou Bacchus qui se tient aussi sur le sommet des montagnes ? etc. »

Il est triste, vraiment, de retomber toujours dans le même reproche ; mais aussi, c'est qu'il est révoltant de trouver sans cesse la même mauvaise foi.

La scène entre l'envoyé, OEdipe et Jocaste, est une des plus développées et des mieux faites de la pièce. Un homme de Corinthe, espérant une récompense, s'est hâté de venir dire à OEdipe que Polybe, qui lui laisse le trône, est mort.

Quel est le premier mouvement d'OEdipe ? Un mouvement tout à la fois de douleur et de joie : de douleur, de ce que son père est mort ; de joie, de ce que l'oracle est pris en faute.

Il accourt, se rendant à l'invitation de Jocaste, qui s'est empressée de l'envoyer chercher.

Il apprend la nouvelle, et s'écrie :

— Hélas! hélas! pourquoi donc, ô femme, quelqu'un désormais aurait-il égard au foyer de la pythonisse ou au vol et au cri des oiseaux? Je devais tuer mon père, et voilà mon père mort, caché sous la terre, tandis que, moi, je suis ici. Je ne l'ai point touché de l'épée, et, à moins qu'il n'ait été consumé par le regret de mon absence, il n'est pas mort par moi. Or, Polybe est couché aux enfers, emportant avec lui ces vains oracles indignes de toute estime.

Ce n'est qu'au cent vingtième vers de la scène qu'OEdipe apprend qu'il a été exposé sur le Cythéron par un berger de Laïus.

Alors, au lieu de demeurer tranquille comme le prétend M. de Voltaire, la vérité terrible commence à lui apparaître.

— Quel est ce berger, s'écrie-t-il? est-il encore vivant? puis-je le voir?
— De qui parles-tu? Ne t'en inquiète pas; oublie ces vaines paroles, dit Jocaste, qui dès lors ne doute plus et qui ne veut que retarder la catastrophe.
— Oh! vous ne ferez pas qu'après de tels indices, je ne découvre pas ma naissance.
— Au nom des dieux, ne t'inquiète pas de cela; occupe-toi de ta vie; je suis déjà assez malheureuse.
— Tu ne me persuaderas pas de renoncer à éclaircir ce mystère.
— Ce que je te conseille est le meilleur.
— Depuis longtemps, ces sages avis m'importunent.
— Oh! infortuné! plaise aux dieux que tu ignores toujours qui tu es.
— Quelqu'un m'amènera-t-il enfin ce berger?

Comme on le voit, OEdipe est loin d'être calme et Jocaste loin d'être tranquille.

— Hélas! hélas! s'écrie Jocaste en fuyant; infortuné! c'est

le seul nom dont je puisse t'appeler désormais, jamais d'un autre.

LE CHOEUR. — Pourquoi donc la reine vient-elle de se précipiter loin d'ici dans un si cruel chagrin ?

OEdipe, en effet, se trompe à cette démonstration de Jocaste. Il croit que la reine voit en lui un simple enfant perdu, quelque fils d'esclave, et que c'est cela qui l'a fait sortir ainsi désespérée.

C'est alors que le chœur, qui représente tous les sentiments du peuple, du peuple flatteur parfois comme un courtisan, dit à OEdipe :

— Ce n'est pas une raison d'avoir été trouvé sur une montagne pour être le fils d'un esclave. Le Cythéron est une montagne sacrée, fréquentée par Pan, par Apollon et par Bacchus, et il y a autant de chance à ce que tu sois le fils d'un dieu que le fils d'un esclave.

C'est en ce moment que le berger arrive. — Nous avons dit plus haut, dans l'analyse que nous avons faite de l'*OEdipe roi* de Sophocle, comment tout s'éclaircit.

« OEdipe, dit Voltaire, sait enfin tout son sort au quatrième acte. Voilà donc encore la pièce finie. »

D'abord, la pièce grecque n'est pas divisée par actes. De temps en temps, le chœur reste seul et donne un repos aux acteurs, voilà tout.

« M. Dacier, qui a traduit l'*OEdipe* de Sophocle, prétend que le spectateur attend avec beaucoup d'impatience le parti que prendra Jocaste, et la manière dont OEdipe accomplira sur lui-même les malédictions qu'il a prononcées contre le meurtrier de Laïus. J'avais été séduit là-dessus par le respect que j'ai pour ce savant homme, et j'étais de son sentiment lorsque je lus sa traduction. La représentation de ma pièce m'a bien détrompé; et j'ai reconnu qu'on peut sans péril louer tant qu'on veut les poëtes grecs, mais qu'il est dangereux de les imiter.

» J'avais pris dans Sophocle une partie du récit de la mort de Jocaste et de la catastrophe d'Œdipe. J'ai senti que l'attention du spectateur diminuait avec son plaisir au récit de cette catastrophe : les esprits, remplis de terreur au moment de la reconnaissance, n'écoutaient plus qu'avec dégoût la fin de la pièce. Peut-être que la médiocrité des vers en était la cause; peut-être que le spectateur, à qui cette catastrophe est connue, regrettait de n'entendre rien de nouveau; peut-être aussi que, la terreur ayant été poussée à son comble, il était impossible que le reste ne parût languissant. Quoi qu'il en soit, je me suis cru obligé de retrancher ce récit, qui n'était pas de plus de quarante vers; et, dans Sophocle, il tient tout le cinquième acte. Il y a grande apparence qu'on ne doit pas passer à un ancien deux ou trois cents vers inutiles, lorsqu'on n'en passe pas quarante à un moderne. »

Voilà le grand grief de M..de Voltaire contre Sophocle. C'est que les Athéniens avaient applaudi le récit de Sophocle, et que les Français avaient sifflé le récit de M. de Voltaire.

Cela tient peut-être à ce que Sophocle faisait mieux les vers grecs que M. de Voltaire ne faisait les vers français.

Ne vous a-t-il pas semblé, chers lecteurs, avoir vu, pendant toute cette longue diatribe du jeune Voltaire contre le vieux Sophocle ; ne vous semble-t-il pas avoir vu Cham, cet enfant impie de Noé, qui, trouvant son père ivre, couché et nu, appelle les passants pour railler avec eux cette nudité et cette ivresse ?

Sophocle n'est ni ivre, ni couché, ni nu ; mais vous l'eussiez trouvé ainsi, ô grand philosophe ! — comme on vous appelle, — qu'il eût été plus pieux, au lieu de le railler comme vous avez fait, de jeter votre manteau sur son ivresse et sa nudité.

C'est ce que firent Sem et Japhet à l'endroit de leur père, et, pour cela, ils furent bénis du Seigneur, tandis que Cham fut maudit en lui-même et dans sa postérité.

Heureusement que M. de Voltaire n'a pas de postétérité... légitime du moins.

Nous voici arrivé à l'*OEdipe* moderne ; examinons-le avec la même minutie, mais avec une meilleure foi que Voltaire n'a fait pour l'*OEdipe* de Sophocle.

Vous connaissez la tradition, chers lecteurs, je n'ai donc plus rien à vous apprendre là-dessus.

La peste règne à Thèbes ; mais, au lieu de représenter une place publique, un peuple désolé, des autels fumants, les Thébains en prières, le théâtre représente l'intérieur du palais d'Œdipe, et l'exposition va se faire entre *Dimas, ami de Philoctète*, et *Philoctète*.

Dimas voit entrer Philoctète et s'écrie :

> Philoctète, est-ce vous ? Quel coup affreux du sort
> Dans ces lieux empestés vous fait chercher la mort ?
> Venez-vous de nos dieux affronter la colère ?

Les Thébains avaient-ils des dieux particuliers, un Jupiter à eux ? — Je ne le sache pas.

Nul *mortel* n'ose ici mettre un pied téméraire.

Qu'est-ce donc que Dimas, qu'est-ce donc qu'Œdipe, qu'est-ce donc que Jocaste, qu'est-ce donc que tout le peuple thébain, sinon des *mortels ?*

C'est *nul étranger* qu'il faudrait dire; mais *étranger* n'eût pas fait le vers; aussi, sans s'inquiéter du contre-sens, M. de Voltaire se contente du mot *mortel.*

M. de Voltaire est très-sévère pour les autres, mais, vous le voyez, peu difficile pour lui.

Philoctète répond :

    Ce séjour convient aux malheureux.
Va, laisse-moi le soin de mes destins affreux,
Et dis-moi si des dieux la colère inhumaine,
En accablant ce peuple, a respecté la reine.

M. de Voltaire s'étonne qu'Œdipe n'ait pas fouillé davantage les circonstances de la mort de Laïus, et voilà Philoctète, *qui a des destins affreux* dont il veut *qu'on lui laisse le soin,* destins affreux causés par son amour pour Jocaste, et qui sait sans doute depuis le moment où il a traversé la frontière qu'une peste terrible désole Thèbes, voilà Philoctète qui n'a pas songé à s'informer si la reine est morte ou vivante !

Il s'en informe à Dimas, — mieux vaut tard que jamais.

« Oui, seigneur, elle vit, » répond Dimas, et il raconte à Philoctète les ravages de la peste.

— Et quel crime a produit un courroux si sévère?
DIMAS.
Depuis la mort du roi...

PHILOCTÈTE.
Qu'entends-je? quoi, Laïus?...
DIMAS.
Seigneur, depuis quatre ans, ce héros ne vit plus!

Vidons tout de suite cette grande question : de l'âge que peuvent, ou plutôt doivent avoir Philoctète et Jocaste.

M. de Voltaire dit dans sa préface :

« Il est surprenant que Philoctète aime encore Jocaste, après une si longue absence. Il ressemble assez aux chevaliers errants, dont la profession était d'être toujours fidèles à leur maîtresse. *Mais je ne puis être de l'avis de ceux* qui trouvent Jocaste trop âgée, pour faire naître encore des passions; elle a pu être mariée si jeune, et il est si souvent répété dans la pièce qu'Œdipe est dans une grande jeunesse, — cela est répété dans votre pièce, monsieur de Voltaire, mais point ailleurs, — que, sans préciser le temps, il est aisé de voir qu'elle n'a pas plus de trente-cinq ans. »

Et, pour mettre les femmes de son côté, M. de Voltaire ajoute sentimentalement :

« Les femmes seraient bien malheureuses, si on n'inspirait plus *de sentiments* à cet âge. »

D'abord, vous ne dites pas là ce que vous voulez dire monsieur de Voltaire; c'est *d'amour*, qu'il faudrait. inspirer *des sentiments* ne signifie absolument rien; l honte, la pitié, le dégoût, l'envie, la haine, l'amour sont *des sentiments;* inspirer *des sentiments*, c'est inspirer aussi bien la haine que l'amour, l'envie que l pitié.

Prouvons.

Ainsi, votre Jocaste a trente-cinq ans, monsieur de Voltaire.

Il n'y a qu'une difficulté à cela, c'est que c'est tout simplement impossible.

« Je veux bien, dites-vous, que Jocaste ait plus de soixante ans dans Sophocle et dans Corneille. La construction de leur fable n'est pas une règle pour la mienne, et je ne suis pas forcé d'adopter leurs fictions. »

Mais c'est que ce n'est point une fiction du tout, c'est la vérité; Jocaste, si elle est coquette, a droit de se rajeunir, on lui passera un petit mensonge d'un an ou deux; mais un mensonge de vingt-cinq ans, oh! non, ce n'est pas possible.

— Cependant, dites-vous, monsieur de Voltaire, si j'ai besoin d'une Jocaste jeune pour la faire aimer de Philoctète ?

Nous ne vous l'accorderons pas plus que nous ne vous accorderions un Achille vieux. L'histoire est là, monsieur de Voltaire; et, en vérité, ce n'est pas la peine de la violer, pour lui faire un si pauvre enfant.

Voyons, discutons l'âge de Philoctète, nous discuterons ensuite celui de Jocaste.

— Mais comment discuter l'âge de Philoctète?

Rien de plus facile. Vous allez voir qu'à cinq ou six ans près, nous arriverons à la preuve, comme on dit en arithmétique.

Philoctète était un *argonaute,* c'est-à-dire un *navigateur sur Argo*. Or, quand le navire *Argo* doubla le mont Pélion, les argonautes saluèrent en passant le vieux centaure Chiron et Achille, son élève, que son âge *encore trop tendre* empêchait de les suivre.

Mettons qu'Achille ait dix ans, et que Philoctète, ami d'Hercule, en ait trente.

Vous allez voir.

Achille part pour la guerre de Troie à vingt ans.

Philoctète en a quarante.

La guerre de Troie dure neuf ans.

Philoctète en a quarante-neuf. C'est lui qui termine cette guerre en tuant Pâris avec une des flèches d'Hercule.

Or, il est impossible qu'il soit venu il y a quatre ans en Béotie, comme le dit Dimas :

> Quatre ans sont écoulés depuis qu'en Béotie
> Pour la dernière fois le sort guida vos pas.
> A peine vous quittiez *le scin* de vos États...

On quitte le sein de sa nourrice, mais je n'ai jamais lu que dans M. de Voltaire que l'on quittât *le scin* de ses États.

> A peine vous preniez le chemin de l'*Asie*,
> Lorsque, d'un coup *perfide*, une main *ennemie*
> Ravit à ses sujets ce prince *infortuné*.

Asie et *ennemie* riment mal ; mais il y a encore quelque chose qui rime plus mal dans tout cela. Vous allez voir.

Philoctète part pour Troie avec tous les princes grecs. On ne peut prendre Troie qu'à l'aide des flèches d'Hercule ; mais les flèches d'Hercule sont enterrées avec leur maître, et Hercule a fait jurer à Philoctète, son dernier ami, son seul ensevelisseur, que jamais il ne révélerait la place de son tombeau.

Philoctète, pour rester fidèle à son serment, frappe

sans parler, la terre du pied. On creuse la terrre, on trouve les flèches d'Hercule; on les prend, on les donne à Philoctète, comme au plus digne de s'en servir. Mais elles sont trop lourdes pour le parjure; une d'elles s'échappe de ses mains, tombe sur son pied et lui fait, grâce au venin de l'hydre, une blessure incurable qui force, à cause de l'odeur insupportable qui s'en exhale, ses compagnons à l'abandonner dans l'île de Lemnos, où il reste neuf ans, c'est-à-dire jusqu'après la mort d'Achille.

Il ne peut donc pas être venu quatre ans auparavant en Béotie, comme le prétend Dimas.

— Mais, me répondra-t-on, il y est venu après la guerre de Troie.

Soit, cela lui fait quatre ans de plus, alors.

Récapitulons.

Trente ans au moment du voyage des argonautes.

Quarante ans lors de la guerre de Troie.

Quarante-neuf ans lors de la mort d'Achille.

Cinquante ans lors de la mort de Pâris.

Cinquante-quatre ans lors de son arrivée à Thèbes.

C'est déjà un peu vieux pour dire ces vers en apprenant la mort de Laïus :

Il ne vit plus! quel mot a frappé mon oreille !
Quel espoir *séduisant* dans mon cœur se réveille!
Quoi! Jocaste, les dieux me seraient-ils plus doux?...
Quoi! Philoctète, *enfin*, pourrait-il être à vous?

Le mot *enfin* n'est pas déplacé, comme on voit.

Venons maintenant aux trente-cinq ans de Jocaste.

Philoctète avait dû connaître Jocaste avant son voyage sur le navire *Argo*.

Pourquoi pas entre le retour de la Colchide et la guerre de Troie ?

Vous allez voir que c'est impossible.

Voici ce que dit Dimas en parlant de l'amour de Philoctète pour Jocaste :

> J'ai plaint longtemps ce feu si puissant et si doux ;
> Il naquit dans l'enfance, il croissait avec vous.
> Jocaste, par un père à son hymen forcée,
> Au trône de Laïus à regret fut placée.
> Hélas ! par cet hymen qui causa tant de pleurs,
> Les destins en secret préparaient nos malheurs,
> Que j'admirais en vous cette vertu suprême,
> Ce cœur digne du trône et vainqueur de soi-même !
> En vain l'amour parlait à ce cœur agité :
> *C'est le premier tyran que vous avez dompté.*

Un joli vers, n'est-ce pas ?

Philoctète *répond* :

> Il fallut fuir pour vaincre. Oui, je te le confesse,
> Je luttai quelque temps ; je sentis ma faiblesse,
> Il fallut m'arracher de ce funeste lieu,
> Et je dis à Jocaste un éternel adieu.

Donc, Philoctète a quitté Jocaste depuis son mariage avec Laïus. L'historien ne dit pas combien de temps Jocaste vécut avec Laïus. Voltaire avoue quinze ans à peu près, puisqu'il donne trente-cinq ans à Jocaste, et que Dimas dit :

> Seigneur, depuis quatre ans, ce héros ne vit plus.

Jocaste s'est mariée à seize ans.

Elle a vécu quinze ans avec Laïus ; trente et un ans.

Laïus est mort depuis quatre ans ; voilà les trente-cinq ans de la Jocaste de Voltaire.

Ah ! mais monsieur de Voltaire, vous comptez sans les quatre enfants qu'OEdipe a eus de Jocaste.

Les deux jumeaux fratricides Étéocle et Polynice, Antigone, Ismène.

Or, calculons au plus bas.

Jocaste a perdu Laïus à trente et un ans.

A trente-deux ans, elle a épousé OEdipe.

A trente-cinq ans, elle ne peut avoir quatre enfants.

— Si fait, puisque, sur ces quatre enfants, il y a deux jumeaux; Étéocle et Polynice ont trois ans, Antigone a deux ans. Ismène, un an.

Tiens, c'est assez ingénieux.

Par malheur, Étéocle, qui est reconnu pour l'aîné, succède à son père OEdipe, qui prend le chemin de l'exil appuyé sur Antigone.

Sérieusement, il n'est pas probable qu'Étéocle régnait à trois ans, et qu'Antigone servait de soutien à son père à deux ans.

Voyez plutôt la tragédie d'*Antigone* du même Sophocle. Antigone est une femme quand, malgré l'ordre de Créon, elle donne la sépulture à Polynice.

Elle a vingt ans.

Elle en avait donc dix-huit quand Étéocle est monté sur le trône, puisqu'il règne deux ans contre la foi jurée.

Si Antigone a dix-huit ans, ses deux frères aînés doivent en avoir dix-neuf.

Si les deux frères aînés d'Antigone ont dix-neuf ans, il y a vingt ans que Jocaste est mariée avec OEdipe.

Or, s'il y a vingt ans que Jocaste est mariée avec

OEdipe, comme elle l'a épousé à trente-deux ans, elle a cinquante-deux ans.

Jocaste a cinquante-deux ans, Philoctète en a cinquante-quatre, les deux amants ont cent six ans à eux deux.

C'est, on en conviendra, un âge à ne plus faire de folies.

C'est pour cela que Philoctète, — qui désire que Dimas *lui laisse le soin de ses destins affreux*, et qui un instant a senti un espoir *séduisant se réveiller dans son cœur*, — c'est pour cela que Philoctète reçoit si philosophiquement la nouvelle du mariage de Jocaste avec OEdipe. Voyez plutôt :

DIMAS.
Ainsi donc, désormais, sans plainte et sans courroux,
Vous reverrez Jocaste et son nouvel époux.
PHILOCTÈTE.
Comment! que dites-vous? un nouvel hyménée...
DIMAS.
OEdipe à cette reine a joint sa destinée.
PHILOCTÈTE.
OEdipe *est trop heureux!* Je n'en suis pas surpris;
Et qui sauva son peuple est *digne d'un tel prix*.
Le Ciel est juste.

Si OEdipe *est digne d'un tel prix* et si *le Ciel est juste*, OEdipe n'est pas trop heureux.

Mais attendez, ceci n'est rien.

Voltaire se critique lui-même comme il a critiqué Sophocle, seulement avec plus de courtoisie.

« Pour l'ignorance où est Philoctète des affaires de Thèbes, dit-il, je ne la trouve pas moins condamnable que celle d'OEdipe. »

En effet, Thèbes a l'air du château de la *Belle au bois dormant;* personne ne sait rien de ce qui s'est passé depuis vingt ans.

OEdipe ne sait pas comment Laïus a été tué.

Philoctète ne sait pas si Jocaste est vivante.

Et, chose bien plus extraordinaire, Dimas ne sait pas qu'Hercule est mort.

Hercule, comprenez-vous bien? Dimas ne sait pas qu'Hercule le Thébain, qu'Hercule le dompteur de monstres, que le demi-dieu Hercule est mort!

Voyez plutôt.

C'est Philoctète qui parle :

Apprends mon infortune et les malheurs du monde :
Mes yeux ne verront plus ce digne fils des dieux,
Cet appui de la terre, invincible comme eux.
L'innocent opprimé perd son dieu tutélaire ;
Je pleure mon ami, le monde pleure un père.

DIMAS.

Hercule est mort?

Eh! mon Dieu, oui, mon cher monsieur Dimas, Hercule est mort; comment! vous ne savez pas cela? Ce n'est pas croyable.

Mais Hercule est mort sur le mont OEta, me direz-vous, il y a une vingtaine de lieues du mont OEta à Thèbes; peut-être la nouvelle de sa mort n'a-t-elle pas eu le temps d'arriver dans la capitale de la Béotie.

La chose serait possible si Hercule était mort de la veille ; mais il y a quelque chose comme quinze ans qu'Hercule est mort, puisqu'il est mort avant la guerre de Troie, et Dimas ne sait pas la mort d'Hercule !

Comprenez-vous un Parisien qui, en 1836, n'eût pas su la mort de Napoléon ?

Et encore, Napoléon était mort à deux mille lieues de Paris, tandis qu'Hercule n'était mort qu'à vingt lieues de Thèbes.

Laquelle des quatre épithètes appliquées par vous à Sophocle : *absurde*, *révoltant*, *grossier*, *ignorant*, vous est applicable, à vous, monsieur de Voltaire ?

Sans compter que nous vous faisons grâce de vers comme ceux-ci :

PHILOCTÈTE.
Ami, ces malheureuses mains
Ont mis sur le bûcher le plus grand des humains.
Je rapporte en ces lieux ses *flèches invincibles*.

Des *flèches invincibles !*

Du fils de Jupiter, présents chers et terribles.

Il faudrait *présent* au singulier, à moins qu'Hercule n'ait donné à Philoctète ses flèches une à une, et ne lui ait fait ainsi plusieurs présents. Mais M. de Voltaire ne voulait pas perdre ce bel hémistiche :

Ses flèches invincibles.

Il fallait donc mettre présents au pluriel, afin de faire rimer ter*ribles* et invin*cibles*, qui ne riment pas.

Il est vrai que ces deux beaux vers sont suivis d'une belle faute de français.

Je rapporte sa cendre et viens à ce héros,
Attendant des autels, élever des tombeaux.

Voici la construction de la phrase; je défie qu'on la fasse autrement :

« *Je rapporte sa cendre et viens, attendant des autels*, élever des tombeaux à ce héros. »

Ah ! parbleu ! monsieur de Voltaire, voilà une belle langue et voilà de beaux vers pour un homme qui, trois pages auparavant, dans sa préface, dit, en parlant de l'*OEdipe* de Corneille :

« Je ne parle point de la versification ; on sait qu'il n'a jamais fait de vers si faibles et si indignes de la tragédie. En effet, Corneille ne connaissait guère la médiocrité, et il tombait dans le bas *avec la même facilité* qu'il s'élevait au sublime. »

Ce qui veut dire en bon français que Corneille s'élevait *au sublime avec facilité*.

Eh bien, mais ce n'est déjà pas si maladroit, cela, et ce n'est pas moi qui vous ferai le même reproche, monsieur de Voltaire.

On a vu avec quelle fine et courtoise moquerie M. de Voltaire raille Sophocle à propos de son OEdipe, qui vient demander au grand prêtre des détails sur la peste, et qui ne sait pas comment est mort Laïus.

Voyons un peu comment s'y prend M. de Voltaire à propos de la peste et à propos de Laïus.

La porte du temple s'ouvre, et le grand prêtre paraît au milieu du peuple.

PREMIER PERSONNAGE DU CHOEUR.

Esprits contagieux, tyrans de cet empire,
Qui soufflez dans ces murs la mort qu'on y respire,
Redoublez contre nous votre lente fureur,
Et d'un trépas trop long épargnez-nous l'horreur !

Si les esprits contagieux *redoublent leur lente fureur*, ils seront deux fois plus lents.

Ce que veut dire M. de Voltaire vaut souvent mieux que ce qu'il dit.

SECOND PERSONNAGE.

Frappez, dieux tout-puissants; vos victimes sont prêtes!
O monts, écrasez-nous! Cieux, tombez sur nos têtes!
O mort! nous implorons ton funeste secours!
O mort! viens nous sauver, viens terminer nos jours!

LE GRAND PRÊTRE.

Cessez et *retenez* ces clameurs lamentables.

Si l'on *cesse* les clameurs, on n'aura pas besoin de les retenir.

Ah! par ma foi, monsieur de Voltaire, ce n'était pas la peine de tant railler le grand prêtre de Sophocle! Du moins, il ne dit la sottise que vous lui prêtez qu'à la cinquième ligne.

Le vôtre ne tourne pas autour de celle qu'il a à dire; il la crache au peuple dès le premier mot.

Ah! maintenant, voyons, grand maître, comment il se fait que, chez vous, OEdipe ignore les détails de la mort de Laïus, ignorance dont vous faites un si grand reproche au pauvre OEdipe de Sophocle :

OEDIPE.

A chercher le coupable, appliquons tous nos soins.
Quoi! de la mort du roi n'a-t-on pas de témoins?
Et n'a-t-on jamais pu, parmi tant de prodiges,
De ce crime impuni retrouver les vestiges?
On m'avait toujours dit que ce fut un Thébain
Qui leva sur ce prince une coupable main.

Qui diable vous avait dit cela, monsieur de Voltaire?

(A Jocaste.)
Pour moi qui, de vos mains recevant la couronne,
Deux ans après sa mort ai monté sur son trône.

Bon ! nous voilà obligé de vieillir encore Jocaste d'un an. Nous ne lui avions donné qu'un an de veuvage.

Madame, jusqu'ici respectant vos douleurs,
Je n'ai pas rappelé le sujet de vos pleurs,
Et de vos seuls périls chaque jour alarmée,
Mon âme à d'autres soins semblait être fermée.

Eh bien, à la bonne heure ! OEdipe est parricide, incestueux, il a tué son père, il est le mari de sa mère, mais il n'a pas le défaut d'être curieux.

Cependant, il se décide à demander comment les choses se sont passées.

Jocaste lui raconte alors une histoire qui ne diffère de celle de Sophocle que sur ce point : que c'est Phorbas, le premier ministre du roi, et non pas un simple berger, qui est venu annoncer sa mort.

Jocaste, pour le soustraire au courroux du peuple qui voulait l'égorger, l'a fait enfermer dans une prison d'État. Nouvelle preuve du peu de curiosité d'OEdipe.

Voyez-vous M. de Martignac emprisonné par Charles X, et Louis-Philippe oubliant de demander, en montant sur le trône, pourquoi M. de Martignac est en prison !

Chez Sophocle, c'est un pauvre berger, qui s'est caché dans les montagnes.

C'est un peu plus probable.

Comme dans Sophocle, OEdipe ordonne qu'on le

fasse venir, et, en attendant, voue le meurtrier à la vengeance des dieux.

Et l'acte premier finit.

Cette fois, dès la première scène du second acte, M. de Voltaire ne marchande pas.

Araspe, *confident* d'OEdipe, entre en scène et dit à Jocaste et aux confidents :

> Oui, ce peuple expirant dont je suis l'interprète,
> D'une commune voix accuse Philoctète,
> Madame; et les destins, dans ce triste séjour,
> Pour nous sauver, sans doute, ont permis son retour.
> JOCASTE.
> Qu'ai-je entendu, grands dieux !

Et, en effet, Jocaste a grande raison d'être étonnée : il y a vingt-deux ans, lorsque Laïus est mort, Philoctète était au fond de la Colchide, à cinq cents lieues de Thèbes à peu près, et, si loin que portent les flèches d'Hercule, en leur accordant cinq cents pas de jet, c'est tout ce qu'on peut faire pour elles.

Égine est aussi étonnée que sa maîtresse; et, pas plus que sa maîtresse, elle ne cache son étonnement.

Jocaste dit :

> Qu'ai-je entendu, grands dieux !...

Et Égine :

> Ma surprise est extrême !

Quant à Araspe, il tient à ce que Philoctète soit le meurtrier. Il ignore pourquoi Philoctète en voulait à Laïus; mais il sait pertinemment qu'il lui en voulait.

J'ignore quel sujet animait sa colère ;
Mais, au seul nom du roi, trop prompt et trop sincère,
Esclave d'un courroux qu'il ne pouvait dompter,
Jusques à la menace il osa s'emporter.
Il partit..., et, depuis, sa destinée *errante*
Ramena sur nos bords sa fortune *flottante*.

Pourquoi flottante?... Est-ce parce qu'il montait le navire *Argo?*

Même il était dans Thèbe en ces temps malheureux
Que le ciel a marqués d'un parricide affreux !

S'il était dans Thèbes, il n'a plus d'excuse, vous en conviendrez, d'ignorer la mort du roi Laïus.

Un Belge qui aurait été à Paris le jour de l'assassinat du roi Henri IV, et qui, vingt-deux ans après, ne saurait pas encore que Henri IV a été assassiné, serait, à notre avis, impardonnable.

Mais, vous comprenez bien, il fallait un pendant à Dimas, qui ne sait pas qu'Hercule est mort.

Maintenant, comment cela va-t-il se passer ? Voilà Araspe qui dit que Philoctète était à Thèbes le jour de la mort de Laïus.

Voilà Philoctète qui dit qu'il n'y est pas venu depuis le mariage de Jocaste.

Lequel des deux ment, de Philoctète ou de Dimas ?

M'est avis, à moi, que c'est M. de Voltaire.

Ainsi, voici l'auteur de l'*OEdipe* moderne qui ne peut en revenir de ce que cet *idiot* de Sophocle fait accuser *Créon* par OEdipe, qui fait accuser, lui, *Philoctète* par Dimas.

Au moins Créon aurait eu une raison de tuer Laïus...

C'était d'être nommé régent du royaume, comme il l'a été après la mort du vieux roi, et comme il le serait encore si l'immense service rendu par OEdipe au peuple thébain, le jour où il l'a débarrassé de son sphinx, n'avait donné le trône à OEdipe.

Mais, me direz-vous, Philoctète en avait une aussi, et Dimas la donne.

> Au seul nom de Laïus, trop prompt et trop sincère,
> Esclave d'un courroux qu'il ne pouvait dompter,
> Jusques à la menace il osa s'emporter.

Puis, ce que le public sait et ce que Dimas ne sait pas, puisqu'il dit :

> J'ignore quel sujet animait sa colère.

c'est que Philoctète aimait Jocaste, et qu'il pouvait bien tuer Laïus dans l'espoir de devenir son époux. C'est ce qu'Égisthe a fait à l'endroit d'Agamemnon.

Mais Égisthe, Agamemnon tué, ne s'est pas amusé à courir pendant vingt-deux ans le monde avant de revenir à Clytemnestre; il l'a prise à l'âge qu'elle avait — à l'âge que M. de Voltaire donne à Jocaste — à l'âge de trente ou de trente-cinq ans, et s'est bien gardé de la laisser vieillir jusqu'à l'âge de cinquante ans.

Après cela, nous avons vu dans M. de Balzac qu'il y a des hommes qui aiment les femmes de trente ans, et d'autres les femmes de quarante.

Il peut donc y en avoir qui aiment les femmes de cinquante.

Philoctète a laissé mûrir le fruit, et, quand il a cru le fruit au point où il l'aimait, il est revenu pour le cueillir.

Il avait à aller chercher la toison d'or en Colchide;
Il avait à prendre Troie;
Il avait à s'associer aux travaux d'Alcide;

A marcher près de lui ceint du même laurier;

toutes choses plus pressées que de venir réclamer la main d'une femme qu'on aime et dont on a tué le mari.

Aussi, n'est-il pas si injuste, quand il rencontre Jocaste, de lui faire des reproches. — Voyez plutôt

PHILOCTÈTE.
Ne fuyez point, madame, et cessez de trembler;
Osez me voir, osez m'entendre et me parler;
Ne craignez point ici que mes jalouses larmes
De votre hymen heureux troublent les nouveaux charmes;
N'attendez point de moi des reproches honteux,
Ni de lâches soupirs indignes de tous deux.
Je ne vous tiendrai point de ces discours vulgaires
Que dicte la mollesse aux amants ordinaires;
Un cœur qui vous chérit, et, s'il faut dire plus,
S'il vous souvient des nœuds que vous avez rompus,
Un cœur pour qui le vôtre avait quelque tendresse
N'a point appris de vous à montrer de faiblesse.

Il est vrai qu'il donne une excuse de son absence :

Ah! pourquoi la Fortune à me nuire constante
Emportait-elle ailleurs ma valeur imprudente?
Si le vainqueur du sphinx devait vous conquérir,
Fallait-il loin de vous ne chercher qu'à périr?

Mais Philoctète, qui n'était pas venu à Thèbes depuis vingt-deux ans, eût aussi bien fait de n'y pas revenir, puisque, arrivé à midi, il est accusé à une heure, **ni plus ni moins que s'il était de Domfront, ville de malheur, comme on sait.**

Aussi Philoctète ne peut-il digérer cette accusation. Il faut qu'Œdipe vienne et la lui répète, pour qu'il ne croie pas à une mauvaise plaisanterie de Jocaste.

Mais il a affaire à un homme qui est payé pour ne pas aimer les énigmes; aussi parle-t-il clairement:

> Vous êtes accusé; songez à vous défendre.
> Paraissez innocent; il me sera bien doux
> D'honorer dans ma cour un héros tel que vous;
> Et je me tiens heureux s'il faut que je vous traite
> Non comme un accusé, mais comme Philoctète.

Philoctète répond.

Voltaire trouve que Créon répond par de mauvaises raisons; on n'en dira pas autant de Philoctète: il répond par trois magnifiques sentences.

PREMIÈRE SENTENCE.
> Cette main qu'on accuse, au défaut du tonnerre,
> D'infâmes assassins a délivré la terre;
> Hercule à les dompter avait instruit mon bras.
> *Seigneur, qui les punit ne les imite pas!*

DEUXIÈME SENTENCE.
> Un roi, pour ses sujets, est un dieu qu'on révère.
> Pour Hercule et pour moi, c'est un homme ordinaire.
> J'ai défendu des rois, et vous devez songer
> *Que j'ai pu les combattre, ayant pu les venger.*

TROISIÈME SENTENCE.
> Le trône est un objet qui n'a pu me tenter;
> Hercule à ce haut rang dédaignait de monter.
> Toujours libre avec lui, sans sujets et sans maître,
> J'ai fait des *souverains* et n'ai pas voulu *l'être.*

Il y a ici une grosse faute de français; mais, quand il s'agit d'une sentence, M. de Voltaire n'y regarde pas de si près.

Philoctète sort, et Œdipe le suit en disant à Araspe :

> Dans l'état déplorable où tu vois que nous sommes,
> Je veux interroger et les dieux et les hommes.

Et la toile tombe sur la fin du second acte, ou plutôt ne tombe pas, puisqu'il est convenu que, dans la tragédie, le rideau doit rester constamment levé.

Cherchez ce qu'il y a comme action dans ces deux premiers actes, et, si vous y trouvez une intrigue quelconque, faites-m'en part.

Le troisième acte s'ouvre, comme le second, entre Jocaste et Égine. M. de Voltaire a été content de l'ouverture du second, à ce qu'il paraît : pourquoi chercherait-il autre chose pour le troisième ?

A la première scène du second acte, on accusait Philoctète; à la première scène du troisième acte, Philoctète est accusé.

On voit que la pièce a marché.

Lentement, il est vrai; mais il y a un proverbe italien là-dessus.

Jocaste attend Philoctète. Je veux, dit-elle,

> De ces *funestes lieux* qu'il s'écarte, qu'il *fuie* ;
> Qu'il sauve, en s'éloignant, et ma gloire et ma *vie*

Encore une de ces rimes auxquelles Voltaire a donné son nom.

Cependant, tout en attendant Philoctète, Jocaste craint qu'on ne la soupçonne :

> Des courtisans, sur nous, les inquiets regards,
> Avec avidité tombent de toutes parts;

A travers les respects, leurs trompeuses souplesses
Pénètrent dans nos cœurs et cherchent nos faiblesses;
A leur malignité rien n'échappe et *ne fuit.*

Nous ne savions pas que l'on dît *fuir à* une malignité.

Philoctète arrive. Jocaste lui propose de fuir; il va sans dire que Philoctète refuse, en disant :

Préférez, comme moi, mon honneur à ma *vie;*
Commandez que je meure, et non pas que je *fuie.*

M. de Voltaire affectionne ces deux rimes-là.

Plus les enfants sont laids, plus le père les aime, dit encore un proverbe.

Par bonheur, Œdipe arrive; il était temps.

Un *vain* peuple, en tumulte, avait demandé la tête de Philoctète.

Œdipe vient lui dire :

Prince, ne craignez point l'impétueux caprice
D'un peuple dont la voix presse votre supplice.

En effet, continue Œdipe :

Le ciel, enfin, s'apaise; il veut nous pardonner;
Et bientôt, retirant la main qui nous opprime,
Par la voix du grand prêtre, il nomme la victime.

Le grand prêtre entre. Cette victime que demandent les dieux, c'est Œdipe.

Alors, Philoctète prend sa revanche; il avait une demi-douzaine de sentences à placer. Il en a placé trois dans sa scène avec Œdipe; il trouve un joint pour la quatrième et ne laisse pas fuir l'occasion :

Contre vos enemis je vous offre mon bras,

s'écrie-t-il.

> Entre un pontife et vous je ne balance pas.
> Un prêtre, quel qu'il soit, quelque dieu qui l'inspire,
> Doit prier pour ses rois, et non pas les maudire.

Ces menaces de Philoctète n'arrêtent pas le grand prêtre, comme vous pensez bien; il ne demande pas mieux que de marcher au martyre. Voyez plutôt :

> Ma vie est en vos mains, vous en êtes le maître;
> Profitez des moments que vous avez à l'être.
> Aujourd'hui, votre arrêt vous sera prononcé.
> Tremblez, malheureux roi, votre règne est passé !
> Une invisible main suspend sur votre tête
> Le glaive menaçant que la vengeance apprête.
> Bientôt, de vos forfaits vous-même épouvanté,
> Fuyant loin de ce trône où vous êtes monté,
> Privé des feux sacrés et des eaux salutaires,
> Remplissant de vos cris les antres solitaires,
> Partout d'un dieu vengeur vous sentirez les coups
> Vous chercherez la mort, la mort *fuira de vous!*

Cependant, je crois le grand prêtre plus effrayé qu'il ne le laisse voir. C'est, à notre avis, à son émotion qu'il faut attribuer cette locution : *La mort fuira de vous.*

La mort ne fuit pas de quelqu'un, elle fuit loin de quelqu'un, devant quelqu'un.

Le seul cas où elle pourrait fuir de quelqu'un serait celui où, après être entrée dans le corps d'un homme, elle en serait chassée par un pouvoir surnaturel.

Ainsi, à la rigueur, on pourrait dire, à propos des deux miracles du Christ : la mort *fuit de* la fille de Jaïre; la mort *fuit de* Lazare.

Au reste, Œdipe ne cache pas son trouble. En effet,
Il est si troublé, qu'il s'écrie :

Quittez, reine, quittez ce langage terrible;
Le sort de votre époux est déjà trop horrible,
Sans que, de nouveaux traits venant me déchirer,
Vous me donniez encor votre mort à pleurer.
Suivez mes pas, rentrons ; il faut que j'éclaircisse
Un soupçon que je forme avec trop de justice.
Venez.

JOCASTE.
Comment, seigneur, vous pourriez...?
OEDIPE.
Suivez-moi.
Et venez dissiper ou combler mon effroi.

Ah! je vous y prends, monsieur de Voltaire, vous qui prétendez que Sophocle ne sait pas faire une tragédie, vous êtes arrivé à la fin de votre acte, vous ne savez comment faire sortir Œdipe. Alors, il sort en disant à Jocaste : *Suivez-moi!*

Pour avoir lieu à deux, la sortie n'en est pas meilleure.

D'autant plus qu'Œdipe, après être sorti avec Jocaste, rentre immédiatement avec Jocaste.

Peut-être croyez-vous que, pendant sa disparition d'un instant, Œdipe a dit à Jocaste quel était ce soupçon qu'il formait avec trop de justice.

Ah bien, oui! il s'en est gardé.

Et la preuve, voyez ce qu'il dit en rentrant :

OEDIPE.
Non, quoi que vous disiez, mon âme inquiétée
De soupçons importuns n'est pas moins agitée.

Seulement, ce n'est plus *un soupçon* qu'il forme, ce sont *des soupçons* dont il est agité.

L'intérêt va croissant.

Puis il a un aveu à faire à Jocaste, et il la ramène en scène pour le lui faire.

Le grand prêtre me gêne...

Parbleu! je le crois bien, qu'il vous gêne; M. de Voltaire ne l'a mis où il est que pour cela.

Alors commence la grande scène entre OEdipe et Jocaste, la même que dans Sophocle, où Jocaste raconte à OEdipe la prédiction qui lui a été faite, et où OEdipe fait à Jocaste le même aveu. Seulement, tout cela est arrangé à la mode du xviiie siècle, ou plutôt à la mode de M. de Voltaire, c'est-à-dire en *ennoblissant* les détails, comme on disait alors.

Voyez, en effet, comme les détails sont ennoblis.

Dans Sophocle, à peine OEdipe a-t-il entendu la réponse de l'oracle, qu'il fuit à pied, un bâton à la main, dirigeant sa course sur celle des astres.

On se rappelle la rencontre de Laïus; le héraut voulant écarter OEdipe du chemin de son maître, et celui-ci le frappant au front de l'aiguillon avec lequel il excite ses chevaux.

On comprend que tout cela n'est pas assez noble pour ce fameux xviiie siècle, qui farde et poudre l'antiquité comme une poupée du Palais-Royal ou une drôlesse du Parc-aux-Cerfs.

Voici comment M. de Voltaire comprend l'antiquité, lui :

> Je m'arrachai des bras d'une mère éplorée ;
> Je partis, je courus de contrée en contrée ;
> Je déguisai partout ma naissance et mon nom.
> Un ami de mes pas fut le seul compagnon.
> Dans plus d'une aventure, en ce fatal voyage,
> Le dieu qui me guidait seconda mon courage ;
> Heureux si j'avais pu, dans l'un de ces combats,
> Prévenir mon destin par un noble trépas !
> Mais je suis réservé sans doute au parricide.

Écoutez bien. Voici où est la chose incroyable :

> Enfin, je me souviens qu'aux champs de la Phocide
> (Et je ne conçois pas *par quel enchantement*
> J'oubliais jusqu'ici ce grand événement,
> La main des dieux sur moi si longtemps suspendue
> Semble ôter le bandeau qu'ils mettaient sur ma vue),
> Dans un chemin étroit, je trouvai deux guerriers
> Sur un char éclatant que traînaient deux coursiers.
> *Il fallut* disputer, dans cet étroit passage,
> Des vains honneurs du pas le frivole avantage.

A la bonne heure ! voilà qui est autrement noble que cette rencontre d'Œdipe marchant seul, un bâton à la main, avec ce héraut, cet homme, ce berger et ces trois gardes.

Seulement, pourquoi *fallut-il* disputer des vains honneurs du pas le frivole avantage, puisqu'Œdipe voyageait

Déguisant sa naissance et son nom ?

Ce n'était pas un moyen de cacher son nom et sa naissance que de disputer, *à deux guerriers* venant dans *un char éclatant traîné par deux coursiers*, des vains honneurs du pas le frivole avantage.

Mais que voulez-vous ! OEdipe

Était jeune et superbe et nourri dans un rang
Où l'on puisa toujours l'orgueil avec le sang.
Inconnu, *dans le sein* d'une terre étrangère ;
Il se croyait encore au trône de son père.

Dans Sophocle, au moins, OEdipe a une excuse : c'est le conducteur du char qui lui crie au large, c'est le héraut qui le repousse, c'est Laïus qui le frappe.

L'OEdipe de M. de Voltaire n'attend pas tout cela. Voyez plutôt, et comptez les épithètes faisant rime :

Je marche donc vers eux, et ma main *furieuse*
Arrête des coursiers la fougue *impétueuse*.
Loin du char, à l'instant, ces guerriers élancés,
Avec fureur sur moi fondent à coups *pressés*.
La victoire entre nous ne fut point *incertaine*.
Dieux puissants, je ne sais si c'est faveur ou haine,
Mais sans doute pour moi contre eux vous combattiez ;
Et l'un et l'autre, enfin, tombèrent à mes pieds.

A peine OEdipe a-t-il achevé ce récit, que Phorbas paraît, que la reconnaissance se fait, et qu'on annonce à OEdipe qu'un étranger arrive de Corinthe.

Devinez ce que fait OEdipe ?

Il sort... pour rentrer ; mais, en sortant, il donne une fin au quatrième acte, qui ne finissait pas sans cela.

Venez, jeunes auteurs qui étudiez l'art dramatique !..., voyez et profitez !

SCÈNE IV.

ŒDIPE, JOCASTE, DIMAS.

DIMAS.

Seigneur, en ce moment, un étranger arrive;
Il se dit de Corinthe, et demande à vous voir.

ŒDIPE.

Allons! dans un moment je vais le recevoir.
(A Jocaste.)
Adieu. Que de vos pleurs la source se dissipe.
Vous ne reverrez plus l'inconsolable Œdipe.

Et il sort, mais pour rentrer immédiatement.

ACTE V

SCÈNE PREMIÈRE.

ŒDIPE, ARASME, DIMAS.

Il est vrai qu'à sa rentrée OEdipe dit deux bien beaux vers :

Finissez vos regrets et retenez vos larmes ;
Vous plaignez mon exil, il a pour moi des charmes !

Quand Œdipe ne serait sorti que pour ramasser ces deux vers-là dans la coulisse, convenez qu'il n'aurait pas perdu sa peine.

L'étranger qui arrive de Corinthe vient annoncer, comme dans Sophocle, que Polybe est mort, et qu'Œdipe n'est pas le fils de Polybe. On fait venir Phorbas ; Phorbas et Icare le reconnaissent, toujours comme dans Sophocle ; seulement, vous comprenez bien que ce ne sont pas des bergers. La majesté de la tragédie ne permet pas qu'on introduise sur la scène de pareils manants : ce sont deux ministres. Il en résulte que Icare, qui est un profond politique, peut dire, étant ministre, ces quatre beaux vers qu'il ne pourrait pas dire étant gardien de troupeaux.

Je vous présente au prince; admirez votre sort!
Le prince vous adopte, au lieu de son fils mort;
Et par ce coup adroit, sa politique *heureuse*
Affermit pour jamais sa puissance *douteuse*.

Aux cris que pousse Œdipe, en apprenant qu'il est le fils de Laïus, Jocaste accourt et demande :

Quel malheur imprévu vous accable?
OEDIPE.
Mes crimes.
JOCASTE.
Seigneur...
OEDIPE.
Fuyez, Jocaste !
JOCASTE.
Ah! trop cruel époux!
OEDIPE.
Malheureuse! arrêtez; quel nom prononcez-vous?
Moi, votre époux! *quittez* ce titre abominable
Qui nous rend l'un à l'autre un objet exécrable.

Voulez-vous m'expliquer comment fera Jocaste pour *quitter* le titre d'épouse d'Œdipe. « Qu'entends-je? » dit Jocaste.

Et, en effet, ce qu'elle entend doit la surprendre.

Enfin, Œdipe sort désespéré en disant :

> Mes destins sont remplis.
> Laïus était mon père et je suis votre fils.

Ce qu'apprenant, Jocaste se frappe, et meurt comme elle a vécu, c'est-à-dire en faisant une faute de français.

> Et moi, je me punis.
> Par un pouvoir affreux réservée à l'inceste,
> *La mort* est le seul bien, *le seul dieu* qui me reste!

C'est *la seule déesse* qu'il faudrait dire. Je sais bien que *mort* est du genre masculin en grec; mais, en français, jusqu'à M. de Voltaire du moins, *mort* avait été du genre féminin.

Nous voici arrivés au bout de cette longue étude, ennuyeuse pour beaucoup, curieuse et intéressante seulement pour quelques-uns, — au bout d'une de ces études que l'on entreprend pour prouver que l'on n'a pas reçu toute faite son opinion sur les hommes et sur les choses. Eh bien, après avoir relu vers à vers l'*OEdipe* de Sophocle et celui de Voltaire, nous demeurerons convaincu que Voltaire avait aussi mal compris les chefs-d'œuvre du théâtre grec que Ducis les chefs-d'œuvre du théâtre anglais.

Nous nous résumons donc en ceci :

Pourquoi donner à étudier au Conservatoire, et pourquoi jouer sur les scènes de premier ordre une imitation qui n'a pas le mérite de donner une idée du drame antique, et qui personnellement n'a aucune valeur?

OTHELLO

Othello est une preuve de la lenteur avec laquelle marche l'art, même dans un pays comme le nôtre.

Vers 1723, Voltaire, qui a été passer quelques mois en Angleterre, à la suite de sa querelle avec M. de Sully, voit jouer *Othello* et *Hamlet* à Londres. Ce spectacle l'étonne et l'effraye à la fois ; mais, comme au bout du compte, il reste au fond de sa pensée, l'or de Shakspeare fond dans le creuset, — et Orosmane et Sémiramis sortent avec l'alliage du xviiie siècle.

Soixante et dix ans plus tard, Talma, fils d'un dentiste français, élevé à Londres, nourri de cette moelle de lion que Shakspeare servait à la reine Élisabeth et à ses courtisans, voit jouer et joue Shakspeare, revient à Paris et pousse Ducis à faire *Othello*.

Mais Ducis, à la vue du géant, tremble, hésite, le taille, le mutile, le rapetisse, supprime le rôle d'Iago, la cheville ouvrière du drame, sous prétexte qu'un public français ne supporterait pas un pareil caractère, fait deux dénoûments, l'un à l'usage des cœurs impi-

toyables, l'autre à celui des âmes sensibles, et, pou[r]
dernière faiblesse, substitue le poignard à l'oreiller.

Enfin, en 1829, arrive de Vigny avec une traduc[tion] pure et simple, pleine de force, de poésie et d'él[é]gance ; il trouve la brèche faite par *Henri III* et *Her[nani,]* entre et distribue son drame aux artistes d[u] Théâtre-Français, à mademoiselle Mars, à Joanny, [à] Perrier, c'est-à-dire aux plus éminents.

La première représentation fut une lutte dont Shak[s]peare, mort depuis deux cent vingt ans, sortit complé[-]tement vainqueur.

⁎

J'ai vu jouer *Othello* par Talma, par Kean, p[ar] Kemble, par Macready et par Joanny.

Aucun de ces grands artistes ne le jouait de la mêm[e] façon.

Talma le jouait avec son art ; Kean le jouait avec so[n] tempérament, Kemble avec les traditions, Macread[y] avec sa beauté physique, Joanny avec ses instincts.

Chez Talma, c'était un More recouvert d'une couch[e] de civilisation vénitienne ; chez Kean, c'était une bêt[e] féroce moitié tigre, moitié homme ; chez Kemble c'était un homme d'un âge mûr, emporté et vio[-]lent ; chez Macready, c'était un Arabe du temps de[s] Abencérages, élégant et chevaleresque ; chez Joann[y] c'était... Joanny.

Lequel le jouait le mieux de tous ces hommes ? Cel[a] serait difficile à dire : chacun d'eux, avec un génie di[f-]férent, s'était inspiré d'une part du génie de Shaks[-] peare ; car, dans Shakspeare, le More est tour à tour à demi-Vénitien, à demi-sauvage, comme l'a montré Talma ; moitié tigre et moitié homme, comme l'a montré Kean ; grave, mais emporté et violent, comme l'a montré Kemble ; élégant et chevaleresque, comme l'a montré Macready ; vulgaire et terrible, comme l'a montré Joanny.

Dans Shakspeare, c'est une de ces créations à facettes tour à tour sombres et brillantes, comme peut les rêver le poëte, mais comme aucun artiste dramatique ne saurait complétement les reproduire.

Pour moi, ce qui domine dans la splendide création du More, c'est le calme et la force répandus sur tout le personnage. Quand il est calme et se repose, c'est à la manière du lion : *A guisa di leon, quando si posa*, comme dit Dante.

Voyez son entrée en scène : il se rend au palais de la Seigneurie, où le doge et le sénat l'attendent. — Il rencontre Brabantio, son beau-père, qui, venant d'apprendre l'enlèvement de sa fille, le cherche pour l'arrêter et le faire conduire en prison.

Les deux hommes se heurtent, chacun suivi des siens.

— Holà ! hé ! crie Othello ne sachant point à qui il a affaire.
— Seigneur, c'est le More, dit Roderigo à Brabantio.
— Tombez sur lui, le brigand ! répond Brabantio.

Othello s'avance entre les deux troupes et fait un signe.

— Rentrez au fourreau vos brillantes épées, dit-il ; la rosée de la nuit pourrait les ternir.

Puis, à Brabantio :

— Mon bon seigneur, ajoute-t-il, croyez-moi : commandez avec vos années, et non avec vos armes.

Vous le voyez : il est difficile d'être plus doux et plus fort en même temps.

Mais ni cette douceur ni cette force ne calment le vieillard.

Il accable Othello d'injures, l'appelle infâme ravisseur, sorcier, More hideux, et finit par donner cet ordre :

— Mettez la main sur lui ; s'il résiste, employez la violence au péril de sa vie.

Les gens du More font un pas pour le défendre.

— Arrêtez, vous qui me suivez, dit Othello, et vous autres aussi. Si j'eusse cru que je devais combattre, personne n'aurait eu besoin de me l'apprendre.

Puis, à Brabantio :

— Où faut-il me rendre pour répondre à votre accusation ?
BRABANTIO. — En prison, jusqu'à ce que le temps fixé par les lois et le cours régulier de la justice t'appellent pour te défendre.
OTHELLO. — Mais, si je vous obéis, que dira le duc, qui vient de m'envoyer chercher ? Ses messagers sont là pour me conduire près de lui ; il me demande à l'instant pour des affaires d'État.

Vous le voyez, toujours la même sérénité, à part cette légère ironie qui crispe la lèvre du More.

Tous deux paraissent devant le conseil.

Brabantio, tout entier à sa douleur, ne parle que par cris, ne procède que par injures.

BRABANTIO. — O ma fille ! ma fille !

LE DUC. — Morte ?

BRABANTIO. — Oui, morte pour moi. Elle m'a été enlevée, elle a été séduite, empoisonnée par des philtres et des drogues achetés à des charlatans ! car, que le nature s'égare et s'aveugle à ce point d'aimer un monstre, quand elle n'est ni défectueuse, ni aveugle, ni dénuée de sens, sans le secours de la sorcellerie, est chose impossible.

LE DUC. — Qu'avez-vous à répondre à cette accusation ?

OTHELLO. — Très-puissants, très-graves et très-respectables seigneurs, mes nobles et excellents maîtres, que j'aie enlevé la fille de ce vieillard, cela est vrai ; il est encore vrai que je l'ai épousée ; voilà mon crime dans toute son étendue, mais rien de plus. Plein de rudesse dans mon langage, j'ai peu l'habitude des phrases choisies de la paix; car, depuis que j'ai pris quelque force, — depuis l'âge de sept ans jusqu'à ce jour, — mon bras, si l'on en excepte les neuf dernières lunes, a trouvé dans les camps ses plus doux exercices, et de ce vaste univers je ne pourrais raconter que ce qui a rapport aux exploits guerriers ; ainsi donc, je prêterai peu de charme à ma cause en prenant moi-même ma défense ; toutefois, comptant sur votre patience bienveillante, je vais vous faire le récit simple et sans artifice de mes amours. Je vous dirai, puisque tels sont les griefs que l'on allègue contre moi, par quels sortiléges, par quelles conjurations, par quelles puissances magiques, j'ai gagné le cœur de sa fille.

Suit alors le récit du More, récit confirmé par Desdemona.

Tout cela, vous le voyez, est de la part d'Othello du plus grand calme, de la plus grande douceur, de la plus grande sérénité. Où voyez-vous le More et l'Africain dans tout cela? Nulle part. L'Européen le plus courtois et le plus poli ne montrerait point une plus grande patience.

Il va falloir, pour qu'Othello revienne à sa nature, primitive, qu'Iago irrite les fibres les plus secrètes de son cœur.

Ainsi, à cette menace du père de Desdemona, bien faite pour lui faire perdre patience, après ce qu'il lui a dit déjà : « Veille bien sur elle, More ; tiens toujours l'œil ouvert pour la voir ; ayant trompé son père, elle pourra bien te tromper, toi! » Othello se contente de répondre :

— *My life upon her faith* (ma vie sur sa foi).

Le More arrive à Chypre. Desdemona a abordé avant lui ; assailli par une tempête terrible, c'est un miracle s'il n'a point péri. Voyons si sa lutte contre les flots l'a plus ému que sa lutte contre les hommes.

— O ma belle guerrière ! s'écrie-t-il en revoyant Desdemona.

— O mon cher Othello !

— Tu me vois aussi surpris que joyeux : arrivée avant moi! O joie de mon âme, si un pareil calme doit toujours succéder à la tempête, puissent les vents souffler à réveiller la mort !

Entré au palais, à quoi pense d'abord Othello? A maintenir le calme et la paix dans la ville.

Il s'adresse à Cassio :

— Michael, vous veillerez cette nuit à la garde de l'île. Il faut nous-mêmes donner l'exemple d'une honorable retenue, pour que nul ne sorte des bornes.

Aussi, quelle est la première parole de colère que laisse échapper Othello ? C'est quand, réveillé au milieu de la nuit par la querelle de Cassio et de Montano, et par le bruit de la cloche qui sonne le tocsin, il entre à moitié vêtu ; et encore cette colère, en parle-t-il plus qu'il ne la montre.

— Que se passe-t-il donc ici ? Sur votre vie, arrêtez ! Comment ! qu'est-ce donc ? quel est la cause de tout ceci ? Sommes-nous donc des Turcs et devons-nous faire ce que le ciel défend aux Ottomans ? Pour l'honneur du nom chrétien, cessez cette barbare querelle. Celui qui fait un seul pas pour assouvir sa rage ne tient pas à la vie, car, au premier mouvement, il est mort. Faites taire cette cloche d'alarme qui répand la terreur dans l'île. — Voyons, de quoi s'agit-il, messieurs ? Honnête Iago, toi qui parais accablé d'une mortelle tristesse, parle : qui a commencé tout ceci ? Je te le demande au nom de ton amitié.

Puis enfin, quand il apprend que Cassio est la cause de tout ce désordre :

— Cassio, dit-il, je t'aime ; mais tu ne seras plus désormais mon officier.

Et il rentre.

Nous le demandons, un père parlerait-il autrement ?

Non, ce qui domine, au contraire, dans Othello, c'est cette sérénité de l'âme, cette bonté de cœur qui étend sur le monde entier le sentiment de la paternité. Jusqu'au moment où les suggestions d'Iago viennent éveiller des soupçons dans le cœur d'Othello, c'est à croire qu'il aime Desdemona plutôt comme une fille que comme une amante.

Et l'auteur, en effet, a besoin de cette douceur et de

cette paternité pour montrer, peu à peu, la vibration croissante de la gamme de la passion.

Élever la voix dans le rôle d'Othello, ne pas s'en tenir à des gestes sobres et sévères, même dans la dernière scène que nous venons de citer, faire luire autre chose qu'un éclair pareil à ce que nous appelons des éclairs de chaleur dans cette tempête, serait, de la part de l'acteur, ne pas avoir compris le rôle d'Othello.

Suivez Othello dans sa scène avec Desdemona, quand elle lui demande la rentrée en grâce de Cassio, et vous aurez une idée de cette douceur et de cette paternité.

« — Excellente *wrecth!* » dit-il, quand elle est partie.

Wretch, mot intraduisible chez nous, qui ne veut pas dire femme, qui ne veut pas dire amante, qui veut dire : créature faible et que j'adore, orpheline sans soutien et que je protége.

— Excellente *wretch*, que mon âme soit perdue, s'il n'est pas vrai que je t'aime, et, quand je ne t'aimerai plus, que le chaos soit comme avant la création !

C'est là et sur ce serment, qu'Iago, qui a déjà laissé échapper le *Je n'aime pas cela*, en voyant Cassio s'éloigner de Desdemona au moment où Othello arrive, c'est sur ce serment, disons-nous, que le serpent risque sa première morsure.

Au reste, tout le monde a pu croire qu'Othello n'a pas entendu le *Je n'aime pas cela,* car à peine a-t-il tourné la tête à ce mot. Cependant, lorsque, interrogé sur Cassio, Iago hésite à lui répondre :

— Par le ciel, dit Othello, tu te fais l'écho de mes paroles, comme si ton esprit recélait quelque monstre trop hideux pour qu'il osât se montrer. Tu as une idée qui te préoccupe. Tout à l'heure, *car je t'ai entendu*, à l'instant où Cassio a quitté ma femme, tu as dit : *Je n'aime pas cela*. Qu'est-ce que tu n'aimais pas ? Et, lorsque je t'ai dit qu'il avait été mon confident pendant toute la durée de mes amours, tu t'es écrié : *En vérité !* Puis tu as froncé le sourcil, tu as ridé ton front, comme si tu avais voulu comprimer dans ton front quelque horrible pensée. Si tu m'aimes, ne me cache rien.

Ainsi Othello a tout vu, même le plus petit frissonnement étudié d'Iago. S'il n'a point parlé, ce n'est point qu'il ignorât ; il a absorbé son soupçon dans sa force, comme l'Océan absorbe une pierre dans ses eaux ; mais le choc n'a pas moins fait naître une ride sur son cœur ; c'est cette ride que va creuser Iago jusqu'à ce qu'il en fasse une blessure mortelle.

Ce n'est qu'en lisant la scène tout entière dans Shakspeare ou dans une bonne traduction que l'on peut se faire une idée de l'art avec lequel elle est menée, et comment Iago infiltre goutte à goutte le poison dans les veines du More ; et cependant, sa sérénité est telle, malgré tout ce qu'a pu lui dire Iago, que celui-ci s'en irrite, et, voulant le forcer à trahir ce qui se passe en lui :

— Je le vois, dit-il, tout ici a un peu troublé vos esprits.
— Non, pas du tout, répond le More, pas du tout.

Puis il insiste, redouble ses calomnies, et, voyant l'impassibilité d'Othello, impassibilité tout extérieure peut-être :

— Monseigneur, je le vois, répète-t-il, vous êtes ému.

— Non, reprend le More très-peu ému ; je ne puis m'empêcher de croire que Desdemona est vertueuse.

Puis, quand Iago l'a quitté et que Desdemona entre, en la voyant :

— Oh ! dit-il, si elle me trompe, le ciel doit rire et se moquer de lui-même.

Là, au lieu de gronder, sa voix faiblit; Desdemona le lui dit, il n'y a donc pas à se tromper à l'intention du poëte.

Au lieu de l'exaspérer, la douleur le brise. Il faudra le désespoir pour le jeter hors de lui-même.

DESDEMONA. — Pourquoi votre voix est-elle si faible? ne vous sentez-vous pas bien?
OTHELLO. — J'éprouve une vive douleur au front.
DESDEMONA. — Laissez-moi le serrer fortement; dans moins d'une heure, vous serez soulagé.
OTHELLO. — Non, votre mouchoir est trop petit. (Il repousse le mouchoir, qui tombe.) — Laissez le mal à lui-même, je vous suis.

Le More farouche, l'Africain, le tigre n'en est encore, vous le voyez, qu'à la mélancolie.

Et cette disposition est si loin de son caractère habituel, qu'elle préoccupe Desdemona au point de lui faire oublier de ramasser ce mouchoir si précieux, qui est le premier présent que lui ait fait le More.

Ce mouchoir, Émilia le ramasse, — elle le donne à son mari, qui le lui a souvent demandé, — elle ne sait pourquoi.

Du moment qu'Iago a le mouchoir, il a une arme : il le perdra dans la chambre de Cassio, et il dira au

More que Desdemona l'a donné au jeune officier...

Othello paraît; sa mélancolie est plus profonde, mais n'est encore que de la mélancolie.

Qu'on nous permette, au lieu de la froide et sèche traduction que nous pourrions faire en prose, de prendre, pour ce passage seulement, les quatorze vers correspondants dans la traduction en vers de M. Alfred de Vigny. Elle est très-exacte, et les vers en sont fort beaux.

> J'étais heureux hier, et maintenant adieu!
> A tout jamais adieu le repos de mon âme!
> Adieu joie et bonheur, détruits par une femme;
> Adieu beaux bataillons aux panaches flottants,
> Adieu guerre, adieu toi dont les yeux éclatants
> Font de l'ambition une vertu sublime!
> Adieu donc le coursier que la trompette anime,
> Et ses hennissements, et le bruit du tambour,
> L'étendard qu'on déploie avec des cris d'amour!
> Appareil! pompe! éclat! cortége de la gloire,
> Et vous, nobles canons qui tonnez la victoire
> Et qui semblez la voix formidable d'un dieu,
> Ma tâche est terminée, à tout jamais adieu!

Puis ce n'est qu'alors qu'étouffé par ses larmes, exaspéré par la vipère qui lui mord le cœur, il éclate, et, cette fois, d'un bond de tigre, saute à la gorge d'Iago en criant :

— Misérable, sache qu'il faut me donner la preuve oculaire, tu entends, — ou, par le salut de mon âme éternelle, il vaudrait mieux pour toi n'être qu'un chien que d'avoir à répondre à ma terrible colère.

Et, à ce propos, nous nous demandons pourquoi, au lieu de saisir simplement Iago à la gorge comme l'indication en est faite, selon toute probabilité, p[ar] Shakspeare lui-même : *Taking him by the throat*, cer[-]tains acteurs, à cet endroit de la scène, renversent Ia[go] à terre, et lèvent le pied comme pour l'écraser.

Il ne faut pas faire plus que ne veut l'auteur, surtou[t] quand cet auteur s'appelle Shakspeare. L'auteur a to[u-]jours sa raison à lui dans une indication qu'il vou[s] donne, il n'a pas besoin de la dire au tragédien. Il [la] lui impose, voilà tout.

Eh bien, je vais me substituer à Shakspeare, et vou[s] dire pourquoi Othello saute simplement à la gor[ge] d'Iago, au lieu de le renverser et de lever le pied su[r] lui.

C'est que Shakspeare a pensé qu'après avoir trop humilié Iago, Othello comprendrait que le désir de [la] vengeance lui entrât dans le cœur. Or, il y a loin d[e] sauter dans un moment de colère à la gorge d'u[n] homme et de le lâcher presque aussitôt, — à le ren-verser à terre et à le menacer du pied.

— En êtes-vous venu à ce point ? dit Iago à Othello, apr[ès] que celui-ci l'a lâché.

Mais que voulez-vous qu'il dise à Othello, aprè[s] qu'Othello l'a renversé, jeté à terre, menacé du pied[?]

Iago est un soldat, un enseigne; il ne manque pas d[e] courage; devant une pareille injure, ce serait la colèr[e] et non la pitié qui jaillirait de son cœur.

Et cependant, voyez quel est le sentiment qui domin[e] dans l'exclamation qui lui échappe :

— Oh ! grâce ! ô ciel, défends-moi ! Êtes-vous un homme, avez-vous une âme ? avez-vous votre raison ? Que Dieu soi[t] avec vous ! Reprenez mon grade... O malheureux fou ! tu as vécu assez longtemps pour que ton honnêteté fût prise pour un vice.

Est-ce là le cri d'un homme qu'on renverse et que l'on veut fouler aux pieds?

C'est dans cette scène surtout qu'Othello se laisse emporter à la colère.

— Oh ! pourquoi ce misérable n'a-t-il pas quarante mille existences? Une seule, c'est trop peu, ce n'est rien pour : vengeance. Je vois maintenant que tout cela est vrai. Regarde, Iago, je livre au vent tout mon fol amour; il n'est plus. Debout, noire vengeance! quitte ta sombre demeure ! Amour, abandonne à la haine tyrannique la couronne et le trône de mon cœur! Gonfle-toi, ô mon sein, sous le poids qui t'oppresse, et sous la morsure empoisonnée des vipères !
— Je vous en prie, contenez-vous.
— Oh ! du sang ! du sang ! Iago, du sang !

Oh! cette fois, voilà bien le lion — pis que le lion — le tigre.

— Patience, patience ! dit Iago, vos sentiments peut-être pourraient changer.
— Par le ciel immuable, j'engage ici ma parole par un vœu solennel et sacré... Fais que, dans trois jours, j'entende dire : « Cassio a cessé de vivre. »
— Mon ami est mort, du moment que vous désirez qu'il le soit; c'est chose faite; mais elle, elle au moins, qu'elle vive.
— Damnation sur elle, l'infâme hypocrite, damnation ! Viens, suis-moi à l'écart; je veux, seul avec toi, imaginer quelque moyen de frapper d'une prompte mort cette infernale beauté. Dès ce jour, tu es mon lieutenant.

Voilà le point culminant de la colère. A partir de ce

moment, le parti d'Othello est pris : Desdemona e
condamnée.

*
* *

Aussi, quand il se retrouve avec elle, il mâche e
crache le dédain ; mais rien n'éclate de pareil à cett
colère dont nous avons vu jaillir la flamme et se r.
pandre la lave.

— Monseigneur, comment vous trouvez-vous maintenant
— Bien, ma fidèle amie... Donnez-moi votre main ; cett
main est douce, madame.
— Elle n'a point encore été flétrie par l'âge ; elle n'a poi
encore été séchée par le chagrin.
— C'est une bonne main... une main franche.
— Vous pouvez le dire en toute vérité, car ce fut cett
main qui donna mon cœur.
— Main libérale ! Autrefois, c'était le cœur qui donna
la main ; aujourd'hui, dans notre nouveau blason, des main
toujours, mais plus de cœur.
— En vérité, je ne puis parler de cela, revenons à votr
promesse.
— A laquelle, mon amour ?
— J'ai envoyé dire à Cassio de venir vous parler.
— J'ai un rhume importun et opiniâtre qui me tourmente
prête-moi ton mouchoir.
— Le voici, monseigneur.
— Celui que je vous ai donné ?
— Je ne l'ai pas sur moi.
— Non ?
— Non, en vérité, monseigneur.
— C'est un tort, car ce mouchoir, une Égyptienne en fi
présent à ma mère ; c'était une magicienne habile, qui lisai

presque dans les cœurs. Elle lui prédit que, tant qu'elle le garderait, elle aurait le charme et enchaînerait mon père à son amour, mais que, si elle le perdait ou le donnait, les yeux de mon père ne la reverraient plus qu'avec dédain, et que son cœur irait chercher loin d'elle de nouvelles amours. Ma mère me le remit à son lit de mort, m'engageant à le donner à mon tour à la jeune fille que je prendrais pour épouse. Je l'ai fait. Vous l'avez; conservez-le aussi précieusement que la prunelle de vos yeux; le perdre ou le donner serait un malheur qui n'aurait rien d'égal.

— Serait-il possible?

— Oh! c'est la pure vérité : il y a une vertu magique en lui. Une sibylle qui avait compté sur cette terre deux cents révolutions du soleil en a ourdi la trame dans ses fureurs prophétiques; les vers qui ont filé la soie étaient consacrés, et il fut teint dans la liqueur qui découle des cœurs de jeunes filles mortes, habilement conservés par des embaumeurs égyptiens.

— Cela est-il vrai?

— Très-vrai! Veillez donc bien sur lui.

Vous le voyez, il n'a pas même la force de soutenir sa raillerie, de poursuivre son dédain. — Il retombe dans la mélancolie; — et, plutôt que de se reprendre à colère, qui va transparaître malgré lui, il préférera sortir sans avoir encore rien éclairci.

— Alors, dit Desdemona, plût au Ciel que je ne l'eusse jamais vu!

— Comment et pourquoi?

— Oh! d'où vient que vous prenez avec moi ce ton brusque et violent?

— Est-il perdu? Ne l'avez-vous plus? Parlez, n'est-il plus entre vos mains?

— Il n'est pas perdu? mais quand cela serait?

— Ah!

— Je veux dire qu'il n'est pas perdu.

— Allez le chercher et montrez-le-moi.

— Je le pourrais, monseigneur, mais je ne le veux pas maintenant. C'est une ruse pour me détourner de ma demande. — Je t'en conjure, que Cassio soit rappelé!

— Trouvez-moi ce mouchoir.

— Je vous en prie, parlez-moi de Cassio.

— Le mouchoir?

— Un homme qui a partagé tous vos dangers.

— Le mouchoir?

— En vérité, vous êtes digne de blâme... (Elle s'approche pour le caresser.)

— Loin de moi! loin de moi! (Il s'élance dehors.)

Non, c'est avec Iago que sa colère retrouvera les imprécations et les menaces qu'il a contenues dans sa poitrine.

— Oh! que ne puis-je la tenir des années entières expirant sous ma main.

— Allons, il faut oublier tout cela.

— Que ses chairs tombent en lambeaux! qu'elle périsse! qu'elle soit damnée! Non, il ne faut pas qu'elle vive! Ah! mon cœur s'est changé en pierre, et, quand je frappe dessus il me blesse la main... Et cependant le monde entier ne renferme pas une plus douce créature. — Elle était digne de partager la couche d'un empereur et de lui dicter des lois.

— Mais ce n'est point à cela que vous devez penser.

— Oh! qu'elle soit maudite, mais qu'en la maudissant, je dise encore ce qu'elle est. — C'était une fée l'aiguille à la main, et, musicienne adorable, elle eût en chantant enlevé l'ours lui-même sa férocité; — puis un esprit, une imagination! O Iago, quel dommage! ô Iago, quel dommage! ô Iago!

— Si vous êtes si épris d'elle malgré son iniquité, accordez-lui donc alors pleins pouvoirs de pécher.

— Je veux la hacher en mille pièces. Me tromper! me tromper!

— Oh! c'est affreux!

— Procure-moi du poison, Iago, cette nuit. Je ne veux pas avoir d'explication avec elle, de peur que ses charmes et sa beauté ne viennent ébranler ma résolution. Cette nuit, Iago.

— Oh! ne l'empoisonnez point; étranglez-la dans son lit, dans ce lit dont elle a souillé la pureté.

— Bien, bien, cette manière de faire justice me plaît; très-bien.

On entend la trompette. Ludovico apporte une lettre du Sénat. Desdemona, qui, de son côté, a entendu la trompette, entre par la porte de son appartement.

Otello prend la lettre, et la baise en signe de respect, puis il l'ouvre, et se met à la lire.

Pendant ce temps, Desdemona et Ludovico causent ensemble.

— Comment se porte le lieutenant Cassio? demande Ludovico.

— Cousin, répond Desdemona, il y a entre lui et mon seigneur une fâcheuse mésintelligence; mais vous arrangerez cela.

Othello lit la lettre, mais des yeux seulement, toute son âme est à ce que dit Desdemona.

— En êtes-vous sûre, qu'il l'arrangera? demande-t-il.

Puis il se remet à lire.

— Est-ce qu'il y a quelque inimitié entre ton époux et Cassio? demande Ludovico.

— Une bien malheureuse, répond Desdemona, et que je voudrais pouvoir éteindre pour l'amour que je porte à Cassio.

— Feux et tonnerres! s'écrie Othello en frappant du pied.

— Monseigneur, dit Desdemona étonnée, êtes-vous dans votre bon sens? Qu'avez-vous, et d'où vous vient cette colère?

— Peut-être, dit Ludovico, cette lettre l'agite-t-elle; car je sais qu'elle le rappelle à Venise, et qu'elle désigne Cassio pour le remplacer dans son gouvernement.

— Sur ma foi, j'en suis bien aise, dit Desdemona.

— En vérité? fait Othello.

— Monseigneur?...

— Moi, je suis bien aise aussi... de vous voir folle.

— Comment, mon cher Othello?

— Démon! (Il la frappe avec la lettre.)

— Oh! je n'ai pas mérité cela.

— Monseigneur, on ne me croirait pas à Venise, quand même je jurerais que je vous ai vu agir de la sorte. — Voyez, elle pleure.

— O démon! démon! Si les larmes d'une femme pouvaient féconder la terre, chaque larme ferait naître un serpent. Oh! loin de moi!

— Je m'éloigne, puisque ma vue vous offense.

— En vérité, voilà une épouse bien obéissante! Je vous en supplie, rappelez-la.

— Madame!

— Monseigneur!

— Eh bien, que lui voulez-vous?

— Qui? moi, seigneur?

— Sans doute. N'avez-vous pas désiré que je la rappellasse? Oh! elle est obéissante, d'une obéissance rare. (A Desdemona.) Continuez à pleurer, madame. (A Ludovico.) Vous, seigneur, pour ce qui est de cette lettre... (A Desdemona.) Passion bien jouée!... (A Ludovico.) Ainsi on me rappelle à Venise? (A Desdemona.) Sortez! je vous rappellerai dans un instant. (A Ludovico.) Seigneur, j'obéis à l'ordre de Sa Seigneurie. (A Desdemona.) Hors d'ici, vous! loin de moi. (Desdemona sort.) Cassio prendra ma place, bien. (A Ludovico.) Seigneur, je vous invite à souper pour ce soir; seigneur, vous êtes le bienvenu à Chypre... Malédiction! (Il sort.)

Vous voyez la gradation admirable du rôle. Dans la première partie, calme, force, sérénité; puis doute puis inquiétude, puis mélancolie, puis douleur, puis anéantissement, puis désespoir, puis folie.

A ce point que Ludovico étonné s'écrie quand il est sorti :

— Est-ce là ce noble More, que notre Sénat d'une seule voix qualifie d'homme si habile en tout point?

Comme Othello l'avait dit, il rappelle Desdemona, car la jalousie est ainsi faite, elle frappe et aime, elle chasse et rappelle.

Desdemona revient avec Emilia.

— Monseigneur, que disiez-vous de moi, demande Desdemona toujours douce et patiente.

— Approchez, de grâce, mon amour.

— Que disiez-vous?

— Regardez-moi en face et laissez-moi lire dans vos yeux.

— Quel est ce terrible caprice ?

— (A Emilia.) Et vous, les femmes de votre métier laissent d'ordinaire les amants en tête-à-tête et ferment la porte, puis elles veillent à cette porte, toussent et crient: « Hein! » si quelqu'un survient. A votre poste, à votre poste, et qu'on se dépêche!

Emilia sort.

Voilà encore une nouvelle phase de passion que le rôle va parcourir, nuances intermédiaires entre la mélancolie et le désespoir.

DESDEMONA. — Je vous demande à genoux ce que signifie ce langage. J'entends la voix d'un démon dans vos paroles. Je ne les comprends pas.

OTHELLO. — Qui êtes-vous?

DESDEMONA. — Votre épouse, monseigneur, votre fidèle et loyale épouse.

OTHELLO. — Viens ici et jure-le, afin que tu sois damnée; jure-le, de peur que les démons, en te voyant si semblable aux anges, ne craignent pas de s'emparer de toi. Donc, pour que tu sois damnée par un double crime, jure que tu es innocente.

DESDEMONA. — Le Ciel le sait.

OTHELLO. — Oh! le Ciel... le Ciel sait que tu es fausse comme l'enfer.

DESDEMONA. — Mais envers qui donc, monseigneur? envers qui et comment suis-je fausse?

OTHELLO, fondant en larmes. — O Desdemona! loin de moi loin de moi!

DESDEMONA. — Hélas! jour funeste! Pourquoi pleurez-vous? Est-ce moi, monseigneur, qui suis la cause de vos larmes? Si vous soupçonnez que votre rappel ait été prononcé à l'instigation de mon père, ne me maudissez pas!

OTHELLO. — Oh! s'il eût plu au Ciel de m'éprouver par des revers, s'il eût fait pleuvoir sur ma tête mille chagrins et mille affronts, s'il m'eût plongé dans la plus profonde misère, s'il eût détruit mes plus riches espérances, j'eusse trouvé dans quelque repli de mon âme un reste de patience. Mais m'enchaîner au poteau, pour que le mépris puisse à loisir fixer sur moi son regard lent et immobile! Eh bien, cela encore, j'eusse pu le supporter. Mais... mais le sanctuaire dans lequel j'avais déposé mon cœur, dans lequel je devais vivre ou mourir; la source de laquelle mon bonheur devait couler, ou se tarir, en être chassé! Oh! fixe tes yeux sur ce spectacle, ô Patience! chérubin aux lèvres de roses, et tu deviendras aussi hideuse que l'enfer!

DESDEMONA. — J'espère que mon noble seigneur ne soupçonne pas ma vertu.

OTHELLO. — O fleur trompeuse! pourquoi étais-tu si amoureusement belle? pourquoi exhalais-tu un parfum si doux, que les sens en étaient enivrés? Je voudrais que tu ne fusses jamais née!

DESDEMONA. — Hélas! qu'ai-je donc fait de criminel sans le savoir?

OTHELLO. — Ce papier si blanc, si pur, ce livre si élégant et si beau, était-il fait pour qu'on y inscrivît le nom de prostituée? Ce que vous avez fait, demandez-vous? Ce que tu as fait, courtisane vile? Mais, au seul récit de ce que tu as fait, le soleil recule de dégoût, la lune se voile et le zéphyr lascif, qui caresse tout ce qu'il rencontre, se cacherait dans les entrailles de la terre! Ce que tu as fait, impudente prostituée?

DESDEMONA. — Par le ciel, vous m'accusez injustement.

OTHELLO. — Voyons, répondez. N'êtes-vous pas une prostituée?

DESDEMONA. — Non, aussi vrai que je suis chrétienne.

OTHELLO. — Vous n'êtes pas une...?

DESDEMONA. — Non, aussi vrai que je désire être sauvée!

OTHELLO, riant. — Est-il possible?

DESDEMONA. — Mon Dieu, ayez pitié de nous!

OTHELLO. — Alors, je vous demande pardon, madame : je vous prenais pour cette rusée courtisane de Venise, qui a épousé Othello. (A Emilia qui entre.) Vous, madame, qui avez un office opposé à celui de saint Pierre, puisqu'au lieu des portes du paradis vous gardez celles de l'enfer... Vous! oui, vous! Nous avons fourni notre course ; voici de l'argent pour vos peines, tournez la clef, madame, et gardez-nous le secret.

Desdemona ne le reverra plus que pour mourir.

Laissez-moi vous dire encore cette scène.

Elle est seule, la pauvre enfant, s'apprêtant à obéir à Othello, qui lui a dit de se mettre au lit et de renvoyer tout le monde.

Cette scène est le chef-d'œuvre de la mélancolie, cette muse inconnue des anciens, et que Shakspeare découvrit à la fin du xvi° siècle.

EMILIA. — Comment cela va-t-il, maintenant? Il m'a paru adouci.

DESDEMONA. — Il m'a dit qu'il allait revenir à l'instant même, et m'a commandé de me coucher et de vous renvoyer.

EMILIA. — Me renvoyer !

DESDEMONA. — C'est sa volonté. Ainsi, ma bonne Emilia, donne-moi, je te prie, mes vêtements de nuit, et adieu ; car nous ne devons pas le contrarier en ce moment.

EMILIA. — Je voudrais que vous ne l'eussiez jamais vu.

DESDEMONA. — S'il m'arrive de mourir avant toi, Emilia, veille à ce que ce soit dans un de ces draps qu'on m'ensevelisse.

EMILIA. — Allons, allons, ce sont de vaines paroles que vous nous dites là.

DESDEMONA. — Ma mère avait une jeune suivante qui se nommait Barbara. Elle aimait ; l'objet de son amour perdit la raison et l'abandonna. Elle savait une chanson sur le saule; c'était une vieille ballade, mais qui allait bien à son malheur. Aussi mourut-elle en la chantant. Cette chanson, je ne sais pourquoi, ce soir, me revient à l'esprit. J'ai peine à soutenir ma tête qui retombe sur mon épaule ; j'ai peine à ne pas chanter cette ballade de la pauvre Barbara. Hâte-toi, je te prie.

EMILIA. — Irai-je chercher votre robe de nuit?

DESDEMONA. — Non, délace-moi ici... C'est un homme charmant que le seigneur Ludovico?

EMILIA. — Un très-joli homme.

DESDEMONA. — Il parle agréablement.

EMILIA. — J'ai connu une dame à Venise qui, pour l'amour de lui, eut été pieds nus jusqu'en Palestine.

Desdemona, chantant comme malgré elle et sans écouter Emilia[1] :

La pauvre enfant, d'un saule avait cherché l'ombrage;
La main contre son cœur, le front sur ses genoux,
Elle sentait ses pleurs inonder son visage.
    Chantez l'arbre au pâle feuillage,
    Le chant du saule est triste et doux.

[1] Nous demandons grâce pour la *romance du Saule;* nous n'avions pas celle de Vigny sous la main, et nous écrivons celle-ci au courant de la plume.

A ses pieds, un ruisseau roulait ses ondes pures,
Réfléchissant ses traits comme un miroir jaloux,
Emportant ses soupirs, mêlés à ses murmures.
   Chantez l'arbre aux pâles ramures,
   Le chant du saule est triste et doux.

O mes sœurs, quand pour moi viendra l'heure fatale,
Du rameau jaunissant ceignez mon front absous ;
L'or aux pâles reflets encadre bien l'opale.
   Chantez l'arbre au feuillage pâle,
   Le chant du saule est triste et doux.

Pendant que Desdemona chante la triste romance, et, après l'avoir chantée se met au lit, Iago et Roderigo dressent une embûche à Cassio.

Roderigo est blessé par Cassio ; mais, au moment où Roderigo tombe, Iago coupe le jarret à Cassio, qui tombe en criant :

— Au secours ! à l'assassin !

Othello paraît dans le lointain, enveloppé d'un grand burnous blanc ; il doit avoir déjà le pas roide et silencieux d'un spectre. C'est l'ombre du père d'Hamlet, c'est la statue du Commandeur.

Il a entendu le cri de son lieutenant.

— C'est la voix de Cassio, dit-il. Iago tient sa parole.
— Au secours, des flambeaux, un chirurgien ! crie Cassio.
— C'est lui ! Brave Iago, âme honnête et juste, toi qui ressens si vivement les outrages de ton ami, tu me dictes ce qui me reste à faire. — Oh ! mignonne, votre chéri est là étendu mort, et votre destinée s'avance à grands pas. J'arrive ! Hors de mon âme vos traits charmants, vos yeux séducteurs, tout cela est effacé de mon souvenir, et ton lit adultère va être souillé de ton sang adultère. J'arrive !

7.

Joanny particulièrement était très-beau dans ce bout de scène?

La décoration change, et l'on se retrouve dans la chambre de Desdemona, endormie.

La porte s'ouvre sans bruit. Othello paraît. Une lampe brûle près du lit de Desdemona.

— Oh! mon âme sait la cause, et cette cause vous la connaissez. Je ne veux pas la dire devant vous, chastes étoiles. Cependant, non, je ne répandrai pas de sang; non, je ne lacérerai pas cette peau plus blanche que l'albâtre des monuments. (Il dépose son sabre.) Et cependant il faut qu'elle meure, car autrement elle trahirait d'autres hommes. Éteignons ces deux lumières, cette lampe d'abord, puis le flambeau de sa vie. (Avec mélancolie.) Si je t'éteins, utile serviteur qui me prêtes ta clarté, je puis, dès que je me repentirai, faire renaître ta flamme primitive; mais, si une fois je t'éteins, toi, le plus parfait ouvrage de l'ingénieuse nature, je ne saurai plus où prendre le feu de Prométhée qui pourrait de nouveau ranimer ta flamme; quand une fois j'aurai cueilli cette fleur de la vie, je ne pourrai plus lui rendre sa séve natale, elle se fanera sans retour. Je veux encore, pendant qu'elle est sur sa tige, en respirer le parfum. (Il l'embrasse.) Haleine embaumée, qui persuaderait presque à la justice de briser son glaive! Encore un baiser, encore un! Si tu dois être ainsi quand tu ne seras plus, je veux te tuer et t'aimer après. Encore un baiser, et ce sera le dernier. Jamais baiser si doux ne fut si fatal. Je ne puis retenir mes larmes. Oh! ce sont des larmes bien cruelles. Ma colère est comme celle du Ciel : elle frappe les objets de son amour.

Desdemona s'éveille.

Alors commence la scène terrible, la plus terrible peut-être qu'il y ait dans aucun théâtre, depuis Eschyle jusqu'à nous, mais qui est d'autant plus terrible qu'Othello n'y met plus ni passion ni colère, et, Desdemona condamnée, remplit tout simplement l'office du bourreau.

Bourreau implacable, c'est vrai, mais froid.

Qu'on en juge.

Desdemona, s'éveillant :

— Qui est là ? Othello !
— Oui, Desdemona.
— Voulez-vous vous mettre au lit, monseigneur ?
— Avez-vous prié, ce soir, Desdemona ?
— Oui, monseigneur.
— Si vous vous souvenez de quelque crime pour lequel vous n'ayez pas imploré le pardon du Ciel, implorez ce pardon sur-le-champ.
— Hélas ! monseigneur, que voulez-vous dire par ces mots ?
— Faites ce que je vous dis, et promptement. Je me promènerai en vous attendant. Je ne voudrais pas tuer ton âme sans qu'elle fût préparée à la mort. Non, le ciel m'en préserve, je ne voudrais pas tuer ton âme.
— Vous parlez de tuer ?
— Oui, j'en parle.
— Alors, que le ciel ait pitié de moi !
— Oh ! de tout mon cœur. *Amen !*
— Puisque vous parlez ainsi, vous ne me tuerez pas.
— Oh !

Ici seulement, un éclair, un regard, un grincement de dents ; c'est ce qui fait dire à Desdemona :

— Et cependant je vous redoute, car vous avez l'air terrible, lorsque vos yeux roulent ainsi. Pourquoi craindrais-je ? Je n'en sais rien, puisque je ne me connais aucun crime, et cependant je sens que je crains.
— Pense à tes crimes, te dis-je.
— Mon crime ? Je ne m'en connais qu'un, et c'est l'amour que j'ai pour vous.

— Alors, c'est pour celui-là que tu vas mourir!

— Oh! c'est une mort contre nature, que d'être tué par celui que l'on aime. Hélas! pourquoi mordez-vous ainsi votre lèvre? (Vous voyez combien l'aspect d'Othello doit être calme, puisque c'est à ce signe presque imperceptible d'un homme qui mord sa lèvre, que Desdemona reconnaît sa colère.) Hélas! pourquoi mordez-vous votre lèvre? Quelque passion sanguinaire agite tout votre être; ce sont de sinistres présages, et cependant j'espère que ce n'est pas moi qu'ils menacent.

— Paix! restez tranquille.

— J'y consens; que voulez-vous?

— Ce mouchoir que j'aimais tant, que je t'avais donné, tu l'as donné à Cassio.

— Non, par ma vie et par mon âme! Envoyez-le chercher et interrogez-le.

— Ma chère âme, prends garde, prends garde au parjure, car tu es sur ton lit de mort.

— Oui, mais non pour mourir, n'est-ce pas?

— Pour mourir sur-le-champ! Ainsi, avoue franchement ton crime, car tous tes serments ne pourront ni ébranler, ni écarter la conviction qui m'écrase; tu vas mourir!

— Mon Dieu, ayez pitié de moi!

— *Amen!*

— Et vous aussi, soyez miséricordieux! Jamais de ma vie je n'ai été coupable; jamais je n'ai aimé Cassio, si ce n'est de cette amitié dont le Ciel me permettait de l'aimer sans crime; jamais je ne lui ai donné aucun gage d'amour.

— Par le Ciel! j'ai vu ton mouchoir entre ses mains. Oh! femme parjure! plus tu nies, plus mon cœur devient de pierre. Je croyais n'accomplir qu'un sacrifice, tu me forces à commettre un meurtre; j'ai vu le mouchoir.

— Il l'aura donc trouvé, car jamais je ne le lui ai donné; faites-le venir ici.

— Il l'a avoué.

— Quoi?

— Qu'il t'avait possédée

— Comment? comme maîtresse?
— Oui.
— Il ne le dira pas!

Ici, mademoiselle Mars était véritablement sublime. Courbée jusque-là devant la colère d'Othello et devant la crainte de la mort, elle se relevait avec toute l'energie de l'innocence. Othello reculait et tremblait presque devant elle.

Puis, avec un sourire convulsif :

— Non, répondait-il, puisque sa bouche est fermée; l'honnête Iago y a mis bon ordre.
— Oh! ma crainte me dit tout. Ainsi, il est mort?
— S'il avait eu autant d'existences que de cheveux, ma haine était assez forte pour les lui arracher toutes.
— Hélas! on l'a trahi, et moi, je suis perdue!
— Comment, misérable prostituée, tu oses le pleurer devant moi!

Là, seulement, la colère d'Othello doit éclater par un de ces rugissements que Kean faisait si bien.

C'est cet éclat qui fait immédiatement passer Desdemona de la dénégation à la terreur.

Elle s'écrie, en s'élançant hors du lit :

— Oh! chassez-moi, monseigneur! ne me tuez pas!
— Silence, vile courtisane!
— Tuez-moi demain, laissez-moi vivre cette nuit!
— Tu résistes!
— Une seule demi-heure.
— Point de délai!
— Une seule prière!
— Il est trop tard.

Ici, je me rappelle madame Malibran, cette grande

tragédienne. Elle échappait à Othello, qui étendait le bras sur elle; elle lui glissait pour ainsi dire dans les mains; puis, folle, éperdue, elle courait, essayant d'ouvrir les portes, de gravir les murailles; enfin, elle se retrouvait avec Othello, près du lit, et, de son propre mouvement, sans qu'il eût besoin de l'y transporter, elle s'y renversait d'elle-même.

C'était là et ainsi qu'Othello la tuait.

Nous ne disons rien des scènes qui suivent celle-ci; de quelque façon que l'artiste les joue, elles sont pâles près de la grande catastrophe que nous venons de reproduire.

On n'attend plus qu'une chose, c'est l'expiation, c'est-à-dire la mort d'Othello.

La mort est d'autant plus à effet, qu'elle est inattendue.

Othello, entouré de tous côtés, va être pris et ramené à Venise comme meurtrier.

Un homme comme Othello ne peut souffrir cela.

— Qu'on l'emmène! dit Ludovico.
— Arrêtez! dit Othello, un mot encore. J'ai rendu quelques services à l'État, n'en parlons plus; je vous en prie, dans vos lettres, lorsque vous raconterez cette sanglante aventure, parlez de moi tel que je suis; n'atténuez pas mes torts, mais ne les aggravez pas non plus. Vous parlerez d'un homme qui ne savait point aimer avec modération, d'un homme qui a trop aimé, d'un homme qui n'accueillit que difficilement la jalousie, mais qui, une fois jaloux, le fut jusqu'à la fureur; d'un homme dont la main, comme celle du vil juif, brisa une perle plus précieuse que toutes les richesses de sa tribu; d'un homme dont les yeux vaincus, peu accoutumés à verser des larmes, en répandent plus à

cette heure qu'il ne coule de gomme précieuse des arbres de l'Arabie. Parlez de moi en ces termes, et ajoutez qu'un jour à Alep, un Turc orgueilleux, le front ceint du turban, osa frapper un Vénitien et insulter l'État; qu'alors, je saisis ce chien de circoncis à la gorge, et que je le frappai ainsi.

Et il se frappe de son poignard.

On ne croirait pas qu'il y ait tant de façons de se frapper d'un poignard.

Talma se frappait de haut en bas; Joanny suivait la tradition de Talma; Kean et Kemble s'enfonçaient horizontalement et à deux mains le poignard dans le cœur. Macready se l'enfonçait au-dessous des côtes, et de bas en haut.

Puis Macready ajoutait une chose d'un grand effet : une fois frappé, il se sentait encore la force d'aller jusqu'au lit, et, en râlant le nom de *Desdemona*, il allait tomber et mourir la bouche sur la main de sa victime.

LA CAMARADERIE

LES COLLABORATEURS ET M. SCRIBE

Certes, s'il y avait à Paris un auteur dramatique qui pût traiter, en toute conscience et en toute liberté, un sujet comme celui de *la Camaraderie*, c'était M. Eugène Scribe; car, il faut rendre justice aux hommes en même temps qu'aux œuvres, M. Scribe n'appartient à aucune faction politique, à aucun club artistique, à aucune coterie littéraire; M. Scribe n'a jamais été poussé par la franc-maçonnerie d'une société mangeante, ni par l'initiation d'un cénacle poétique; et cependant, M. Scribe est arrivé jeune encore au but de son ambition, c'est-à-dire à un million de fortune, ce qui lui donne un aplomb social; et au fauteuil académique, ce qui lui donne une position littéraire; de sorte qu'à ses armes parlantes, qui sont une plume avec cette devise: *Inde fortuna et libertas*, il peut ajouter, *et decus*.

Et qu'on ne vienne pas nous dire ici que M. Scribe a été poussé par ses collaborateurs, car on confondrait l'association avec la camaraderie, ce qui n'est pas du tout la même chose. Les collaborateurs ne poussent pas en avant, ils tirent en arrière ; les collaborateurs vous attribuent généreusement les fautes et se réservent modestement les beautés ; tout en partageant le succès et l'argent, ils gardent l'attitude de victimes et d'opprimés ; enfin, entre deux collaborateurs, il y a presque toujours une dupe, et cette dupe, c'est l'homme de talent ; car le collaborateur, c'est un passager intrépidement embarqué dans le même bâtiment que vous, qui vous laisse apercevoir petit à petit qu'il ne sait pas nager, que cependant il faut soutenir sur l'eau au moment du naufrage, au risque de se noyer avec lui, et qui, arrivé à terre, va disant partout que, sans lui, vous étiez un homme perdu.

Il faut voir comment le collaborateur se présente chez vous et comment il en sort ! C'est un pauvre jeune homme qui n'a pu se faire jouer, à cause des coteries qui entourent les théâtres ; il s'est présenté à la rue de Richelieu, mais M. Casimir Delavigne l'a écarté ; à la Porte-Saint-Martin, mais on venait de recevoir *Angèle*; il est revenu au Gymnase, mais on répétait M. Bayard. Cependant, il a une mère qu'il soutient, des frères dont il paye la pension, une femme qu'il aime et dont il obtiendrait tout s'il avait un succès ; il n'a d'espoir qu'en vous, et c'est tout simple : vous avez tant de talent, que vous pouvez le pousser, sans vous faire tort ; d'ailleurs, votre réputation d'obligeance est si bien faite, qu'il s'est adressé directement à vous ; il sait bien que son ouvrage est plein d'inexpérience, mais c'est l'élève qui vient au maître lui demander des avis, des conseils ; vous êtes très-occupé sans doute, mais il a tout le temps d'attendre. Moitié attendrissement, moitié amour-propre flatté, vous vous laissez aller à cette imprudente parole: « Eh bien, monsieur, laissez-moi votre manuscrit, je le lirai ! » Ce mot une fois lâché, c'en est fait de vous, et vous êtes perdu. Laissez une laie faire ses petits dans votre cabinet de travail ou un serpent ses œufs dans votre chambre à coucher, mais ne laissez pas un auteur déposer son manuscrit, fut-ce même dans votre antichambre. — Oh ! le manuscrit, voyez-vous, c'est la boîte de Pandore que vous serez forcé d'ouvrir un jour ou l'autre, et, une fois ouverte, adieu repos, tranquillité, bonheur ! vous ne vous appartenez plus, vous avez signé une lettre de change payable sur votre temps, et je ne sais pas de créancier plus exact, plus exigeant, plus inexorable que le collaborateur.

D'abord, à la première personne qu'il rencontre et qui lui demande d'où il sort, il répond d'un air détaché : « De chez un tel. — Ah ! vous le connaissez ? — Oui, oui, j'ai une pièce avec lui, un sujet que je lui ai porté et qu'il retouche. Que voulez-vous ! il m'a été imposé par Harel ou par Poirson... Oh ! mon cher ami, quelle coterie que celle des directeurs et des auteurs, et comme c'est organisé !... C'est, du reste, une chose reçue d'avance vous comprenez; un titre charmant, d'ailleurs; rien que dans le titre, il y avait une pièce. — Et quand *passez-vous ?* — D'ici à un mois, six semaines au plus; nous sommes en répétition. — Allons, mon cher ami, bon succès ! — Merci; je vous enverrai des places. — Au revoir ! » Et le collaborateur s'en va en fredonnant un couplet de facture.

Cependant, vous voulez vous remettre à votre travail interrompu, vous cherchez à renouer le fil de vos idées, vous ne savez pas d'où vous vient cette distration inaccoutumée : c'est ce diable de manuscrit qui est là sur une chaise et qui vous tire l'œil ; vous détournez vos yeux de cette maudite étoile polaire ; mais vos regards sont aimantés ; enfin, vous vous levez, vous marchez à lui, vous le prenez résolument, et vous le mettez tout roulé, avec un petit cordon vert, et sans lire son titre, dans le tiroir aux manuscrits, — car vous avez un tiroir aux manuscrits, comme Jocrisse un panier aux anses. — Vous repoussez le tiroir, vous le fermez à double tour, vous mettez la clef dans votre poche, vous croyez avoir vaincu votre ennemi, le tenir dans votre dépendance ; vous croyez qu'il ne sortira de sa prison que lorsque vous le voudrez bien !... Tarare !...

Le lendemain, vous recevez une carte : M. P..., M. G..., ou M. H..., Vous cherchez dans votre souvenir, et vous vous rappelez que c'est le nom du jeune homme au manuscrit ; vous jetez la carte sur votre cheminée, sans vous douter que c'est un second ennemi introduit chez vous ; et vous dites candidement en vous remettant à la besogne. « Allons, il paraît qu'il sait vivre. »

Le surlendemain, vous lisez dans votre journal que vous travaillez à une pièce intitulée *le Cœur de cristal*, ou tout autre *cœur*, qui vous a été apportée par un jeune homme du plus grand mérite, déjà avantageusement connu par les poésies délicieuses qu'il a fait insérer dans *la Psyché*, et les morceaux de prose charmants qu'il a imprimés dans *Paris et Londres*. Vous trouvez l'annonce bien prématurée ou l'éloge bien pompeux. En ce moment, votre domestique sonne, et vous annonce M. P...., M. G.., ou M. H.... Vous faites signe de la main que vous n'y êtes pas : vous n'avez encore rien lu !.. Votre domestique déclare l'alibi, la porte se referme, vous respirez !

Le lendemain du surlendemain, vous recevez une lettre : votre collaborateur, désolé de ne pas vous avoir rencontré la veille, vous prévient qu'il aura l'honneur de passer chez vous dans la matinée du lundi. Vous jetez les yeux sur votre almanach pour savoir le temps qui vous reste; il marque le dimanche. Le péril est instant; vous reprenez la missive, afin d'y répondre à l'instant même et d'obtenir quelques jours de répit. Le traître, il a oublié de vous donner son adresse ! Pas moyen de répondre que vous avez affaire, vous ne savez où il demeure ; pas moyen d'éluder la visite, vous êtes prévenu. Vous chiffonnez la lettre entre vos mains, vous la tortillez, vous la roulez, jusqu'à ce qu'elle ait pris la forme d'une bourre à fusil, vous la jetez au feu, vous la regardez brûler avec un sourire de cannibale, vous l'enterrez dans les cendres à coups de pincettes; puis, au bout de tout cela, vous vous levez, vous allez à votre tiroir et vous en tirez le malheureux manuscrit. Il faut en finir : vous le lisez. Maintenant, vous voilà tranquille ; vous *jouissez* d'un ennemi de plus : c'est une affaire de temps, et voilà tout.

Car, ou le manuscrit est absurde, ou il renferme une idée.

S'il est absurde, vous le rendez à l'auteur en le lui faisant comprendre le plus poliment qu'il vous est possible ; alors, vous avez votre ennemi tout de suite. S'il renferme une idée, vous acceptez la collaboration, croyant, au premier abord, que vous n'avez en effet que quelques scènes à retoucher, quelques raccords à faire ; mais à peine avez-vous introduit quatre lignes de votre style dans l'œuvre en question, que vous voyez qu'il faut récrire toute la scène ; vous récrivez toute la scène, et bientôt vous êtes convaincu qu'il faut récrire toute la pièce ; vous récrivez toute la pièce ; et alors, c'est le plan qui est défectueux, ce que vous n'aviez pas pu juger, car ce n'était pas vous qui l'aviez fait. Bref, au bout de six mois de travail, vous vous apercevez que vous auriez fait trois bonnes pièces à vous seul, tandis que vous en avez fait une mauvaise à deux. Dans ce cas, vous avez votre ennemi pour plus tard.

Car la pièce tombe ou elle réussit.

Si elle tombe elle est de vous.

Si elle réussit, elle est de lui.

Ce qui n'est vrai ni dans l'un ni dans l'autre cas : une pièce à deux n'est de personne.

Combien de fois ai-je entendu dire que M. Scribe mettait son nom aux pièces, et voilà tout.

Aussi, toutes les fois que M. Scribe a voulu réellement monter, il a jeté les collaborateurs qui lui servent de lest, et il a eu raison, car alors il a fait *le Mariage d'argent*, *Bertrand et Raton* et *la Camaraderie*.

Revenons à la dernière de ces pièces et essayons de donner son analyse, ce qui est assez difficile, la pièce étant plutôt une comédie de caractère qu'une comédie d'intrigue.

La scène s'ouvre chez un M. de Montlucart, homme de nom, sinon de naissance, qui s'est fait légitimiste pour avoir un maintien, et qui voudrait qu'on le fît député malgré lui pour avoir une position. Il fait partie d'une société de *camarades*, composée de littérateurs, de peintres, de médecins, d'artistes, de fonctionnaires publics et d'industriels, qui sont engagés par serment à se pousser les uns les autres, et qui tiennent religieusement leur serment.

Au lever du rideau, Zoé, la femme de Montlucart, reçoit une de ses amies, Agathe de Miremont, fille d'un pair de France, marié, à l'âge de soixante et dix ans, à mademoiselle Rigaud, qui est passée d'un pensionnat où elle était sous-maîtresse au cercle de la cour; Agathe aime Edmond de Varennes, jeune avocat plein de talent, mais qui, ne faisant partie d'aucune coterie, ne peut parvenir à se faire un nom. Bien loin de là, tout ce qu'il entreprend tourne mal; c'est qu'il y a sans qu'il s'en doute, un mauvais génie, qui préside à sa destinée : ce mauvais génie, c'est Césarine, qui, après l'avoir aimé d'abord, le hait d'être resté indifférent pour elle, et emploie son crédit près des *camarades* pour empêcher Edmond de réussir. Le principal agent de cet Arimane femelle est le docteur Bernardet, auquel, par son influence auprès du ministre, elle peut être d'une grande utilité; aussi est-il à ses ordres; c'est le démon familier qu'elle évoque et qu'elle fait agir à sa volonté; c'est la baguette magique à l'aide de laquelle la fée Césarine opère ses métamorphoses. Edmond de Varennes arrive, guidé par un de ces pressentiments que les amants ont seuls, et, près de Zoé, il trouve

Agathe : c'est une bonne fortune, car la haute position de M. de Miremont et la haine apparente de sa femme lui interdisent à peu près l'entrée de la maison. Edmond est doublement heureux de rencontrer Agathe; car, la veille, il a obtenu un grand succès oratoire, et, tout fier encore de son triomphe, il est plus hardi dans son amour. Malheureusement, c'est un des *camarades* qui a été chargé de rendre compte de la séance, et, comme Edmond lui a été recommandé par M. Bernardet, l'article est précis, et Edmond, s'il faut en croire le journal, a eu une chute complète. Le pauvre avocat jette par hasard les yeux sur la gazette, il y voit son nom, lit l'article et reste anéanti sous tant d'injustice. Mais, d'un mot, Agathe relève son courage ; M. de Miremont ne serait pas éloigné de donner sa fille à un député. Edmond de Varennes a de la fortune, des propriétés à Saint-Denis, où, le lendemain, on nomme un député. M. de Montlucart est influent dans l'arrondissement, dont il est un des principaux électeurs ; Edmond a gagné un procès important pour lui, il est décidé, il attend M. de Montlucart, il va lui demander sa voix. Il n'y a qu'un inconvénient : c'est que M. de Montlucart compte se la donner à lui-même ; c'est ce qu'il fait comprendre très-sèchement à Edmond en se retirant dans son cabinet et en le laissant maître du salon. Au moment où Edmond va se retirer, désespéré, la porte du fond s'ouvre, le jeune avocat reconnaît un de ses amis nommé Oscar Rigaud, fils d'un marchand de bois de Villeneuve-sur-Yonne. C'est l'ancien camarade de collége d'Edmond, et le cousin de Césarine. Oscar, qui a appris par son journal, l'échec d'Edmond lui fait ses compliments de condoléance. Edmond se plaint alors de ce que rien ne lui réussit ; Oscar se félicite du contraire. Les confidences deviennent plus intimes entre les deux amis : Edmond avoue son ambition d'être député ; Oscar offre de le faire nommer, Edmond s'étonne qu'il ait ce pouvoir ; alors, Oscar déroule à son ami tout le tableau de la camaraderie, lui confesse naïvement qu'il est agrégé à une société en commandite, à une assurance de succès mutuels qui compte déjà parmi ses membres des médecins, des poëtes, des peintres, des industriels, mais qui, par le plus grand hasard, manque encore de députés. C'est une place vacante à remplir dans la société de la courte échelle ; Oscar l'offre à Edmond, Edmond l'accepte, et l'initié emmène le néophite a un déjeuner de camarades qui doit avoir lieu le matin même.

Au second acte, nous sommes chez Oscar Rigaud le poëte banquier de la société. Oscar, pour faire comme tout le monde, a fait imprimer un volume de poésies qui, grâce aux camarades, a eu le plus grand succès ; de sorte qu'Oscar, qui n'avait jamais été qu'un bon enfant, est maintenant un grand poëte. Le premier convive qui se rend à l'appel est le docteur Bernardet, cet agent secret de madame de Miremont, dont nous avons déjà parlé. C'est un homme spirituel, fin, habile, bien lancé déjà, qui est parvenu à une bonne position comme médecin, et qui compte bien arriver plus haut encore, en suivant la même voie. Oscar lui annonce qu'il aura, à déjeuner, outre les convives ordinaires, un jeune avocat du plus grand mérite, son cousin le pair de France, et sa cousine Césarine. Bernardet ne croit pas aux deux derniers ; M. de Miremont a donné sa parole, c'est vrai, mais Césarine a envie d'aller au Conservatoire, et M. de Miremont, tout en ayant l'air d'avoir une volonté, ne fait que ce que veut sa femme. En ce moment, on sonne : c'est M. de Miremont et Césarine qui, en passant, s'excusent de ne pouvoir partager le déjeuner de leur jeune cousin. Césarine, en voyant Bernardet, lui fait signe qu'elle désire lui parler, son mari se rend à la Chambre, il lui renverra la voiture. Oscar donne le bras au noble parent pour l'aider à descendre l'escalier. Césarine reste avec Bernardet, et là se posent, d'une manière charmante, une scène et deux caractères, comme il n'y a que Scribe qui sache en faire.

Entre ces deux caractères, il en apparaît un troisième, c'est celui du vieux sénateur, qui est demeuré debout après les révolutions difficiles qui ont passé sur la France, parce qu'il restait couché tandis qu'elles s'accomplissaient. Dès qu'il voit dans *le Constitutionnel* que l'horizon politique s'obscurcit, ou dans la *Gazette des Tribunaux* qu'un procès politique s'instruit à la chambre haute, il fait venir son médecin, se met au lit et fait demander au préfet de police la permission de répandre de la paille dans la rue. Le lendemain du jour où l'horizon est éclairci, aussitôt que le procès est jugé, M. de Miremont entre en convalescence ; une semaine après, il commence à sortir, et les nombreux candidats, qui s'étaient déjà mis sur les rangs pour les huit places dont il touche les traitements en sont pour leurs sollicitations et leurs visites. Du reste, esclave de sa femme plus encore que de sa position, et confiant ou jaloux, selon que Césarine a besoin de sa confiance ou de sa jalousie.

Pour le moment, ce n'est ni l'une ni l'autre que Césarine met en jeu ; elle veut faire nommer un député, car elle a su qu'Edmond se mettait sur les rangs, et elle a juré de s'opposer à tout ce que pourrait tenter le jeune avocat : en conséquence, elle a jeté les yeux sur son cousin Oscar ; la place de professeur à l'école de médecine, que sollicite Bernardet, est à ce prix ; Bernardet s'incline et promet. Césarine se retire ; bientôt entre Oscar avec Edmond, et derrière eux les camarades.

Là se développe devant Edmond la pratique dont Oscar lui a expliqué la théorie ; là, on fait et défait les réputations, non pas selon le mérite individuel, mais selon l'intérêt de chacun : Edmond, indigné de toutes ces manœuvres honteuses, fait un éclat, et sort : les camarades restent seuls.

Aussitôt, on s'occupe de l'affaire en litige, c'est-à-dire de remplir la lacune causée dans la société par l'absence du député : chacun alors se propose, vante ses droits, expose ses titres ; tout le monde a du mérite, c'est convenu. Mais, comme il est difficile de faire un choix entre candidats si méritants, on convient de s'en rapporter au sort. On vote.

Chacun a une voix, car chacun s'est donné la sienne, à l'exception d'Oscar, qui s'occupe des préparatifs du déjeuner, et ne sait pas même de quoi il est question.

C'est alors que Bernardet agit. Il promet à chacun, de la part de Césarine, qu'on sait toute-puissante près du ministre, ce que chacun désire ; la séduction opère ;

on a recours à un second scrutin préparatoire ; Oscar est nommé.

En ce moment, il annonce qu'on est servi, et, en retour de cette bonne nouvelle, on lui apprend qu'on le porte à l'unanimité à la députation de Saint-Denis : le candidat improvisé ne revient pas de sa surprise ; mais l'étonnement ne lui ôte pas la reconnaissance, il se verse un verre de vin de Champagne, et, sur cet évangile des buveurs, il jure de ne s'occuper dans la haute position où ses amis le poussent, que des intérêts de ses amis.

Au troisième acte, nous sommes chez madame de Miremont. Zoé a reçu une lettre désespérante d'Edmond ; il n'y a plus d'espoir de réussir à rien ; il veut se tuer, sans même avouer son amour à celle qui le lui inspire. Zoé arrive avec cette lettre, et, dans une véritable scène d'anciennes amies de pension, elle trouve moyen de mettre sous les yeux de Césarine la lettre du pauvre désespéré, et de faire croire à sa camarade que cette femme que ne nomme pas Edmond, et qu'il adore en secret n'est autre qu'elle-même, Césarine. La lettre produit l'effet qu'en attendait Zoé : Césarine retire son appui à Oscar et le transporte à Edmond. Bernardet arrive ; il est nommé professeur, et vient remercier sa protectrice. Mais Césarine l'interrompt au milieu de ses remercîments pour lui donner de nouvelles instructions ; tout est changé, c'est Edmond de Varennes qui doit être nommé au lieu d'Oscar ; Bernard et se remet en courses pour opérer le revirement. Oscar entre, au comble de la joie ; il est sûr de son élection ; le sénateur arrive, de son côté, prêt à monter en voiture avec son cousin, pour l'aider de ses vœux et de son influence; il n'y a pas un instant à perdre si Césarine veut briser à temps l'intrigue qu'elle a ourdie elle-même. Mais, nous l'avons dit, M. de Miremont devient jaloux à volonté ; Césarine est charmante avec Oscar ; son mari s'en aperçoit; un soupçon le mord au cœur; il croit que l'intérêt que Césarine a témoigné à son cousin est inspiré par un sentiment plus tendre que l'amitié : il s'emporte, fait une scène, ordonne de dételer les chevaux et rentre dans son cabinet. Oscar, désespéré, se rend à l'élection, en remerciant sa cousine, qui lui recommande de parler et beaucoup. Césarine, restée seule, écrit au ministre qu'il faut qu'il porte Oscar comme candidat ministériel, et qu'en reconnaissance, au lieu des quatre voix dont il a besoin, elle lui en donnera dix.

Au quatrième acte, nous sommes dans le cabinet de M. de Miremont, sa femme lui a dit que le procès que doit bientôt juger la cour des pairs, commencera dans huit jours, il est malade.

Mais, cete fois, outre son but habituel, la nouvelle a un autre motif. Le bruit de la maladie du vieux sénateur s'est promptement répandue; il a huit places, nous l'avons dit; ces huit places peuvent devenir vacantes d'un moment à l'autre : les députés de l'opposition le savent. Ils savent aussi que le ministre ne les accorderait qu'à des hommes dévoués à l'ordre de choses, et, au lieu de tomber sous une minorité de quatre voix, la loi passe grâce à une majorité de vingt-cinq. Cependant, M. de Miremont se sent plus mal, il rentre dans sa chambre à coucher.

8.

Alors arrive Edmond, qui a appris que c'est par l'influence de madame de Miremont que le scrutin préparatoire lui a été si favorable ; en effet, tous les camarades se sont mis en campagne, et, avec l'appui du ministère, sa nomination ne fait aucun doute, madame de Miremont le lui promet. Encouragé par tant de bontés, Edmond se hasarde, il avoue qu'il n'est ambitieux que parce qu'il aime, et qu'une haute position doit le rapprocher de l'objet de son amour. Césarine reçoit la déclaration de manière à l'encourager à une confidence complète ; Edmond hésite, balbutie ; Césarine le regarde avec un de ces sourires qui laissent tout espérer, Edmond nomme Agathe ; Césarine, furieuse, rentre dans son appartement. Edmond, qui n'a rien vu, rien compris de cette colère, se croit toujours le protégé de madame de Miremont, et court achever ses visites.

Au cinquième acte, nous retrouvons M. de Miremont avec Bernardet et Edmond. Le sénateur, ne pouvant pas sortir, écrit des circulaires aux électeurs les plus influents. Mais Bernardet, qui ne sait pas le changement survenu dans l'esprit de Césarine, rêve un coup d'État plus ambitieux : c'est de faire faire les visites à M. de Miremont lui-même. A cet effet, il lui annonce négligemment que le procès politique dont devait s'occuper la cour des pairs est remis indéfiniment. Cette nouvelle guérit miraculeusement le sénateur ; il se sent mieux, il se trouve bien, si bien, qu'à la rigueur il ne serait pas fâché de prendre l'air. Bernardet met à profit ces heureuses dispositions, ne donne pas le temps à M. de Miremont de faire atteler, lui offre sa voiture, lui met le bras sous celui d'Edmond, et les ousse tous les deux dans la rue. En ce moment, Césarine sort avec sa lettre au ministre; elle cherche son mari pour qu'il n'écrive pas les circulaires. Bernardet, croyant qu'il a fait merveilles, lui raconte la cure qu'il vient d'opérer... Il est trop tard maintenant, la lettre n'arrivera plus à temps; elle va courir elle-même, mais, sur l'escalier, elle rencontre son mari qui rentre avec Edmond; l'élection a eu lieu plus tôt qu'on ne le croyait : Edmond de Varennes est nommé, et le vieux sénateur, croyant toujours faire plaisir à sa femme, a promis au jeune avocat la main d'Agathe.

Trois des caractères mis en scène sont parfaitement heureux; ces trois caractères sont ceux d'Oscar Rigaud, de Bernardet et de M. de Miremont.

Quant à l'esprit, il est impossible de donner à nos lecteurs une idée de la dépense qu'en a faite M. Scribe, pendant ces cinq actes, qui ne tournent pas un instant au drame, et qui se soutiennent à la même hauteur par la seule puissance nerveuse du dialogue à mille facettes de cette comédie. Nous reviendrons, du reste, sur tout cela; M. Scribe est un homme trop haut monté, pour qu'on puisse le juger à première vue. M. Scribe est, quoi qu'on fasse et, quoi qu'on dise, un des trois hommes placés à la tête de la littérature dramatique de notre époque : bien entendu que les deux autres sont Casimir Delavigne et Victor Hugo.

Maintenant, merci, confrère; — c'est ainsi qu'il fallait répondre, au nom de tous, à la camaraderie de la critique, la pire de toutes les camaraderies.

*
* *

Nous nous étions promis de revenir sur M. Scribe, et nous tenons parole. En effet, peu d'auteurs ont été plus attaqués et moins défendus que lui, de sorte qu'il reste sur lui beaucoup de choses à dire.

La raison ou plutôt les raisons de cette haine sont faciles à trouver ; M. Scribe a fait en 1816 la même révolution dans le vaudeville que celle que nous avons faite en 1830 dans le drame ; M. Scribe est tombé au milieu des successeurs de Piron, de Panard et de Collé, comme nous sommes tombés au milieu des successeurs de Corneille, de Racine et de Voltaire ; de sorte qu'il s'est fait du premier coup une masse considérable d'ennemis acharnés ; elle se composait de tous ceux dont il froissait les intérêts ou les amours-propres ; et le nouveau genre, c'est-à-dire le *vaudeville de salon* eut du premier coup, pour dépréciateurs, tous ceux qui avaient fait, faisaient on pouvaient faire selon l'ancienne manière. La guerre fut déclarée entre la *chanson* et la *romance* entre le *flon flon* et la *pointe*, entre le *calembour* et le *mot*. Les vieux Sylla devinaient le jeune César.

La réputation de M. Scribe grandit vite. Il y a un avantage à essuyer les murs, c'est qu'on écrit son nom dessus ; au bout de deux ou trois ans d'exposition, non-seulement M. Scribe forma une école, mais encore il prit des élèves ; parmi ces élèves, quelques-uns devinrent des maîtres, les autres restèrent des rapins ; ce furent ceux-ci qui constituèrent à M. Scribe sa seconde classe d'ennemis.

Enfin, comme il n'y avait pas d'écolier en sixième, d'élève en seconde et de collégien ayant doublé sa rhéthorique qui n'eût essayé de faire un vaudeville, un drame ou une tragédie et qui n'eût commencé par être refusé, il arriva ce qui devait arriver, c'est que tous les écoliers en sixième qui essuyèrent un refus au Gymnase, s'en prirent à M. Scribe de ce refus, et accusèrent M. Poirson de partialité pour un auteur qui faisait sa fortune : M. Poirson répondit que sa partialité venait de ce que M. Scribe réussissait, et que les autres tombaient. La raison fut trouvée médiocre, et une troisième classe d'ennemis s'organisa contre M. Scribe.

Alors, une réaction sourde s'organisa dans le monde, dans les foyers des théâtres et dans les bureaux des feuilletonistes contre l'usurpateur dramatique, qui menaçait d'envahir tous les théâtres de la capitale ; on lui reprocha 1° de peindre un monde qui n'existait pas ; 2° de manquer dans ses peintures de largeur et de poésie ; 3° de faire un commerce de l'art et de tenir avaricieusement une maison de banque sous la raison Scribe et compagnie. Nous allons successivement répondre à ces trois accusations.

Ceux qui n'examinent que superficiellement les choses, pourraient presque dire de M. Scribe ce que M. Scribe dit de son peintre, lequel, n'ayant pas trouvé la nature à son goût, en avait inventé une. M. Scribe a peint un monde particulier : celui des agents de change, des banquiers et des courtiers de commerce, une société spéciale, celle de la Chaussée-d'Antin; une aristocratie à part, celle de la finance.

M. Sribe appartient à l'époque où cette société fit sa première apparition dans notre organisation politique; elle succédait à la société militaire et impériale du faubourg Saint-Honoré, qui avait remplacé elle-même la société aristocratique et légitimiste du faubourg Saint-Germain; or, comme M. Scribe était un peintre d'actualités, les premiers plans de ses tableaux se trouvèrent envahis par les hommes de la Bourse, tout occupés de leurs spéculations; les seconds par de braves militaires pleins des souvenirs de leurs victoires, et les troisièmes par de vieux pairs de France assez vides de toutes choses.

Or, la société naissante, qui n'appartenait ni à la noblesse de canon de Napoléon, ni à la noblesse d'épée de Louis XIV, voulut aussi avoir sa noblesse à elle; en conséquence, elle demanda que les écus tinssent lieu de cicatrices et de parchemins, et, ayant obtenu sa demande, elle fit son entrée dans les salons, prit des grades dans la garde nationale et obtint un tabouret à la cour sous le nom de noblesse d'argent.

Cependant, ses femmes étaient encore gauches et ses jeunes gens empruntés; Scribe, avec un talent d'observation, prit les moins gauches de ces femmes, les moins empruntés de ces jeunes gens, brillanta leur dialogue assez terne de ce superflu d'esprit dont il ne sait que faire, et les transporta au théâtre, où ils devinrent aussitôt, non pas des copies, mais des modèles; les jeunes femmes de finance étudièrent madame Théodore, les jeunes hommes d'argent imitèrent M. Paul; on envoya demander à l'une l'adresse de sa couturière, à l'autre le nom de son tailleur, et ce ne furent plus les acteurs qui se modelèrent sur la société, ce fut la société qui se modela sur les acteurs.

Eh bien, ce monde, M. Scribe l'a parfaitement peint à notre avis, et le seul reproche que nous lui ferons est de lui avoir donné plus d'esprit qu'il n'en a. Voilà pour la première accusation.

Quant à la seconde, elle nous paraît aussi injuste que la première; car il faut toujours, pour le juger sainement et impartialement, se placer au point de vue de l'auteur, voir ce qu'il a voulu faire, et non ce qu'il n'a pas fait, et ne l'accuser d'impuissance que lorsqu'il n'aura pas atteint son but : sinon, il n'y aurait aucune raison pour qu'on ne reprochât point à Beaumarchais de ne pas avoir fait des vers comme en avait fait Racine, ou à Racine de ne pas avoir fait de la prose comme on devait faire Beaumarchais. Du moment que M. Scribe a adopté pour mission et s'est imposé pour tâche de n'exécuter que des tableaux de genre, et de ne prendre ses personnages que dans la société moderne, il s'est trouvé circonscrit lui-même dans la prosaïque étroitesse de cette société; notre siècle n'est plus le siècle de Molière, siècle de grandes passions, de grands vices et de grands travers; nous sommes dans l'époque des petites ambitions, des petits défauts et des petits ridicules; aux couleurs fortement tranchées, qui séparaient autrefois les castes différentes, ont succédé les nuances légères qui caractérisent aujourd'hui les individus. Où voyons-nous un don Juan, un Harpagon, un Alceste?

Il faut donc que l'auteur dramatique qui veut couvrir une large toile, cherche, en remontant vers d'autres âges, des figures qui puissent la remplir ; alors, la poésie coule de source, car, contre les lois de la perspective, les personnages historiques grandissent en s'éloignant. Mais, si, au lieu des sociétés du moyen âge ou de l'antiquité, il étudie la société moderne, il faut bien, malgré lui, qu'il mesure les hommes à leur taille, qu'il les estime ce qu'ils valent, et qu'il les peigne, non pas tels qu'ils devraient être, mais tels qu'ils sont.

Ce n'est pas qu'on ne puisse trouver à la rigueur dans la société moderne quelques grandes figures, quelques âmes puissantes, quelques passions profondes ; mais ces types sont produits par des organisations exceptionnelles, ce sont des accidents au milieu de la société, des gens qui ont oublié de naître à l'époque qui leur était fixée et qui sont destinés à apporter le désordre dans un monde qui n'est plus en harmonie avec eux. Nos appartements modernes ne sont point faits pour que les colosses y trouvent place, et ces hommes appartiennent au drame et non à la comédie; car ces hommes s'appellent Verther, René ou Antony, et ces hommes finissent par le suicide ou sur l'échafaud. Or, Scribe fait de la comédie, et n'a jamais eu que je sache, le moindre désir de faire du drame ou de la tragédie.

Il faut donc l'avouer, notre société actuelle prête peu à la comédie et au drame; elle n'est ni impertinente comme celle de Louis XIV, ni chevaleresque comme celle de François Ier, ni pittoresque comme celle de Louis XI, ni héroïque comme celle de Charlemagne, ni poétique comme celle d'Auguste. Nous avons des journaux qui signalent tous les ridicules, il est donc impossible de persévérer dans un travers. Nous avons des lois qui punissent tous les délits; il est donc inutile de se faire justice soi-même. Toutes les passions se sont proportionnées à la grandeur de nos appartements. On annonce à la porte d'un salon la Vénalité, l'Ambition, l'Adultère; vous vous retournez, croyant à des monstres, et vous voyez entrer de jolies dames en robe de bal, avec des fleurs sur la tête, et de charmants cavaliers avec des gants de couleur paille et des souliers vernis. Allez donc chercher la largeur et la poésie sous ces robes faites par mademoiselle Lucy ou ces habits taillés par M. Blin. Voilà pour la seconde accusation. Maintenant, passons à la troisième.

Scribe fait du commerce et non de l'art, car, dit-on, Scribe est trop avare pour être artiste.

Scribe a eu le bonheur d'entrer dans la carrière littéraire avec six mille livres de rente, du moins à ce que nous croyons. L'aisance donne des idées d'économie; il n'y a que la misère qui pousse à la dissipation. Or, Scribe, né d'une famille commerçante, avait appris jeune la valeur des choses gagnées; son théâtre, qui lui rapporta la première année cent vingt-six francs, sur lesquels il faut prélever quarante francs d'impression de manuscrit, monta en 1833 à la somme de cent quarante-huit mille francs. C'est la rente la plus colossale que la plume d'un auteur dramatique ait jamais inscrite au grand-livre de MM. Michel et Guyot. Mais aussi quel est l'auteur dramatique qui ait fait, à quarante-cinq ans, trois cent cinquante pièces, dont deux cent quatre-vingts à peu près ont eu des succès de premier ordre?

Ce fut lassé d'entendre répéter ces accusations de commerce que Scribe, à qui on niait la puissance de produire seul, fit seul pour le Théâtre-Français en quatre ans, et sans nuire à ses autres ouvrages de l'Opéra, de l'Opéra-Comique et du Gymnase, quatre comédies en cinq actes dont une seule, *l'Ambitieux*, n'obtint qu'un succès contesté. L'Académie jugea M. Scribe autrement que ne l'avait fait le feuilleton, et son admission dans l'aréopage littéraire lui donna de droit et légalement le rang que depuis longtemps il avait pris de fait.

Maintenant, qu'on nous permette de citer une anecdote assez ignorée, je crois, par cela même qu'elle fut spécialement connue des confrères de M. Scribe, qui sans doute auront craint de blesser sa modestie en la répétant. Lorsqu'on établit la société des auteurs dramatiques, on s'occupa non-seulement de défendre les droits de tous ceux qui faisaient partie de la société pendant l'âge de la force et de la production, mais encore de subvenir aux besoins de ceux qui avaient déjà atteint la vieillesse : en conséquence, on fonda une caisse de secours et de pension et on vota la retenue d'un demi pour cent sur les droits de tous. Un des membres fit alors l'observation qu'en supposant qu'aucun secours et qu'aucune pension ne fussent accordés dans cet intervalle, il faudrait près de deux ans pour réunir un premier fonds de dix mille francs, somme qui serait cependant nécessaire pour prévenir l'épuisement.

Un mois ou deux après cette réunion, une demande de secours arriva; elle était instante et pleine d'intérêt. Le président appela, en conséquence, le trésorier, et lui demanda s'il y avait quelque chose en caisse.

— Il n'y a encore, répondit celui-ci, que les dix mille francs envoyés par M. Scribe.

LE LOUIS XI DE MÉLY-JANIN

ET

LE LOUIS XI DE CASIMIR DELAVIGNE

J'ai parlé dans mes *Mémoires* du drame de Mély-Janin, intitulé *Louis XI*, qui nous avait fort impressionnés, Soulié et moi, en 1827.

Sans doute aussi avait-il impressionné Casimir Delavigne, l'homme le plus sensible qui fût à ces impressions-là. Casimir semblait avoir été créé et mis au monde pour prouver que le système des idées innées est le plus faux des systèmes philosophiques.

Nous allons étudier en quelques lignes le *Louis XI* de 1827 et celui de 1832, — le drame de Mély-Janin, et celui de Casimir Delavigne.

Nous ne voulons pas dire que les deux hommes aient été de même taille; mais, ayant ostensiblement Walter Scott pour allié, le journaliste s'est trouvé, un beau soir, de taille à lutter avec l'auteur dramatique.

Nous disons *ostensiblement*, parce que Casimir n'a

pas non plus tout à fait dédaigné l'alliance du barde écossais; seulement, comme, auprès de beaucoup de gens, Walter Scott était encore impopulaire en France, à cause de son *Histoire de Napoléon*, Casimir, en sa qualité de *poëte national*, — c'était sur cette nationalité qu'était surtout bâtie la fragile pyramide de son talent, — Casimir n'avait pas voulu avouer tout haut cette alliance.

Commençons par Mély-Janin.

Au lever du rideau, on voit un paysage représentant à la fois le château de Plessis-les-Tours, une hôtellerie, et une *riante campagne*, style du temps.

Dans tout ce qui n'est pas imité de Walter Scott, nous trouvons, comme dans cette *riante campagne*, un échantillon du style de l'Empire.

Isabelle, la riche héritière de Croy, est en scène avec sa dame d'honneur, sa suivante, sa confidente; une manière de comparse quelconque inventée pour qu'un personnage principal, en ayant l'air de lui confier un secret qu'il sait depuis dix ans, confie, en réalité, ce secret au public.

Dans l'ancienne tragédie, quand c'est un homme, cela s'appelle Euphorbe, Arcas ou Corasmin; quand c'est une femme, cela s'appelle Julie, OEnone ou Fatime, et porte le titre naïf de *confident* ou de *confidente*.

Donc, Isabelle confie à la femme qui l'accompagne dans sa fuite qu'elle est venue de la cour de Bourgogne à la cour de France, parce que le duc Charles, craignant de la voir disposer de ses biens immenses, la voulait forcer d'épouser soit le comte de Crèvecœur, soit le comte de la Marck, surnommé le Sanglier des

Ardennes. Elle lui apprend — toujours à cette même Éléonore qui ne l'a pas quittée d'un instant — qu'elle a trouvé une protection, sinon distrayante, au moins sûre, près du roi Louis XI. La seule inquiétude qu'elle ait, c'est de savoir si *lui*, qu'elle n'a pas eu le temps de prévenir de sa fuite, aura la persévérance de la suivre, et l'adresse de la retrouver.

C'est un point sur lequel Éléonore, si bien instruite qu'elle soit, ne peut la renseigner ; mais, comme Éléonore a appris à peu près tout ce qu'elle sait, et le public tout ce qu'il avait besoin de savoir, on voit s'avancer, par le fond, deux hommes vêtus comme de bons bourgeois, et qui viennent à leur tour causer tout naturellement de leurs affaires dans l'endroit de la France le moins propre à cet entretien.

Isabelle se retourne, les voit, et dit :

— J'aperçois le roi qui dirige ses pas de ce côté ; il est accompagné de son compère Martigny. La simplicité de son costume annonce assez qu'il veut garder l'incognito... Le voici ; retirons-nous.

Et Isabelle de Croy et sa confidente se retirent par le *côté jardin*, ayant vu Louis XI et son confident, qu'elles ont besoin de voir, afin que le public sache que Louis XI et son confident vont entrer en scène, tandis que Louis XI et son confident, qui n'ont pas besoin de voir Isabelle de Croy et sa confidente, et qui doivent même ne pas les voir, ne les voient pas.

Vous me direz que ce n'est peut-être pas très-exactement dans les habitudes de Louis XI, qui, de la nature des chats, des renards et des loups, voit la nuit, soit sur ses côtés, soit derrière lui, de ne pas voir ceux qui sont devant lui ; mais je vous répondrai que c'était ainsi que la chose se passait sur la scène française en l'an de grâce 1827, même parmi les poëtes qui avaient la réputation de novateurs.

On verra qu'en 1832, les choses n'avaient pas beaucoup changé. Il est facile d'imaginer la haine que conçurent contre nous des gens à qui nous avions entrepris de faire changer des habitudes aussi commodes que celles-là.

Il suffisait d'ajouter entre eux deux parenthèses, — et dans un autre caractère typographique, — en parlant de ceux qui arrivaient, ainsi que fait Mély-Janin en parlant du roi et de son compère Martigny :

(*Ils arrivent par le fond du théâtre, et ne peuvent apercevoir la comtesse et Éléonore, cachées par des arbres.*)

Ce n'était pas plus difficile que cela !

Louis XI est aussi, lui, avec son confident ; seulement, son confident s'appelle le *compère* Martigny. Ils viennent tout en causant et tout en discutant ; mais, soyez tranquille, ils ont gardé pour leur entrée en scène ce qu'ils ont d'important à dire, et ce qu'il est urgent que sache le public.

Aussi, après quelques mots sans importance, échangés entre Louis XI et son compère, le roi dit à Martigny :

— Revenons à ce qui nous occupe. Quelles nouvelles t'ont apportées les secrets émissaires que tu as envoyés à la cour de Bourgogne? Charles sait-il que la comtesse de Croy s'est retirée dans mes États? sait-il que je lui ai accordé un asile?

Voyez-vous Louis XI, le renard, ayant besoin que les émissaires du compère Martigny aient appris à leur maître, afin que leur maître le lui répète, que le duc de Bourgogne sait que la comtesse de Croy s'est retirée dans ses États, et qu'il lui a accordé un asile !

Comme si Louis XI s'en rapportait aux émissaires des autres ! comme si Louis XI n'avait pas ses secrets émissaires, à lui, qui, à toute heure, parvenaient, sous toute sorte de costumes, jusque dans le cabinet sans écho où il avait l'habitude de parler de ses affaires !

Vous comprenez bien que les deux interlocuteurs ne seraient pas venus là, si les secrets émissaires du compère Martigny n'étaient pas arrivés.

En effet, ils sont de retour, et voici les nouvelles qu'ils ont apportées :

C'est que Charles le Téméraire sait tout cela ; c'est qu'il s'est mis dans une violente colère en l'apprenant ; c'est qu'il a fait partir sur-le-champ le comte de Crèvecœur, afin de réclamer Isabelle.

Ils ont appris, en outre, qu'un jeune Écossais nommé Quentin Durward se joint aux deux poursuivants qui prétendent à la main d'Isabelle, c'est-à-dire au comte de Crèvecœur et au Sanglier des Ardennes, et a sur eux l'avantage d'être aimé.

— Mais où donc a-t-il vu la comtesse ?

Attendez ! voici un moyen adroit, et qui prépare le dénoûment :

— C'est ce que je n'ai pu savoir, répond Martigny ; ce qu'il y a de certain, c'est qu'il lui a rendu de fréquentes visites à la tour d'Herbert.

— A la tour d'Herbert, dis-tu?

— Oui; vous savez que la comtesse, avant de se rendre à votre cour, avait déjà fait une tentative d'évasion? Le duc, dans le premier mouvement de la colère, la fit enfermer dans cette tour d'Herbert; elle y était étroitement gardée, et, cependant, on dit que, par certain passage secret, Quentin Durward trouva le moyen de parvenir jusqu'à elle.

Louis XI ne sait pas cela, et, comme il est honteux, sans doute, de ne point le savoir, au lieu de répondre à la question de Martigny :

— Mais n'as-tu pas cherché à attirer ce jeune homme à ma cour?

— Il avait quitté celle du duc de Bourgogne quelque temps après la comtesse.

— Il se sera mis sur ses traces, sans doute.

Au fond, vous le voyez, Louis XI est plus fin qu'il n'en a l'air. Il continue :

— Martigny, il faut surveiller son arrivée. Qu'il vienne, mes faveurs l'attendent... Mais que regardes-tu?

Vous vous doutez bien, n'est-ce pas, vous qui n'êtes pas Louis XI, ce que regarde le compère Martigny?

Parbleu! il regarde venir le jeune homme que les faveurs du roi attendent. Cela s'appelle *ad aventum festinare*, marcher au dénoûment; c'est recommandé, en premier lieu, par Horace et, en second lieu, par Boileau.

Grâce à son déguisement et à un déjeuner qu'il offre au voyageur, Louis XI apprend que celui qui vient le trouver est justement celui qu'il cherche, qu'il s'appelle Quentin Durward, qu'il est Écossais, c'est-à-dire noble comme un roi, pauvre comme un Gascon, et fier, ma foi! fier comme lui-même.

Le vieux roi attrape bien par-ci, par-là, quelques coups de griffe de chat sauvage; mais il est habitué à cela : ce sont les pourboires de l'incognito.

En voici un exemple. Martigny est allé commander le déjeuner.

— Dites-moi, maître Pierre, demande Quentin Durward au roi, quel est ce château que j'aperçois dans l'éloignement?
— C'est la résidence royale.
— La résidence royale! Pourquoi donc, alors, ces créneaux, ces hautes murailles, ces larges fossés? pourquoi ces nombreuses sentinelles placées de distance en distance? Savez-vous, maître Pierre, que cela a plutôt l'air d'une forteresse ou d'une prison que du palais d'un roi?
— Vous trouvez?
— A quoi bon de si grandes précautions?..... Dites-moi, maître Pierre, si vous étiez roi, est-ce que vous prendriez tant de peine pour défendre votre demeure?
— Mais il est bon d'être sur ses gardes; on a vu des places surprises et des princes enlevés au moment où on s'y attendait le moins. Il me semble, d'ailleurs, que la sûreté du roi exige...
— Connaissez-vous pour un roi un rempart plus sûr que l'amour de ses sujets?
— Non, sans doute... Cependant...
— Quant à moi, si le sort m'avait placé sur le trône, j'aurais voulu être aimé, et non pas craint; j'aurais voulu que le dernier de mes sujets pût parvenir librement jusqu'à ma personne; j'aurais gouverné avec tant de sagesse, que nul n'eût approché de moi avec de mauvaises intentions.

Cela n'est recommandé ni par Horace ni par Boileau, mais c'est recommandé par le chef de claque. — Cette façon de donner des conseils à un roi est toujours honorable pour un auteur : cela s'appelle faire de l'opposition ; aussi applaudit-on toujours ces sortes de niaiseries.

Malgré ce conseil donné à Charles X par Mély-Janin, et que Charles X eût dû suivre venant d'un ami, Charles X nomma le ministère Polignac.

On sait les suites de cette nomination.

Martigny revient. La collation est prête : on se met à table.

Le vin délie la langue, — et surtout ce petit vin blanc qu'on boit sur les bords de la Loire. — Quentin Durward apprend donc au roi qu'il n'est engagé au service d'aucun prince, qu'il cherche fortune, et qu'il a quelques velléités d'entrer dans la garde écossaise, où il a un oncle officier.

Ici, vous le voyez, le drame commence à se réunir au roman.

Mais quelle différence entre l'exposition du romancier et celle du dramaturge!

C'est que le romancier s'appelait Walter Scott, et le dramaturge Mély-Janin.

Or, comme la conversation commence à devenir intéressante, le roi se lève et s'en va sans donner d'autre motif à son départ que celui que je vous donne moi-même, et que je suis forcé de deviner.

Si vous en doutiez, voici sa sortie :

— Adieu, seigneur Quentin ; nous nous reverrons. Comptez sur l'amitié de maître Pierre. (Bas, à Martigny.) Aie soin de l'informer de ce qui l'intéresse. Je te laisse le maître de faire ce que tu jugeras à propos.

— Soyez tranquille, sire.

Resté seul avec Quentin Durward, Martigny l'informe, en effet, que la comtesse de Croy s'est réfugiée à la cour du roi Louis XI, et habite le vieux château qu'il lui montre. Alors, Quentin Durward supplie Martigny de pénétrer dans le château et de remettre une lettre à Isabelle.

— Ah! sir Durward, y pensez-vous? s'écrie Martigny, — qui, en sa qualité de bourgeois de Tours, ignore que le titre de *sir* ne se met que devant un nom de baptême.
— Il le faut, il le faut absolument! insiste Quentin.
— Je vous prie de croire que, si la chose était possible... (A part.) J'en ai plus d'envie que lui! (Haut.) Écoutez, j'entrevois un moyen.

Ce moyen, vous ne le devinez pas? Il est, en effet, assez étrange pour un homme qui n'ose remettre un billet à l'abri des murailles, des portes, des rideaux, des tapisseries et des portières ; — ce moyen, vous le saurez tout à l'heure.

Quentin Durward, resté seul, apprend au public que le comte de Crèvecœur, qui vient pour réclamer Isabelle, n'aura Isabelle qu'avec sa vie, à lui. Enfin, il en dit assez long pour donner le temps à Martigny d'entrer au château, de voir Isabelle, et de mettre à exécution le moyen en question.

— Eh bien? demande Quentin.
— J'ai parlé.
— Qu'a-t-on dit?
— Rien.
— Rien
— Non, rien; mais on a rougi, on a pâli, on s'est trouvée mal.

— Elle s'est trouvée mal ? Quel bonheur !

— Puis on est revenu à soi, on a parlé de prendre l'air... Tenez, tenez, tournez les yeux de ce côté.

— Dieu ! c'est elle ! (A Martigny.) Éloignez-vous, je vous en conjure !

(Martigny se cache derrière un massif d'arbres.)

Le moyen de l'homme qui n'osait remettre un billet dans une chambre fermée et gardée par une confidente, c'est de faire venir Isabelle au grand air, et en plein château de Plessis-les-Tours.

Le moyen n'est pas maladroit, n'est-ce pas ?

Isabelle en est toute tremblante. Il y a de quoi ! elle qui sait que Martigny est le compère du roi, elle qui doit se douter que Martigny, — un gaillard naturellement plein de finesse, puisqu'il a des émissaires meilleurs que ceux du roi, et qu'il apprend à Louis XI des choses que celui-ci ne sait pas, — elle, disons-nous, qui doit se douter que Martigny n'est pas loin !

Aussi n'entre-t-elle que pour dire à Quentin : « Allez-vous-en ! » Seulement, elle le lui dit en termes plus nobles et dans un langage qui convient mieux à une princesse :

— Éloignez-vous, je vous en supplie !
— Un seul mot.
— Je suis surveillée...; on pourrait nous surprendre.
— Mais, enfin, rassurez mon cœur. Quoi ! partir sans me voir !... Ah ! cruelle ! vous ignorez combien l'absence...
— Je dois avoir de la prudence pour deux, seigneur Durward ; on vous expliquera tout. Éloignez-vous !... Qu'il vous suffise, pour le présent, de savoir qu'on vous aime plus que jamais. Partez !

— Mais ce silence...

— En dit plus que toutes les paroles.
— Adieu donc !
(Il baise la main de la comtesse.)
— Allons, partez! dit Eléonore.
(Quentin sort d'un côté, et la comtesse de l'autre.)
— Et, nous, allons informer le roi de tout ce qui se passe, dit Martigny sortant de derrière son massif d'arbres.

Nous avions parfaitement aperçu ce diable de Martigny se cachant derrière ce massif ; eh bien, regardez ce que c'est, pourtant : Isabelle et Quentin Durward, qui avaient plus d'intérêt que nous à le savoir, ne s'en doutaient pas, eux !

Qu'on dise encore que la jeunesse n'est pas confiante !

Et, maintenant, passons au premier acte du *Louis XI* de Casimir Delavigne, et voyons si le poëte national est beaucoup plus fort, comme vraisemblance, que le poëte royaliste.

Il y a bien peu de chose dans l'acte de drame que nous venons d'analyser, n'est-ce pas? Eh bien, il y a moins encore dans l'acte de tragédie qui va passer sous nos yeux.

La mise en scène de Mély-Janin est assez invraisemblable. Eh bien, celle de Casimir Delavigne est plus invraisemblable encore.

D'abord, le paysage est le même.

Voici l'indication :

Une campagne; au fond, le château de Plessis-les-Tours; sur le côté, quelques cabanes éparses. IL FAIT NUIT.

Vous comprenez que, si je souligne les trois derniers mots, ce n'est pas sans intention.

Au lever du rideau, Tristan, qui fait patrouille, arrête et force à rentrer chez lui un pauvre paysan nommé Richard, qui allait chercher à Saint-Martin des Bois les secours de la religion pour un mourant.

La scène n'a d'autre importance que de montrer de quelle façon se fait la police de Louis XI, aux abords du château de Plessis-les-Tours.

Le paysan rentre dans sa cabane; Tristan rentre dans la forteresse, et laisse la place à Comines, qui arrive, tenant un rouleau de parchemin, et qui s'assied au pied d'un chêne.

Il fait toujours nuit.

Devinez pourquoi Comines vient là, dans cet endroit où la police est si durement faite, qu'on ne laisse pas les paysans sortir pour aller chercher le viatique aux mourants, et où l'on peut être vu par toutes les meurtrières du château?

Comines vient pour lire ses *Mémoires*, traitant de l'histoire de Louis XI.

— Mais, me direz-vous, il ne peut lire, puisqu'il fait nuit!

— Attendez! le jour va venir.

— Mais, si le jour vient, Comines sera vu.

— Il se cachera derrière un arbre.

— Peut-être serait-il beaucoup plus simple, à cette heure-là surtout, c'est-à-dire à quatre heures du matin qu'il relût ses *Mémoires* chez lui, dans son cabinet, avec sa plume et son encre sous la main, s'il a quelque chose à y ajouter; avec son canif et son grattoir, s'il a quelque chose à en enlever.

— Oui, certainement, ce serait beaucoup plus simple;

mais, que voulez-vous! l'auteur a besoin que Comines fasse cette besogne-là au grand air : il faut bien que ce pauvre Comines veuille ce que veut l'auteur!

Comines sait bien lui-même qu'il serait mieux ailleurs, et ce n'est pas de sa propre volonté qu'il est venu là. Il ne se dissimule pas le danger qu'il court, si on le voyait travailler à une pareille œuvre, et si son manuscrit tombait sous les yeux du roi.

Écoutez-le plutôt :

Mémoires de Comine ! Ah! si les mains du roi
Déroulaient cet écrit, qui doit vivre après moi,
Où chacun de ses jours, recueillis par l'histoire,
Laisse un tribut durable et de honte et de gloire,
Tremblant on le verrait, par le titre arrêté,
Pâlir devant son règne à ses yeux présenté!

Et je vous demande ce qu'il adviendrait de l'historien qui aurait fait pâlir Louis XI!

Mais, sans doute, Comines, qui connaît le révolté de la guerre du Bien public, le geôlier du cardinal La Balue, et surtout le meurtrier de Nemours, — puisqu'il compte marier sa fille au fils de la victime; — sans doute, Comines, qui, entraîné par je ne sais quelle préoccupation, est venu lire ses *Mémoires* dans un endroit si dangereux, — sans doute, Comines va-t-il veiller d'un œil, tandis qu'il lira ses *Mémoires* de l'autre.

Point!

Jugez-en plutôt par cette indication scénique :

Le médecin Coitier passe au fond du théâtre, regarde Comines, et entre dans la cabane de Richard.

Ainsi, de même que Louis XI n'a pas vu Isabelle,

lui qui avait intérêt à la voir, voici Comines, si intéressé à ne pas être vu, qui est vu et qui ne voit pas.

Vous me direz qu'une pareille distraction ne saurait être longue, de la part d'un homme tel que Comines.

Seconde erreur !

Au lieu de sortir de sa distraction ; *il reste absorbé dans sa lecture.*

Il en résulte ceci : que Coitier sort de la cabane du paysan, et dit :

Rentrez, prenez courage !
Des fleurs que je prescris composez son breuvage ;
Par vos mains exprimés, leurs sucs adoucissants
Rafraîchiront sa plaie, et calmeront ses sens.

Notez bien que ces vers se disent au fond du théâtre, que Comines est entre le public et celui qui les dit, et que Comines — chose entraordinaire ! — ne les entend pas, tandis que le public, qui est à une distance double, triple, quadruple du médecin, les entend parfaitement.

N'importe ! *sans apercevoir Coitier*, notre historien continue :

Effrayé du portrait, je le vois en silence
Chercher un châtiment pour tant de ressemblance !

Il me semble que, sachant si bien ce à quoi il s'expose, ce serait le moment ou jamais pour Comines de regarder autour de lui. — Il n'y pas de danger !

Comines fait comme les enfants qu'on envoie se coucher avant leur mère, et qui ont si grand'peur dans leur lit, qu'ils ferment les yeux pour ne rien voir.

Seulement, il y a cette différence, que, pour les enfants,

le danger est imaginaire, tandis que pour Comines, il est réel ; que les enfants sont des enfants, et que Comines est un homme, un historien, un courtisan, un ministre.

Aussi, je comprends parfaitement la terreur des enfants ; mais je ne comprends pas l'imprudence de Comines. C'est si vrai, que Coitier le voit, s'avance jusqu'à lui, et lui frappe sur l'épaule, sans que Comines ait vu ni entendu Coitier.

COITIER, frappant sur l'épaule de Comines.
Ah ! seigneur d'Argenton, salut !

COMINES, tressaillant.
Qui m'a parlé ?
Vous !... Pardon, je rêvais...

Vous pouvez même dire que vous dormiez, mon cher Comines, et que vous avez le sommeil dur et surtout imprudent.

Maintenant, pourquoi, à son tour, Coitier a-t-il tiré Comines de sa rêverie ? pourquoi flâne-t-il hors de Plessis-les-Tours, tandis que le roi l'attend impatiemment ? Comines lui en fait l'observation, car ce pauvre Comines, qui a si peu de souci de son salut, à lui, a souci du salut des autres, ce qui devrait bien plus être l'affaire de Coitier, qui est médecin, que son affaire, à lui, qui est ministre.

COMINES.
Mais, vous, maître Coitier, dont les doctes secrets
Ont des maux de ce roi ralenti les progrès,
Cette heure, à son lever, chaque jour vous rappelle :
Qui peut d'un tel devoir détourner votre zèle ?

Coitier pourrait bien répondre à Comines : « Et vous ?... » car il est plus étonnant de voir, à quatre heures du matin, un historien sous un chêne qu'un médecin sur la grande route. Mais il préfère répondre :

Le roi ! toujours le roi ! Qu'il attende !...

Vous me direz que c'est pour exposer le caractère du personnage; que Coitier n'aime pas le roi, qu'il soigne, et que, ce matin-là, particulièrement, il lui en veut d'un crime qu'il a failli commettre la veille. Il serait plus logique que Coitier en voulût à Louis XI pour les crimes qu'il a commis que pour ceux qu'il a failli commettre, d'autant plus que, quant aux premiers, il n'aurait que l'embarras du choix.

Au reste, voici le crime :

COITIER.
Hier, sur ces remparts,
Un pâtre que je quitte attira ses regards ;
Des archers du Plessis l'adresse meurtrière
Faillit, en se jouant, lui ravir la lumière !

Ce qui veut dire que, la veille, le pauvre diable à qui Coitier vient d'ordonner *un breuvage dont les sucs adoucissants rafraîchiront sa plaie,* a reçu un vireton d'arbalète, soit au bras, soit à la cuisse, l'endroit n'y fait rien. Mais comment un breuvage peut-il rafraîchir une plaie, à moins que le topique ne soit si efficace, qu'il puisse à la fois être administré en boisson, et appliqué en cataplasme ?

Maintenant, revenons à notre demande de tout à l'heure. Pourquoi, au lieu d'aller soigner le roi, qui s'impatiente, Coitier a-t-il tiré Comines de sa rêverie ?

Parbleu ! la bonne question ! pour faire l'exposition de la tragédie.

Or, voici ce qu'on apprend dans cette exposition :

c'est que Comines, qui, de compte à demi avec Coitier, a sauvé Nemours, prend des deux mains tout ce que lui donne Louis XI, pour rendre tout cela, un jour, à son gendre futur.

De son côté, Coitier se plaint amèrement de la vie que mène le médecin d'un roi, et, cela, dans de tels termes, que, si le roi l'entendait, il changerait certainement de docteur.

L'entretien est interrompu par Marie, fille de Comines, qui arrive à pied, toute seule, à quatre heures et demie du matin ! — devinez d'où ?

De chercher saint François de Paule.

Où a-t-elle été le chercher? L'histoire ne le dit pas, non plus que l'endroit où a couché Marie; c'est cependant une demande qu'il serait assez naturel qu'un père adressât à sa fille.

Mais Marie raconte de si belles choses du saint, à qui il ne manque plus qu'une chose pour être saint, c'est d'être canonisé, que Comines ne songe qu'à l'écouter.

MARIE.

Le saint n'empruntait pas sa douce majesté
Au sceptre pastoral dont la magnificence
Des princes du conclave atteste la puissance :
Pauvre, et, pour crosse d'or, un rameau dans les mains ;
Pour robe, un lin grossier, traînant sur les chemins
C'est lui, plus humble encor qu'au fond de sa retraite !

COITIER.

Et que disait tout bas cet humble anachorète,
En voyant la litière où le faste des cours
Prodiguait sa mollesse au vieux prélat de Tours,
Et ce cheval de prix dont l'amble doux et sage
Pour monseigneur de Vienne abrégeait le voyage ?

MARIE.
Tous les deux, descendus, marchaient à ses côtés.

Attention ! car je vais vous faire une question à laquelle je vous défie de répondre.

Tous les deux, descendus, marchaient à ses côtés !

Qu'est-ce qui marchait aux côtés de l'humble anachorète?

Était-ce la litière? était-ce le vieux prélat? était-ce monseigneur de Vienne? était-ce le cheval ? Si nous prenons le sens absolu donné par la construction de la phrase, c'étaient, non pas le prélat de Tours et monseigneur de Vienne qui étaient descendus, l'un de sa litière, l'autre de son cheval, mais le cheval et la litière, au contraire, qui étaient descendus, l'un du vieux prélat de Tours, l'autre de monseigneur de Vienne.

La difficulté de comprendre cette énigme fait, sans doute, que Coitier se décide à retourner près du roi, et laisse Marie seule avec son père.

Alors, Marie aprend à celui-ci une seconde nouvelle, bien autrement intéressante que la première : le comte de Rethel est arrivé.

MARIE.
Berthe, dont je le tiens, l'a su du damoisel.
Qui portait la bannière où, vassal de la France,
Sous la fleur de nos rois, le lion d'or s'élance.

Ce qui veut dire, si je ne m'abuse, que le comte de Rethel s'arme de gueules ou d'azur au lion d'or, avec une fleur de lis au chef.

Une chose surtout rend Marie joyeuse : c'est que le comte de Rethel va lui donner des nouvelles de Nemours, qu'il a laissé à Nancy.

En effet, Nemours, dont le père a été exécuté, ne saurait rentrer en France sans s'exposer au dernier supplice.

En ce moment, on entend des chants : c'est le cortége de saint François de Paule qui s'annonce.

Entendez-vous ces chants, dans la forêt voisine ?

dit Marie.

Le cortége s'avance et descend la colline.

Sans doute, en sa qualité d'historien, Comines va être curieux de voir un homme aussi extraordinaire que l'est saint François de Paule.

Vous vous trompez.

« Rentrons ! » dit sèchement Comines ; et sa fille et lui sortent de scène juste au moment où la tête du cortége paraît.

Mais pourquoi diable sortent-ils de scène? Il n'y a pas de raison ?

Si fait, il y en a une.

Parmi les gens du cortége se trouve Nemours, — car le prétendu comte de Rethel n'est autre que Nemours, — et ni Comines ni Marie ne doivent savoir qu'il se trouve là.

Que vient faire Nemours, sous ce nom du comte de Rethel?

Il vient assassiner le roi ; mais, avant de risquer le

coup, il désire recevoir l'absolution de saint François de Paule.

Or, nous savons, maintenant, d'où vient le saint; nous l'avons appris dans l'intervalle ; il vient de Frondi, c'est-à-dire de cinq ou six cents lieues. Eh bien, croiriez-vous que, pendant le cours de cette longue route, au revers de laquelle Nemours pouvait l'attendre, celui-ci n'a pas trouvé un endroit plus commode, pour lui demander l'absolution du crime qu'il veut commettre, que le seuil du château de l'homme qu'il compte assassiner?

Nous pouvons donc résumer ainsi les seules invraisemblances du premier acte :

Comines est dehors à quatre heures du matin : première invraisemblance.

Il vient, avant qu'il fasse jour, lire ses *Mémoires* à vingt pas du château de Plessis-les-Tours : deuxième sième invraisemblance.

Il ne regarde pas autour de lui en les lisant : troisième invraisemblance.

Coitier, pour causer avec lui de choses que tous les deux savent parfaitement, envoie promener le roi, qui l'attend : quatrième invraisemblance.

Marie arrive toute seule, à quatre heures du matin : cinquième invraisemblance.

Son père ne lui demande pas où elle a couché : sixième invraisemblance.

Nemours, après avoir attendu quinze ans, rentre en France déguisé, pour venger la mort de son père en assassinant un roi qui se meurt, et qui, en effet, sera mort le lendemain : huitième invraisemblance.

Enfin, il veut recevoir l'absolution de saint François de Paule, et, au lieu de se confesser dans une chambre, dans une église, dans un confessionnal, ce qui est la chose la plus facile, il vient se confesser à la porte du château : neuvième invraisemblance, qui, à elle seule, vaut les huit autres!

Irai-je plus loin, et passerai-je du première acte au deuxième? Ma foi, non; c'est un trop méchant métier que je fais. Arrêtons-nous là.

Je crois, d'ailleurs, avoir suffisamment prouvé que, lorsque le public murmurait, sifflait presque, sifflait même tout à fait, le jour de la première représentation, il n'avait pas tort, et que, lorsqu'il ne vint pas voir *Louis XI* pendant les huit ou dix premières représentations, il avait raison.

Mais est-ce vrai que le public n'y venait point?

Quant à cela, voici les recettes des quatre premières :

Première représentation.	. . . .	4,061 fr.
Deuxième —	. . . .	1,408
Troisième —	. . . .	1,785
Quatrième —	. . . .	1,872

Enfin, comment cette chute pendant les quatre premières représentations, et comment ce grand succès à la vingtième, à la trentième, à la quarantième?

Je vais vous raconter la chose.

M. Jouslin de la Salle était gérant depuis six mois, à peu près.

Depuis son entrée à la gérance, pas une pièce n'avait réussi.

Il lui fallait absolument un succès.

Quand il vit qu'à la quatrième représentation, *Louis XI* faisait dix-huit cents francs de recette, il ordonna de dire aux rares personnes qui venaient pour louer des loges que toute la salle était louée jusqu'à la dixième représentation.

Le bruit de cette impossibilité d'avoir des loges se répandit dans Paris.

Tout le monde voulut en avoir.

Tout le monde en eut.

Ce fut bien fait!

Maintenant, qu'un autre que moi se donne la peine d'exécuter, à l'endroit des quatre derniers actes, le travail auquel je viens de me livrer à l'endroit du premier, et l'on verra que, malgré la prédilection de Ligier pour ce drame, il est un des plus médiocres de Casimir Delavigne.

DE LA
CRITIQUE LITTÉRAIRE

La critique a généralement cru que notre drame de *Kean* était dirigé contre elle. — C'est une erreur, et nous nous empressons de rectifier le fait, non point, Dieu merci! par crainte de la malveillance, mais par religion pour la vérité. Offenseur ou offensé, il nous a toujours paru de meilleur goût d'accepter les armes de nos adversaires que de leur imposer les nôtres, surtout lorsque nous les savons inhabiles à s'en servir. Voilà pourquoi, voulant que la lutte fût loyale, du moment que nous avons jeté le gant à la critique, nous sommes descendu dans le champ clos du journalisme.

Certes, plus fort et plus adroit champion pouvait se présenter au nom de la littérature persécutée, pour combattre le géant du feuilleton; mais nul ne pouvait plus hardiment que nous étendre la main sur l'Évangile, et jurer, comme les anciens chevaliers, que nous étions exempts de tout méfait littéraire. Depuis dix ans que nous avons livré notre vie au grand jour de la publicite, nous avons constamment marché à travers les intrigues et les cabales du théâtre et de la librairie, sans que cependant nos ennemis les plus acharnés puissent dire que nous ayons jamais trempé la plume qui a écrit *Henri III*, *Antony* et *Don Juan de Marana* dans l'encre fielleuse des coteries ; jamais, dans les journaux auxquels nous avons travaillé, nous n'avons employé l'influence acquise à faire dire du bien de nous ou du mal des autres; jamais enfin nous n'avons attaqué, ni sous un vrai ni sous un faux nom, les droits de nos confrères à l'estime ou à l'admiration du public, pour nous substituer en leur lieu et place, et nous faire chef d'une secte ou grand prêtre d'une religion. Au contraire, chaque fois que nous avons combattu, ç'a été pour nos autels et pour nos foyers isolément et comme simple soldat, avec l'espoir sans doute de devenir un jour général.; mais nous nous sommes bien gardé de nous proclamer nous-même général, de peur que de plus braves ou de plus heureux ne nous forçassent à redevenir soldat.

Aussi la lutte que nous engageons est-elle plutôt une réforme qu'une guerre, et, si les moments que doivent choisir les réformateurs sont les temps d'athéisme, de mauvaise foi et de corruption, nul temps mieux que le nôtre n'appelle le protestantisme littéraire. Luther ne trouva pas l'église catholique plus libertine, plus corrompue et plus vénale que ne l'est à cette heure la presse française. Exceptez-en quelques vieux Romains prêts à mourir et qui mourront sur leurs chaises curules ; grands et petits journaux font assaut d'impudence ou de bassesse.

Et de cette bassesse nous accusons moins encore les rédacteurs que les administrations; — car une direction tout entière est flétrie par les marchés que passe un seul homme. Le gérant d'un journal reçoit, avec sa subvention trimestrielle, le tracé du chemin littéraire ou politique qu'il doit suivre. Il faut, dès lors, que quiconque se rattache à lui marche dans sa voie. Un pauvre jeune homme, mourant de faim et de probité, vient lui offrir ses services. On lui présente un encrier plein de boue; le malheureux n'a pas la force de s'étrangler comme Gilbert, ou de s'empoisonner comme Chatterton : il y trempe sa plume, et le voilà le féal et le serf des sept ministères et des trois théâtres subventionnés de Paris. Passons de la honte à l'envie.

La folie la plus fiévreuse et la plus épidémique de la jeunesse est celle de la littérature. Il n'y a pas d'écolier qui n'ait commencé sa tragédie romaine en seconde et qui ne l'ait achevée en rhétorique. Sorti du collège, et destiné à suivre la carrière de la médecine, du droit ou du commerce, ses rêves de classe le poursuivent dans les études de sa nouvelle profession. La vie dans laquelle il marche est pleine de lenteurs et de dégoûts ; celle à laquelle il aspire retentit d'applaudissements, resplendit d'honneurs et rayonne de gloire. Le moyen d'y tenir? — Il se sent appelé, il est sûr d'être élu. Ce n'est plus à la science de Dupuytren, à l'éloquence de Berryer, à la probité de Laffitte qu'il aspire; c'est à se créer un monde comme l'a fait Shakspeare, un théâtre comme l'a fait Corneille, une littérature comme l'a fait Gœthe. Au milieu de ces espérances, l'œuvre dorée s'achève; tout incorrecte encore, on la lit à sa maîtresse, qui pleure; à ses amis, qui l'applaudissent, on la copie, on la corrige, et on la porte, confiant et joyeux, à un directeur qui la refuse [1].

Oh! le premier moment est terrible : il amène une réaction salutaire; bienheureux ceux qui ont le courage de s'abandonner à elle et de reprendre le cours des études qu'ils avaient dédaignées; mais ceux-là, c'est le plus petit nombre. On a été injustement refusé. Ce n'est pas étonnant, Scribe a le monopole du Gymnase, Casimir Delavigne du Théâtre-Français, Victor-Hugo de la Porte-Saint-Martin. Mais on lassera la patience du directeur. On a du courage, de la conviction; que faut-il, d'ailleurs, pour faire une pièce de théâtre? La science des temps passés, l'investigation des temps présents, la connaissance du monde, l'étude des passions, l'instinct du cœur, et, pour mettre en œuvre ces différentes qualités, le talent, le génie! — Le talent, on l'a! — le génie... Une seconde épreuve succède à la première et ne réussit pas davantage; on renonce alors à lasser la patience du directeur, et l'on songe aux moyens de forcer la porte du théâtre; le journalisme est le bélier avec lequel on frappe; on passe, comme Richelieu, par un pan de muraille démoli; on arrive sur la scène, et... l'on tombe.

Pendant ce temps, on a négligé ses cours, interrompu son stage, perdu sa place. D'ailleurs, reprendre ses anciennes études, ce serait rendre trop fiers ceux qui vous

---

[1] J'ai entre les mains des manuscrits *inédits* de nos plus fameux critiques, lesquels m'ont été livrés par les directeurs, après refus de les jouer.

avaient donné le conseil de ne pas les quitter. Et puis que voulait-on être ? homme de lettres ? On l'est ! seulement, au lieu de littérature productive, on fait de la littérature négative : voilà tout. Qu'importe ! c'est toujours de la littérature. On ne peut pas créer ; eh bien, on critiquera la création. Pardieu ! c'est chose facile : que fait Scribe ? de la littérature marchande ; — Casimir Delavigne ? de la littérature commune ; — Victor-Hugo ? c'est différent ; il ne parle pas même français, lui ; c'est chose dite, chose convenue. — Cette résolution une fois prise, on enregistre les chutes, on oublie les succès, et, comme les mouches des cadavres, on ne s'abat plus que là où il y a corruption. C'est qu'il est dans le cœur de l'homme de ne pas rendre bonne et loyale justice aux choses qu'il ne peut pas atteindre. Dieu n'a fait pour nous qu'un drame, le monde, et il y a trois mille ans que nous le sifflons.

Passons de l'envie à la misère.

Un homme de lettres sans libraire, un médecin sans clientèle, un avocat sans cause, se rencontrent, se proposent de manger ensemble leur dernier écu, entrent dans un restaurant, et, vers la fin du dîner, se disent : « Nous avons de l'esprit, de l'adresse, de l'impudence, pourquoi ne ferions-nous pas un journal ? que nous faut-il ? Un marchand de papier, un imprimeur, un gérant responsable. Tout cela se prend à crédit, et se paye sur les premières rentrées. »

Huit jours après, un journal paraît ; il s'appelle *le Renard*, *le Fouet* ou *la Potence*, peu importe. Il s'attaque à tout ce qui est grand, noble et riche. Ce ne sont plus des masques imitant votre ressemblance, c'est votre figure qu'ils salissent ; ce n'est plus une simple initiale, c'est votre nom tout entier qu'ils souillent ; ce n'est plus votre talent qu'ils critiquent, c'est votre vie privée qu'ils calomnient ; libre à vous de choisir entre votre canne ou votre bourse : en général, ces sortes de gens se bâtonnent ou s'achètent. Mais vous êtes homme de goût et vous ne voulez faire ni l'un ni l'autre. Vous envoyez vos témoins demander raison. Votre adversaire se présente : c'est un prévôt chassé des salles d'armes de Grisier, de Lozès ou de Bertrand, c'est quelque garçon de tir renvoyé par Gosset, Lepage ou Pyrmet. N'importe, vous vous êtes avancé, vous ne reculerez pas. Vous allez sur le terrain ; vous élevez, pendant cinq minutes, un misérable à la hauteur d'un honnête homme, et vous recevez un coup d'épée à travers la poitrine, ou une balle de pistolet dans la tête. Dès lors, le journal est lancé ; votre mort le fait vivre : le sang efface la boue.

Nous renvoyons ceux qui trouveront le tableau chargé aux archives du journalisme. Qu'ils cherchent, et ils trouveront.

Eh bien, ce sont toutes ces choses honteuses, qui eussent effrayé un autre, qui nous ont déterminé, nous, à descendre dans cet hôpital de pestiférés, certain, comme Desgenettes, de nous inoculer le virus sans gagner la maladie. Notre vie passée a prouvé que nous méprisions trop toute conscience vendue pour jamais vendre la nôtre ; nous avons suffisamment produit pour n'être point envieux de ce que produisent les autres, et notre plume nous rapporte assez pour que nous conservions notre sainte indépendance. Notre jugement sera donc soumis à l'erreur, comme tout jugement humain ; mais nous engageons notre parole qu'il sera toujours loyal et consciencieux. Et, à notre avis, ce n'est point encore assez.

Qu'on jette les yeux sur l'Europe : l'Angleterre est veuve de Byron et de Walter Scott ; l'Allemagne, de Gœthe et de Schiller ; l'Italie, de Maffei et d'Alfiéri ; la France seule est riche à cette heure des génies ou des talents qui manquent aux autres peuples : mère aux riches mamelles et aux fécondes entrailles, ses trois générations politiques ne sont point interrompues : — ses vieillards se nomment Chateaubriand, Ballanche et Nodier ; — ses hommes faits, Lamartine, Casimir Delavigne et Scribe ; — ses enfants, Victor Hugo, Alfred de Vigny, Sainte-Beuve !... Toute la littérature, épanchée sur l'Europe à cette heure, coule de nos lacs, de nos fleuves et de nos torrents ; parcourez-la, et, si vous avez soif de poésie, partout vous pouvez vous désaltérer à des ruisseaux dont la source est en France.

Eh bien, lorsque nous parlerons de ces hommes qui sont à la tête de la France, — qui est la capitale de l'Europe, — ce ne sera point assez de la *loyauté* et de la *conscience ;* nous y ajouterons le *respect*.

Quant aux autres, ils trouveront toujours chez nous une impartialité digne, sérieuse et polie, et le seul droit que nous réclamons, lorsque nous nous trouverons en face d'une œuvre que nous croirons sans valeur, est celui de garder le silence.

LES

AUTEURS DRAMATIQUES

AU CONSEIL D'ÉTAT

―――

Un jour du mois de septembre 1849, — ⁻c'était, je crois dans la seconde quinzaine, — je reçus une lettre qui me priait de me rendre le lendemain à une séance du conseil d'État.

Mon étonnement fut grand ; je n'ai jamais ni donné ni demandé un conseil.

Quel conseil pouvait donc avoir à me donner ou à me demander le conseil d'État.

Je me rendis à l'invitation un peu tard, selon mon habitude; aussi la séance était-elle déjà ouverte.

M. Vivien présidait, et MM. les conseillers Béhic et Charton siégeaient à ses côtés.

MM. Bayard, Mélesville, Victor Hugo, Eugène Scribe et Émile Souvestre avaient été convoqués comme moi, et, arrivés avant moi, étaient en séance.

Il s'agissait de débattre, devant la commission formée

pour préparer la loi sur les théâtres, la question de la censure dramatique et de la liberté théâtrale.

Mélesville parlait sur la question de la liberté industrielle des théâtres. Cette question m'intéressait d'autant plus que c'était la première fois qu'une commission quelconque me fît l'honneur de me convoquer à une pareille délibération.

Mélesville racontait, avec cette parole claire et facile qui, en écartant ses lèvres, fait voir à la fois et son bienveillant sourire et ses belles dents, Mélesville racontait, dis-je, que, l'année précédente, il avait fait partie d'une commission formée par M. Ledru-Rollin dans le but d'examiner la question théâtrale sous le triple aspect de la liberté industrielle, de la censure et des cautionnements.

La commission s'était prononcée pour la liberté industrielle.

Mélesville avouait qu'il ne s'était point, en cette circonstance, réuni à la majorité, et qu'il était, lui, partisan, non d'une liberté illimitée, mais d'une concurrence limitée.

Tout cela fut dit, je le répète, avec cette gracieuse urbanité de paroles qui est le caractère particulier de la conversation de Mélesville.

Puis vint le tour de Bayard.

Vice-président de la société des auteurs dramatiques, il déclara, au nom de cette société, qu'elle demandait la liberté théâtrale la plus absolue.

Quant à lui personnellement ainsi que Mélesville, il demandait un moyen terme qui donnât plus d'activité aux théâtres existants : — par exemple, l'Odéon vigoureusement soutenu, pour éperonner le Théâtre-Français, et un troisième théâtre lyrique, pour fouetter l'Opéra-Comique et le grand Opéra.

Il était comme ces pisciculteurs qui mettent un certain nombre de perches et de brochets dans leur étangs afin d'empêcher, en leur donnant la chasse, les carpes de devenir trop grasses.

La discussion se prolongea pendant quelque temps sur la même matière entre MM. les conseillers Béhic et Charton, et MM. Mélesville et Bayard, — MM. les conseillers prétendant qu'il y avait déjà trop de théâtres, MM. les auteurs affirmant qu'un troisième théâtre lyrique était nécessaire.

Puis ce fut le tour de Scribe de parler.

M. SCRIBE. — La liberté des théâtres serait la ruine de l'art, du goût, de l'industrie et des *mœurs!* Avec elle, il ne s'élèvera pas de bons théâtres; il s'en élèvera imdiatement beaucoup de mauvais. La raison en est bien simple : les bons théâtres font peu d'argent; les mauvais, beaucoup. Je ne chercherai pas comment on peut restreindre la liberté des entreprises théâtrales. Mon système est franc : je n'admets pas cette liberté. Si l'absolutisme peut être permis quelque part, c'est assurément en fait de théâtre. Je voudrais que l'on fît ce que firent autrefois les décrets impériaux, qu'on limitât d'une manière précise et assez étroite le nombre des théâtres de la capitale. Je dis assez étroite; je ne voudrais pas, cependant, que l'on adoptât le nombre fixé en 1807. La population a augmenté depuis cette époque : il faut tenir compte de cette augmentation; je prendrais, par exemple, le nombre seize ; sur ces seize théâtres conservés, tant seraient consacrés aux chefs-d'œuvre anciens, tant au genre lyrique, tant à la comédie et à la tragédie moderne, etc., etc. Par ce système, on arriverait à augmenter le nombre des grands théâtres, des théâtres utiles, et, en même temps, à les rendre prospères par la diminution des scènes secondaires qui leur font concurrence. Les grands théâtres, devenant plus riches, pourraient se passer des subventions que leur paye le gouvernement. On ferait ainsi de l'économie et de la morale, en supprimant les théâtres inutiles ou *dangereux* : par exemple, les théâtres d'enfants, enseignement mutuel de *mauvaise littérature* et de *mauvaises mœurs*.

Le privilége, dans ce système franc et sévère, est légitime, *puisqu'il n'est institué qu'en faveur des ouvrages qui peuvent faire honneur à l'art, et être utiles à la morale publique.*

M. ALEXANDRE DUMAS. — Je suis fâché de n'être d'accord, avec mon confrère Scribe, sur aucune des propositions qu'il vient d'émettre, relativement aux théâtres et aux priviléges.

Les théâtres d'enfants, a-t-il dit, sont immoraux, c'est vrai; mais on peut les soumettre à une police rigoureuse : ils ne le seront plus. Ne les détruisez pas, c'est une pépinière précieuse de comédiens.

M. SCRIBE. — Et le Conservatoire?

M. ALEXANDRE DUMAS. — Le Conservatoire fait des comédiens impossibles. Qu'on me donne n'importe qui, — un garde municipal licencié en février, un boutiquier retiré, — j'en ferai un acteur; mais je n'en ai jamais pu former un seul avec les élèves du Conservatoire. Ils sont à jamais gâtés par la routine et la médiocrité de l'école; ils n'ont point étudié la nature, ils se sont toujours bornés à copier plus ou moins mal leur maître. Au contraire, dès qu'un enfant est sur le théâtre, ce qu'il peut y avoir en lui de talent se développe naturellement. C'est ainsi que se sont formés presque tous nos grands comédiens modernes.

Quant à la liberté des théâtres, à mon avis, plus vous la laisserez entière, plus vous aurez de bons théâtres, — et, par *bons théâtres*, j'entends, moi, ceux qui attirent le plus de monde, ceux qui font vivre le plus de familles.

Je ne conçois point les priviléges : dès qu'il y a privilége, il y a abus! Un privilége me donne un droit que n'a pas mon voisin, et me pousse à faire ce que je ne ferais pas si l'égalité existait pour tous. Un privilége fait trouver de l'argent pour une entreprise ruineuse, et mène à la banqueroute. Le jour où il n'y aura plus de priviléges, vous aurez trente théâtres dans Paris; mais, un an après, il en restera tout au plus dix ou douze, et tous seront en état de se suffire. Telle personne qui, les priviléges abolis, ne bâtirait jamais un théâtre nouveau, avec un privilége en bâtira un immédiatement. On a donc bien tort de s'effrayer du régime de la liberté.

M. SCRIBE. — Mon confrère, avec la liberté illimitée, nous promet, d'ici à deux ans, une vingtaine de banqueroutes au bout desquelles il restera dix ou douze théâtres; je demande qu'on établisse tout de suite les dix ou douze théâtres, avant d'avoir laissé se consommer la ruine d'un millier de familles.

Où serait le mal, lorsque tant de petits théâtres *immoraux* disparaîtraient, et que, pour compenser leur disparition, il y aurait trois théâtres français et quatre théâtres lyriques ?

Imposez des conditions au privilége, et vous verrez que vous aurez les avantages de la liberté sans en avoir les inconvénients. On a expérimenté tous les abus du régime du privilége, on peut donc y porter remède. La liberté illimitée, vous ne la connaissez pas, — ou, du moins, vous ne la connaissez pas suffisamment : c'est un abîme.

Je ne saurais admettre cette opinion de M. Dumas, que, d'une manière absolue, les meilleurs théâtres sont ceux qui gagnent le plus d'argent, et qui font vivre le plus de monde ; je dirai, au contraire, que ces théâtres-là sont souvent les mauvais. On ne gagne pas beaucoup d'argent avec les pièces vraiment littéraires ; on réussit souvent mieux à en gagner avec des excentricités, des attaques contre la morale et le gouvernement. Avec la liberté, l'industrialisme conduira de plus en plus loin dans cette voie déplorable.

M. ALEXANDRE DUMAS. — Les attaques contre le gouvernement, on les réprimera par les lois. M. Scribe exagère, d'ailleurs, quand il dit que ces attaques sont les meilleurs moyens de succès pour un théâtre : le public, la plupart du temps, fait prompte justice des attaques contre la morale ; les attaques contre le gouvernement ne l'entraînent qu'un instant, — quand elles l'entraînent.

M. Scribe fait trop bon marché des petits théâtres ; l'immoralité ne leur est pas inhérente, et l'art ne leur est pas toujours étranger : il y a de l'art jusque dans les pantomimes et dans la danse. Ces théâtres, d'ailleurs, font vivre bien des artistes, bien des familles !

M. le président prie M. Souvestre d'exposer son opinion.

M. ÉMILE SOUVESTRE. — Je suis désolé de ne pouvoir adopter complétement aucune des opinions qu'ont émises jusqu'ici mes confrères.

Je ne crois point, comme M. Alexandre Dumas, que l'art et l'industrie théâtrale soient toujours mêlés, et que, là où réussit l'industrie, l'art prospère toujours. Je ne crois pas, comme M. Scribe, qu'il faille mépriser complétement et abandonner l'intérêt de l'industrie là où il n'y a pas d'intérêt d'art.

Un privilége n'a pas de raison d'exister lorsqu'il ne procure pas, soit un profit au gouvernement, soit un bénéfice moral ou intellectuel à la nation. Or, c'est le cas de la plupart des priviléges de théâtre actuellement concédés. Est-ce un monopole qui fasse gagner de l'argent au gouvernement? Non. Ce monopole sert-il à l'avancement moral ou intellectuel? La plupart des théâtres agissent en sens contraire de ce progrès. Je voudrais qu'on fît une distinction entre les théâtres qui sont utiles à la conservation et à l'avancement de l'art, à l'instruction, à la moralisation du peuple, et ceux qui ne sont purement qu'une exploitation industrielle. Ceux-ci, comme toutes les exploitations industrielles, devraient être abandonnés au régime de la liberté, de la libre concurrence. Ceux de la première catégorie seraient, au contraire, dotés, soutenus par le gouvernement; c'est son devoir d'être leur tuteur.

Maintenir le privilége pour les théâtres purement industriels, c'est maintenir une cause de ruine : le privilége est un hameçon avec lequel on attire des écus pour les faire perdre ; il n'est point une valeur réelle, il n'en est que le fantôme. A cause de l'espèce de fascination qu'il exerce, il fait fonder des théâtres là où ils ne peuvent réussir ; il accumule toutes les charges des exploitations successives, et entretient ainsi une ruine permanente. Ces charges ne seraient point transmises dans une entreprise ordinaire. Si un homme a fait de mauvaises affaires dans une filature, celui qui la lui achète prend l'établissement pour ce qu'il vaut, et ne s'engage pas à payer les dettes de son prédécesseur.

Je crois donc que la loi doit absolument reconnaître le principe de la libre concurrence des théâtres purement industriels. Est-ce à dire pour cela qu'on doive leur donner une liberté sans condition ? Je ne le crois point, et je serais des premiers à demander qu'on fixât certaines conditions de police et de capital.

J'arrive aux théâtres qu'on peut regarder comme des écoles, des musées, et qui seraient privilégiés en ce sens qu'ils seraient subventionnés par l'État. Quels seraient ces théâtres ? Ici, la difficulté est sérieuse ; cependant, je l'aborde.

Il y a un théâtre qui, incontestablement, a droit d'être rangé dans cette catégorie : c'est celui qui est représenté actuellement par le Théâtre-Français. Ce théâtre serait chargé de conserver les chefs-d'œuvre littéraires du passé. Maintenant, à côté de ce théâtre stationnaire, il faut un théâtre qui marche, qui innove : ce sera le Second-Théâtre-Français ; il faudra le créer dans des conditions sérieuses de rivalité; on devra conserver, pour le genre lyrique, les deux théâtres qui existent maintenant, l'Opéra et l'Opéra-Comique. Mais ils ne suffisent pas; on le disait tout à l'heure à la commission. Le gouvernement crée, chaque année, des compositeurs auxquels il ne donne ni ne laisse les moyens de faire jouer leurs œuvres. Il faut un troisième théâtre lyrique. Ce ne doit pas être simplement une doublure des deux autres. Il y a une chose qui me paraît trop oubliée dans toute cette question, c'est le peuple. Vous subventionnez des théâtres pour l'art pur, et le peuple, dont l'éducation musicale n'est pas suffisante pour qu'il comprenne nos grands opéras, vous l'abandonnez à lui-même, vous ne faites rien pour lui. Je voudrais que le peuple eût son Théâtre-Français et son grand Opéra réunis dans la même salle, c'est-à-dire qu'il eût un théâtre où l'on ne jouerait que les œuvres, soit lyriques, soit purement dramatiques, hors de discussion au point de vue de l'art et de la morale.

Si l'on ne crée pas ce théâtre, — soit sous le régime de la liberté, soit avec le régime du privilége, — on arrivera à une démoralisation successive, à une décadence intellectuelle des masses par le théâtre. En effet, il est bien plus facile d'attirer la foule avec les mauvaises passions qu'avec les bons exemples; de sorte que vous verrez toujours les théâtres dangereux, c'est-à-dire ceux qui ont une direction subversive de l'ordre véritable, l'emporter sur les bons, c'est-à-dire sur les théâtres utiles, sur les théâtres où l'on se respecte, et où l'on respecte l'art. Ce résultat se produira sous le régime du privilége aussi facilement que sous celui de la liberté ; car le gouvernement n'a pas plus d'action sur la direction intellectuelle des théâtres privilégiés qu'il n'en aurait sur celle des théâtres libres. Voyez ce qui se passe au Vaudeville. Une administration gratifiée d'un privilége de la République attaque impunément la République, chaque soir. Vous connaissez, messieurs, ces pièces qu'on a osé décorer du nom d'*aristophanesques*. Comme c'est la première fois qu'on promène sur notre scène les images vivantes des hommes publics, que sur notre scène l'on bafoue grossièrement les plus hautes personnifications du pouvoir national, et les institutions qui régissent la France, le public vient en foule. Est-ce là un moyen honnête de faire prospérer un théâtre ?

Quand Aristophane faisait des comédies, il était le représentant de la liberté de la pensée, et non de l'industrie. Son théâtre, c'était, à Athènes, la liberté de la presse ; ce n'était point une exploitation ; ses attaques acerbes, c'était l'acte d'un citoyen, et non le talent d'un manufacturier. C'est donc en vain que l'on s'abrite derrière un grand nom pour cacher les tristes spéculations du privilége aux abois.

Il y a utilité pour l'honneur de la France à ce que le gouvernement ne laisse point complétement l'art dramatique à l'industrie, et le moyen le plus puissant de l'arracher à son matérialisme, c'est d'apporter un soin tout particulier à l'organisation des théâtres d'art, et principalement des théâtres populaires. Il faudrait surtout composer avec un grand soin les comités chargés de juger les pièces ; jusqu'à présent, ils l'ont été, en général, dans les grands théâtres avec assez de négligence. On a pris d'ordinaire des personnes appartenant à l'administration théâtrale, des académiciens représentant le passé plutôt que le présent, enfin des comédiens. Les académiciens se retirent promptement; le comité se dépeuple ; bientôt il ne reste plus du tribunal primitif que les juges qui n'ont rien de mieux à faire, et ce ne sont pas les meilleurs.

De pareils comités ne conviennent pas au but que doivent atteindre les théâtres subventionnés : il en faut de plus sérieux. Les comités ne seront sérieux qu'autant qu'il y aura une pénalité pour ceux de leurs membres qui manqueraient aux séances. Je voudrais que leurs membres fussent non-seulement des administrateurs de théâtre, des auteurs, des comédiens, mais aussi des artistes, des gens du monde. Des sensations de ce public varié, quoique restreint, il résulterait un jugement qui serait probablement le précurseur certain du jugement du public véritable. Pour me résumer, voici ce que je souhaiterais :

Liberté de l'industrie théâtrale; création de théâtres d'art, littéraires et lyriques, subventionnés par le gouvernement, et soumis à une constitution nouvelle;

Création d'un théâtre populaire , également subventionné, et destiné à faire cultiver la morale, le patriotisme et l'art parmi les travailleurs.

M. SCRIBE. — J'admets la plupart des idées de M. Souvestre; elles me semblent généreuses et de nature à ce que leur application soit utile pour les populations et pour l'art : j'entends parler surtout de celles qui sont relatives à la constitution des théâtres subventionnés. Je dois ajouter que l'application de ses idées me paraît difficile avec le système de la liberté, très-facile avec le système du privilége.

M. SOUVESTRE. — J'ai dit les motifs qui m'ont fait combattre le système du privilége. Fût-il plus facile d'appliquer à ce système ma proposition sur les théâtres subventionnés, je le repousserais ; mais je ne vois aucune difficulté à concilier ma proposition avec le système de la liberté industrielle. Je veux que le gouvernement décide ce qu'il faut organiser de théâtres subventionnés, mais non ce qu'il faut organiser de théâtres en général ; je ne veux pas qu'il intervienne dans ce qui relève seulement de la spéculation, qu'il impose à l'industrie théâtrale son jugement, qu'il décide qu'il ne peut y avoir que tant de scènes, jouant tels genres, ouvertes dans tels quartiers. Laissez l'intérêt mercantile décider ces questions de spéculation, vous qui gouvernez ; vous n'avez à vous occuper que de deux choses : l'art et le peuple.

Dans l'état actuel, le pouvoir préjuge quels sont les théâtres qui peuvent vivre, et le résultat prouve combien de fois il s'est trompé ; laissez l'expérience porter ce jugement. Avec la liberté, les théâtres qui n'ont pas de raison d'être tomberont ; ceux qui ont une aptitude réelle à vivre resteront seuls debout.

Les Lacédémoniens jetaient dans un gouffre les enfants qui ne leur paraissaient pas viables ; ils risquaient d'y jeter Léonidas. Ne faites pas comme eux ; mais, comme les Athéniens, laissez tout le monde essayer l'existence : le temps décidera qui doit vivre, qui doit mourir.

Cette merveilleuse improvisation parut produire le plus grand effet sur le conseil d'État; par malheur, le résultat prouva que l'émotion avait été aussi passagère que profonde !

C'était au tour d'Hugo de parler. Il se leva.

M. VICTOR HUGO. — Mon opinion sur la matière qui se discute maintenant devant la commission est anciennement connue; je l'ai même en partie publiée. J'y persiste plus que jamais. Le temps où elle prévaudra n'est pas encore venu. Cependant, comme, dans ma conviction profonde, le principe de la liberté doit finir par triompher sur tous les points, j'attache de l'importance à la manière sérieuse dont la commission du conseil d'État étudie les questions qui lui sont soumises; ce travail préparatoire est utile, et je m'y associe volontiers. Je ne laisserai échapper, pour ma part, aucune occasion de semer des germes de liberté. Faisons notre devoir, qui est de semer les idées; le temps fera le sien, qui est de les féconder.

Je commencerai par dire à la commission que, dans la question des théâtres, question très-grande et très-sérieuse, il n'y a que deux intérêts qui me préoccupent; à la vérité, ils embrassent tout : l'un est le progrès de l'art, l'autre est l'amélioration du peuple.

J'ai dans le cœur une certaine indifférence pour les formes politiques, et une inexprimable passion pour la liberté. Je viens de vous le dire, la liberté est mon principe, et, partout où elle m'apparaît, je plaide ou je lutte pour elle.

Cependant, si, dans la question théâtrale, vous trouvez un moyen qui ne soit pas la liberté, mais qui me donne le progrès de l'art et l'amélioration du peuple, j'irai jusqu'à vous sacrifier le grand principe pour lequel j'ai toujours combattu, je m'inclinerai et je me tairai. Maintenant, pouvez-vous arriver à ces résultats autrement que par la liberté ?

Vous touchez, dans la matière spéciale qui vous occupe, à la grande, à l'éternelle question qui reparaît sans cesse, et sous toutes les formes, dans la vie de l'humanité. Les deux grands principes qui la dominent dans leur lutte perpétuelle, la liberté, l'autorité, sont en présence dans cette question-ci comme dans toutes les autres. Entre ces deux principes, il vous faudra choisir, sauf ensuite à faire d'utiles accommodements entre celui que vous choisirez et celui que vous ne choisirez pas. Il vous faudra choisir ; lequel prendrez-vous ? Examinons.

Dans la question des théâtres, le principe de l'autorité a ceci pour lui et contre lui, qu'il a déjà été expérimenté. Depuis que le théâtre existe en France, le principe d'autorité le possède. Si l'on a constaté ses inconvénients, on a aussi constaté ses avantages, on les connaît. Le principe de liberté n'a pas encore été mis à l'épreuve.

M. LE PRÉSIDENT. — Il a été mis à l'épreuve de 1791 à 1806.

M. VICTOR HUGO. — Il fut proclamé en 1791, mais non réalisé; on était en présence de la guillotine : la liberté germait alors, elle ne régnait pas. Il ne faut point juger des effets de la liberté des théâtres par ce qu'elle a pu produire pendant la première révolution.

Le principe de l'autorité a pu, lui, au contraire, produire tous ses fruits; il a eu sa réalisation la plus complète dans un système où pas un détail n'a été omis.

Dans ce système, aucun spectacle ne pouvait s'ouvrir sans autorisation. On avait été jusqu'à spécifier le nombre de personnages qui pouvaient paraître en scène dans chaque théâtre, jusqu'à interdire aux uns de chanter, aux autres de parler ; jusqu'à régler, en de certains cas, le costume et même le geste ; jusqu'à introduire dans les fantaisies de la scène je ne sais quelle rigueur hiératique.

Le principe de l'autorité, réalisé si complétement, qu'a-t-il produit? On va me parler de Louis XIV et de son grand règne. Louis XIV a porté le principe de l'autorité, sous toutes ses formes, à son plus haut degré de splendeur. Je n'ai à parler ici que du théâtre. Eh bien, le théâtre du XVIIe siècle eût été plus grand sans la pression du principe d'autorité. Ce principe a arrêté l'essor de Corneille, et froissé son robuste génie. Molière s'y est souvent soustrait, parce qu'il vivait dans la familiarité du grand roi, dont il avait les sympathies personnelles. Molière n'a été si favorisé que parce qu'il était valet de chambre tapissier de Louis XIV ; il n'eût point fait sans cela le quart de ses chefs-d'œuvre. Le sourire du maître lui permettait l'audace. Chose bizarre à dire ! c'est sa domesticité qui a fait son indépendance : si Molière n'eût pas été valet, il n'eût pas été libre !

Vous savez qu'un des miracles de l'esprit humain avait été déclaré immoral par les contemporains ; il fallut un ordre formel de Louis XIV pour qu'on jouât *Tartufe*. Voilà ce qu'a fait le principe de l'autorité dans un plus beau siècle. Je passerai sur Louis XV et sur son temps ; c'est une époque de complète dégradation pour l'art dramatique. Je range les tragédies de Voltaire parmi les œuvres les plus informes que l'esprit humain ait jamais produites. Si Voltaire n'était pas, à côté de cela, un des plus beaux génies de l'humanité, s'il n'avait pas produit, entre autres grands résultats, ce résultat admirable de l'adoucissement des mœurs, il serait au niveau de Campistron.

Je ne triomphe donc pas du xviiie siècle ; je le pourrais, mais je m'abstiens. Remarquez seulement que le chef-d'œuvre dramatique qui marque la fin de ce siècle, *le Mariage de Figaro*, est dû à la rupture du principe d'autorité. J'arrive à l'Empire : alors, l'autorité avait été restaurée dans toute sa splendeur; elle avait quelque chose de plus éclatant encore que l'autorité de Louis XIV; il y avait alors un maître qui ne se contentait pas d'être le plus grand capitaine, le plus grand législateur, le plus grand politique, le plus grand prince de son temps, mais qui voulait être le plus grand organisateur de toutes choses. La littérature, l'art, la pensée, ne pouvaient échapper à sa domination, pas plus que tout le reste. Il a eu, et je l'en loue, la volonté d'organiser l'art; pour cela, il n'a rien épargné, il a tout prodigué. De Moscou, il organisait le Théâtre-Français. Dans le moment même où la fortune tournait, et où pouvait voir l'abîme s'ouvrir, il s'occupait de réglementer les soubrettes et les crispins.

Eh bien, malgré tant de soins et tant de volonté, cet homme, qui pouvait gagner la bataille de Marengo et la bataille d'Austerlitz, n'a pu faire faire un chef-d'œuvre. Il aurait donné des millions pour que ce chef-d'œuvre naquît ; il aurait fait prince celui qui en aurait honoré son règne. Un jour, il passait une revue. Il y avait dans les rangs un auteur assez médiocre qui s'appelait Barjaud. Personne ne connaît plus ce nom. On dit à l'empereur : « Sire, M. Barjaud est là. — Monsieur Barjaud, dit-il aussitôt, sortez des rangs ! » Et il lui demanda ce qu'il pouvait faire pour lui.

M. SCRIBE. — M. Barjaud demanda une sous-lieutenance ; ce qui ne prouve pas qu'il eût la vocation des lettres. Il fut tué peu de temps après ; ce qui aurait empêché son talent — s'il avait eu du talent — d'illustrer le règne impérial.

M. VICTOR HUGO. — Vous abondez dans mon sens. D'après ce que l'empereur faisait pour des médiocrités, jugez de ce qu'il eût fait pour des talents ; jugez de ce qu'il eût fait pour des génies ! Une de ses passions eût été de faire naître une grande littérature. Son goût littéraire était supérieur : le *Mémorial de Sainte-Hélène* le prouve. Quand l'empereur prend un livre, il ouvre Corneille. Eh bien, cette littérature qu'il souhaitait si ardemment pour en couronner son règne, lui, ce grand créateur, il n'a pu la créer. Qu'ont produit, dans le domaine de l'art, tant d'efforts, tant de persévérance, tant de magnificence, tant de volonté ? Qu'a produit ce principe de l'autorité, si puissamment appliqué par l'homme qui le faisait en quelque sorte vivant ? Rien !

M. SCRIBE. — Vous oubliez *les Templiers* de M. Raynouard.

M. VICTOR HUGO. — Je ne les oublie pas. Il y a dans cette pièce un beau vers.

Voilà, au point de vue de l'art sous l'Empire, ce que l'autorité a produit, c'est-à-dire rien de grand, rien de beau.

J'en suis venu à me dire, pour ma part, en voyant ces résultats, que l'autorité pourrait bien ne pas être le meilleur moyen de faire fructifier l'art; qu'il fallait peut-être songer à quelque autre chose : nous verrons tout à l'heure à quoi.

Le point de vue de l'art épuisé, passons à l'autre, au point de vue de la moralisation et de l'instruction du peuple. C'est un côté de la question qui me touche infiniment.

Qu'a fait le principe d'autorité à ce point de vue? et que veut-il? — Je me borne toujours au théâtre. — Le principe d'autorité voulait et devait vouloir que le théâtre contribuât, pour sa part, à enseigner au peuple tous les respects, les devoirs moraux, la religion, le principe monarchique qui dominait alors, et dont je suis loin de méconnaître la puissance civilisatrice. Eh bien, je prends le théâtre tel qu'il a été au siècle par excellence de l'autorité, je le prends dans sa personnification française la plus illustre, dans l'homme que tous les siècles et tous les temps nous envierons, dans Molière. J'observe : que vois-je? Je vois le théâtre échapper complétement à la direction que lui donne l'autorité; Molière prêche, d'un bout à l'autre de ses œuvres, la lutte du valet contre le maître, du fils contre le père, de la femme contre le mari, du jeune homme contre le vieillard, de la liberté contre l'autorité.

Nous disons, nous: « Dans *Tartufe*, Molière n'a attaqué que l'hypocrisie. » Tous ses contemporains le comprirent autrement.

Le but de l'autorité était-il atteint? Jugez vous-même. Il était complétement tourné; elle avait été radicaleent impuissante. J'en conclus qu'elle n'a pas en elle la force nécessaire pour donner au peuple, au moins par l'intermédiaire du théâtre, l'enseignement le meilleur selon elle.

Voyez en effet : l'autorité veut que le théâtre enseigne tous les respects; le théâtre enseigne toutes les désobéissances. Sous la pression des idées religeuses, et mêmes dévotes, toute la comédie qui sort de Molière est sceptique; sous la pression des idées monarhiques, toute la tragédie qui sort de Corneille est républicaine. Tous deux, Corneille et Molière, sont déclarés, de leur vivant, immoraux, l'un par l'Académie, l'autre par le parlement.

Et voyez comme le jour se fait, voyez comme la lumière vient! Corneille et Molière, qui ont fait le contraire de ce que voulait leur imposer le principe d'autorité sous la double pression religieuse et monarchique, ont-ils immoraux vraiment? L'Académie dit oui, le parlement dit oui, — la postérité dit non. Ces deux grands poëtes ont été deux grands philosophes; ils n'ont pas produit au théâtre la vulgaire morale de l'autorité, mais la haute morale de l'humanité. C'est cette morale, cette morale supérieure et splendide, qui est faite pour l'avenir, et que la courte vue des contemporains qualifie toujours d'immoralité.

Aucun génie n'échappe à cette loi, aucun sage, aucun juste! L'accusation d'immoralité a successivement atteint et quelquefois martyrisé tous les fondateurs de la sagesse humaine, tous les révélateurs de la sagesse divine. C'est au nom de la morale qu'on a fait boire la ciguë à Socrate, et qu'on a cloué Jésus au gibet...

Maintenant, voulez-vous que je descende de cette région élevée, où je voudrais que les esprits se maintinssent toujours, pour traiter, au point de vue purement industriel, la question que vous étudiez? Ce point de vue est pour moi peu considérable, et je déclare que le nombre des faillites n'est rien pour moi, à côté d'un chef-d'œuvre créé ou d'un progrès intellectuel ou moral du peuple obtenu. Cependant, je ne veux point négliger complétement ce côté de la question, et je demanderai si le principe de l'autorité a été, du moins, bon pour faire prospérer les entreprises dramatiques? Non. Il n'a pas même obtenu ce mince résultat. Je n'en veux pour preuve que les dix-huit années du dernier règne. Pendant ces dix-huit années, l'autorité a tenu dans ses mains les théâtres par le privilége et par la distinction des genres. Quel a été le résultat?

L'empereur avait jugé qu'il y avait beaucoup trop de théâtres dans Paris; qu'il y en avait plus que la population de la ville n'en pouvait porter. Par un acte d'autorité despotique, il supprima une partie de ces théâtres; il émonda en bas, et conserva en haut. Voilà ce que fit un homme de génie. La dernière administration des beaux-arts a retranché en haut, et multiplié en bas. Cela seul suffit pour faire juger qu'au grand esprit du gouvernement avait succédé le petit esprit. Qu'avez-vous vu pendant les dix-huit années de la déplorable administration qui s'est continuée, en dépit des chocs de la politique, sous tous les ministres de l'intérieur? Vous avez vu périr successivement ou s'amoindrir toutes les scènes vraiment littéraires.

Chaque fois qu'un théâtre montrait quelques velléités de littérature, l'administration faisait des efforts inouïs pour le faire rentrer dans des genres misérables. Je caractérise cette administration d'un mot : point de débouchés à la pensée élevée ; multiplication des spectacles grossiers ! les issues fermées en haut, ouvertes en bas ! Il suffisait de demander à exploiter un spectacle-concert, un spectacle de marionnettes, de danseurs de corde, pour obtenir la permission d'attirer et de dépraver le public. Les gens de lettres, au nom de l'art et de la littérature, avaient demandé un Second-Théâtre-Francais : on leur a répondu par une dérision; on leur a donné l'Odéon !

Voilà comment l'administration comprenait son devoir; voilà comment le principe de l'autorité a fonctionné depuis vingt ans : d'une part, il a comprimé l'essor de la pensée; de l'autre, il a développé l'essor, soit des parties infimes de l'intelligence, soit des intérêts purement matériels. Il a fondé la situation actuelle, dans laquelle nous avons vu un nombre de théâtres hors de toute proportion avec la population parisienne, et créés par des fantaisies sans motifs. Je n'épuise pas les griefs. On a dit beaucoup de choses sur la manière dont on trafiquait des priviléges. J'ai peu de goût à ce genre de recherches. Ce que je constate, c'est qu'on a développé outre mesure l'industrie misérable pour refouler le développement de l'art.

Maintenant qu'une révolution est survenue, qu'arrive-t-il ? C'est que, du moment qu'elle a éclaté, tous ces théâtres factices sortis du caprice d'un commis, de pis encore quelquefois, sont tombés sur les bras du gouvernement. Il faut, ou les laisser mourir, ce qui est une calamité pour une multitude de malheureux qu'ils nourrissent, ou les entretenir à grands frais, ce qui est une calamité pour le budget. Voilà les fruits des systèmes fondés sur le principe de l'autorité. Ces résultats, je les ai énumérés longuement. Ils ne me satisfont point. Je sens la nécessité d'en venir à un système fondé sur autre chose que ce principe.

Or, ici, il n'y a pas deux solutions. Du moment que vous renoncez au principe d'autorité, vous êtes contraints de vous tourner vers le principe de liberté.

Examinons, maintenant, la question des théâtres au point de vue de la liberté. Je veux pour le théâtre deux libertés qui sont toutes deux dans l'air de ce siècle : liberté d'industrie, liberté de pensée.

Liberté d'industrie, c'est-à-dire point de privilèges; liberté de pensée, c'est-à-dire point de censure.

Commençons par la liberté d'industrie. Voyons comment nous pourrions organiser le système de la liberté. Ici, je dois supposer un peu; rien n'existe.

Je suis obligé de revenir à mon point de départ ; car, il ne faut pas le perdre de vue un seul instant, la grande pensée de ce siècle, celle qui doit survivre à toutes les autres, et à toutes les formes politiques, quelles qu'elles soient, celle qui sera le fondement de toutes les institutions de l'avenir, c'est la liberté. Je suppose donc que la liberté pénètre dans l'industrie théâtrale comme elle a pénétré dans toutes les autres industries ; puis je me demande si elle satisfera au progrès de l'art, si elle produira la rénovation du peuple. Voici d'abord comment je comprendrais que la liberté de l'industrie théâtrale fût proclamée.

Dans la situation où sont encore les esprits et les questions politiques, aucune liberté ne peut exister sans que le gouvernement y ait pris sa part de surveillance et d'influence. La liberté d'enseignement ne peut, à mon sens, exister qu'à cette condition ; il en est de même de la liberté théâtrale. L'État doit d'autant mieux intervenir dans ces deux questions, qu'il n'y a pas là seulement un intérêt matériel, mais un intérêt moral de la plus haute importance.

Quiconque voudra ouvrir un théâtre le pourra en se soumettant aux conditions de police que voici... aux conditions de cautionnement que voici... aux garanties de diverses natures que voici... Ce sera le cahier des charges de la liberté.

Ces mesures ne suffisent pas. Je rapprochais tout à l'heure la liberté des théâtres de la liberté de l'enseignement ; c'est que le théâtre est une des branches de l'enseignement populaire. Responsable de la moralité et de l'instruction du peuple, l'État ne doit point se résigner à un rôle négatif, et, après avoir pris quelques précautions, regarder, laisser aller, l'État doit installer, à côté des théâtres libres, des théâtres qu'il gouvernera, et où la pensée sociale se fera jour.

Je voudrais qu'il y eût un théâtre digne de la France, pour les célèbres poëtes morts qui l'ont honorée ; puis un théâtre pour les auteurs vivants. Il faudrait encore un théâtre pour le grand opéra, un autre pour l'opéra-comique. Je subventionnerais magnifiquement ces quatre théâtres.

Les théâtres livrés à l'industrie personnelle sont toujours forcés à une certaine parcimonie. Une pièce coûte cent mille francs à monter : ils reculeront ; vous, vous ne reculerez pas. Un grand acteur met à haut prix ses prétentions : un théâtre libre pourrait marchander et le laisser échapper ; vous, vous ne marchanderez pas. Un écrivain de talent travaille pour un théâtre libre ; il reçoit tel droit d'auteur : vous lui donnerez le double ; il travaillera pour vous. Vous aurez ainsi dans les théâtres de l'État, dans les théâtres nationaux, les meilleures pièces, les meilleurs comédiens, les plus beaux spectacles. En même temps, vous, l'État, qui ne spéculez pas, et qui, à la rigueur, en présence d'un grand but de gloire et d'utilité à atteindre, n'êtes pas forcé de gagner de l'argent, vous offrirez au peuple ces magnifiques spectacles au meilleur marché possible.

Je voudrais que l'homme du peuple, pour dix sous, fût aussi bien assis au parterre, dans une stalle de velours, que l'homme du monde à l'orchestre, pour dix francs. De même que je voudrais le théâtre grand pour l'idée, je voudrais la salle vaste pour la foule. De cette façon, vous auriez, dans Paris, quatre magnifiques lieux de rendez-vous où le riche et le pauvre, l'heureux et le malheureux, le Parisien et le provincial, le Français et l'étranger, se rencontreraient tous les soirs, mêleraient fraternellement leur âme, et communieraient, pour ainsi dire, dans la contemplation des grandes œuvres de l'esprit humain. Que sortirait-il de là ? L'amélioration populaire et la moralisation universelle.

Voilà ce que feraient les théâtres nationaux. Maintenant, que feraient les théâtres libres ? Vous allez me dire qu'ils seraient écrasés par une telle concurrence. Messieurs, je respecte la liberté; mais je gouverne et je tiens le niveau élevé. C'est à la liberté de s'en arranger.

Les dépenses des théâtres nationaux vous effrayent peut-être : c'est à tort; fussent-elles énormes, j'en réponds, bien que mon but ne soit pas de créer une spéculation en faveur de l'État, le résultat financier ne lui sera pas désavantageux. Les hommes spéciaux vous diraient que l'État fera avec ces établissements de bonnes affaires. Il arrivera alors ce résultat singulier et heureux qu'avec un chef-d'œuvre, un poëte pourra gagner presque autant d'argent qu'un agent de change par un coup de bourse.

Surtout, ne l'oubliez pas, aux hommes de talent et de génie qui viendront à moi, je dirai : « Je n'ai pas seulement pour but de faire votre fortune, et d'encourager l'art en vous protégeant; j'ai un but plus élevé encore. Je veux que vous fassiez des chefs-d'œuvre, s'il est possible, mais je veux surtout que vous amélioriez le peuple de toutes les classes. Versez dans la population des idées saines; faites que vos ouvrages ne sortent pas d'une certaine ligne que voici, et qui me paraît la meilleure. » C'est là un langage que tout le monde comprendra; tout esprit consciencieux, toute âme honnête sentira l'importance de la mission. Vous aurez un théâtre qui attirera la foule, et qui répandra les idées civilisatrices, l'héroïsme, le dévouement, l'abnégation, le devoir, l'amour du pays, par la reproduction vraie, animée ou même patriotiquement exaltée des grands faits de notre histoire.

Et savez-vous ce qui arrivera? Vous n'attirerez pas seulement le peuple à vos théâtres, vous y attirerez aussi l'étranger. Pas un homme riche en Europe qui ne soit tenu de venir à vos théâtres compléter son éducation française et littéraire. Ce sera là une source de richesses pour la France et pour Paris. Vos magnifiques subventions, savez-vous qui les payera? L'Europe. L'argent de l'étranger affluera chez vous; vous ferez à la gloire nationale une avance que l'admiration européenne vous remboursera.

Messieurs, au moment où nous sommes, il n'y a qu'une seule nation qui soit en état de donner des produits littéraires au monde entier, et cette nation, c'est la nation française. Vous avez donc là un monopole immense, un monopole que l'univers civilisé subit depuis dix-huit ans. Les ministres qui nous ont gouvernés n'ont eu qu'une seule pensée : comprimer la littérature française à l'intérieur, la sacrifier au dehors, la laisser systématiquement spoliée dans un royaume voisin par la contrefaçon. Je favoriserais, au contraire, cet admirable monopole sous toutes ses formes, et je le répandrais sur le monde entier; je créerais à Paris des foyers lumineux qui éclaireraient toutes les nations, et vers lesquels toutes les nations se tourneraient.

Ce n'est pas tout. Pour achever l'œuvre, je voudrais des théâtres spéciaux pour le peuple; ces théâtres, je les mettrais à la charge, non de l'État, mais de la ville de Paris; ce seraient des théâtres, bien à ses frais, et bien choisis par son administration municipale parmi les théâtres déjà existants, et dès lors sub ventionnés par elle. Je les appellerais théâtres municipaux.

La ville de Paris est intéressée, sous tous les rapports, à l'existence de ces théâtres : ils développeraient les sentiments moraux et l'instruction dans les classes inférieures ; ils contribueraient à faire régner le calme dans cette partie de la population d'où sortent parfois des commotions si fatales à la ville.

Je l'ai dit plus haut d'une manière générale en me faisant le plagiaire de l'empereur Napoléon, je le répète ici en appliquant surtout mon assertion aux classes inférieures de la population parisienne : le peuple français, la population parisienne principalement, ont beaucoup du peuple athénien ; il faut quelque chose pour occuper leur imagination. Les théâtres municipaux seront des espèces de dérivatifs qui neutraliseront les bouillonnements populaires. Avec eux, le peuple parisien lira moins de mauvais pamphlets, boira moins de mauvais vins, hantera moins de mauvais lieux, fera moins de révolutions violentes.

L'intérêt de la ville est patent ; il est naturel qu'elle fasse les frais de ces fondations. Elle ferait appel à des auteurs sages et distingués, qui produiraient sur la scène des pièces élémentaires, tirées surtout de notre histoire nationale. Vous avez vu une partie de cette pensée réalisée par le Cirque ; on a eu tort de le laisser fermer.

Les théâtres municipaux seraient répartis entre les différents quartiers de la capitale et placés surtout dans les quartiers les moins riches, dans les faubourgs.

Ainsi, à la charge de l'État, quatre théâtres nationaux pour la France et pour l'Europe ; à la charge de la ville, quatre théâtres municipaux pour le peuple des faubourgs ; à côté de ce haut enseignement de l'État, les théâtres libres ; voilà mon système.

Selon moi, de ce système, qui est la liberté, sortiraient la grandeur de l'art et l'amélioration du peuple, qui sont mes deux buts. Vous avez vu ce qu'avait produit, pour ces deux grands buts, le système basé sur l'autorité, c'est-à-dire le privilége et la censure. Comparez et choisissez.

M. LE PRÉSIDENT. — Vous admettez le régime de la liberté ; mais vous faites aux théâtres libres une condition bien difficile. Ils seront écrasés par ceux de l'État.

M. VICTOR HUGO. — Le rôle des théâtres libres est loin d'être nul à côté des théâtres de l'État. Ces théâtres lutteront avec les vôtres. Quoique vous soyez le gouvernement, vous vous trompez quelquefois. Il vous arrive de repousser des œuvres remarquables ; les théâtres libres accueilleront ces œuvres-là ; ils profiteront des erreurs que vous aurez commises, et les applaudissements du public que vous entendrez dans les salles seront pour vous des reproches, et vous stimuleront.

On va me dire : « Les théâtres libres, qui auront peine à faire concurrence au gouvernement, chercheront, pour réussir, les moyens les plus fâcheux : ils feront appel au dévergondage de l'imagination, ou aux passions populaires ; pour attirer le public, ils spéculeront sur le scandale ; ils feront de l'immoralité, et ils feront de la politique ; ils joueront des pièces extravagantes,

excentriques, obscènes, et des comédies aristophanesques. » S'il y a dans tout cela quelque chose de
criminel, on pourra le réprimer par les moyens légaux,
sinon, ne vous en inquiétez pas. Je suis un de ceux qui
ont eu l'inconvénient ou l'honneur, depuis Février,
d'être quelquefois mis sur le théâtre. Que m'importe!
j'aime mieux ces plaisanteries, inoffensives après tout,
que telles calomnies répandues contre moi par un
journal dans cinquante mille exemplaires.

Quand on me met sur la scène, j'ai tout le monde
pour moi, quand on me travestit dans un journal, j'ai
contre moi les trois quarts des lecteurs ; et, cependant,
je ne m'inquiète pas de la liberté de la presse ; je ne
fais point de procès aux journaux qui me travestissent;
je ne leur écris pas même de lettres avec un huissier
pour facteur. Sachez donc accepter et comprendre la
liberté de la pensée sous toutes ses formes, la liberté
du théâtre comme la liberté de la presse : c'est l'air
même que vous respirez. Contentez-vous, quand les
théâtres libres ne dépassent point certaines bornes que
la loi peut préciser, de leur faire une noble et puissante
guerre avec vos théâtres nationaux et municipaux ; la
victoire vous restera.

M. SCRIBE. — Les généreuses idées que vient d'é-
mettre M. Victor Hugo sont en partie les miennes ;
mais il me semble qu'elles gagneraient à être réalisées
dans un système moins compliqué. Le système de
M. Victor Hugo est double, et ses deux parties semblent se contredire. Dans ce système, où la moitié des
théâtres serait privilégiée, et l'autre moitié libre, il y
aurait deux choses à craindre : ou bien les théâtres du

gouvernement et de la ville ne donneraient que des pièces officielles où personne n'irait, ou bien ils pourraient à leur gré user des ressources immenses de leurs subventions ; dans ce cas, les théâtres libres seraient évidemment écrasés.

Pourquoi, alors, permettre à ceux-ci de soutenir une lutte inégale, qui doit fatalement se terminer par leur ruine! Si le principe de liberté n'est pas bon en haut, pourquoi serait-il bon en bas? Je voudrais, et sans invoquer d'autres motifs que ceux que vient de me fournir M. Hugo, que tous les théâtres fussent placés entre les mains du gouvernement.

M. VICTOR HUGO. — Je ne prétends nullement établir des théâtres privilégiés; dans ma pensée, le privilége disparaît. Le privilége ne crée que des théâtres factices; la liberté vaudra mieux : elle fonctionnera pour l'industrie théâtrale comme pour toutes les autres ; la demande réglera la production. La liberté est la base de tout mon système ; il est franc et complet ; mais je veux la liberté pour tout le monde, aussi bien pour l'État que pour les particuliers. Dans mon système, l'État a tous les droits de l'individu ; il peut fonder un théâtre, comme il peut créer un journal; seulement, il a plus de devoirs encore. J'ai indiqué comment l'État, pour remplir ses devoirs, devait user de la liberté commune; voilà tout.

M. LE PRÉSIDENT. — Voulez-vous me permettre de vous questionner sur un détail? Admettriez-vous, dans votre système, le principe du cautionnement?

M. VICTOR HUGO. — J'en ai déjà dit un mot tout à l'heure; je l'admettrais, et voici pourquoi : je ne veux compromettre les intérêts de personne, principalement des pauvres et des faibles, et les comédiens, en général, sont faibles et pauvres. Avec le système de la liberté industrielle, il se présentera plus d'un aventurier qui dira : « Je vais louer un local, engager des acteurs ; si je réussis, je payerai ; si je ne réussis pas, je ne payerai personne. » Or, c'est ce que je ne veux point. Le cautionnement répondra. Il aura un autre usage : le payement des amendes qui pourront être infligées aux directeurs. A mon avis, la liberté implique la responsabilité ; c'est pourquoi je veux le cautionnement.

M. LE PRÉSIDENT. — On a proposé devant la commission d'établir, dans l'hypothèse où la liberté industrielle serait proclamée, des conditions qui empêcheraient d'établir, sous le nom de théâtres, de véritables échoppes : conditions de construction, conditions de dimension, etc.

M. VICTOR HUGO. — Ces conditions sont de celles que je mettrais à l'établissement des théâtres.

M. SCRIBE. — Elles me paraissent parfaitement sages.

M. LE PRÉSIDENT. — On avait proposé aussi d'interdire le mélange des représentations théâtrales avec d'autres industries ; par exemple, les cafés-spectacles.

M. ALEXANDRE DUMAS. — C'est une affaire de police.

M. LE CONSEILLER DEFRESNE. — Comment seront administrés, dans le système de M. Hugo, les théâtres subventionnés ?

M. ALEXANDRE DUMAS. — Je demanderai à la commission la permission de lui dire comment, selon moi, la question devrait être résolue. J'ai quelque expérience de la matière ; j'ai beaucoup manié les théâtres, soit comme auteur, soit comme directeur. J'adopte avec

12.

empressement l'institution des théâtres de l'État, selon le système de M. Victor Hugo et celui de M. Souvestre.

Je ne crois pas que l'administration directe de ces théâtres par le gouvernement doive être plus dispendieuse pour lui que la tutelle actuelle. Le chiffre total des subventions annuelles s'élève à onze cent et quelques mille francs. Cette somme suffit, selon moi, pour soutenir largement quatre théâtres que je voudrais voir subventionner par le gouvernement : le Théâtre-Français, l'Opéra-Comique, les théâtres des Italiens et de l'Odéon. Je ne parle pas encore de l'Opéra. Tous ces théâtres ont trente-quatre pieds à peu près d'ouverture; tous pourraient user des mêmes décors. Maintenant, ils ont chacun les leurs; chacun a une administration pour répondre de ceux qu'il possède. Le jour où les quatre théâtres seront dans la main de la nation, on pourra réunir ces quatre administrations en une seule. Dans chacun des théâtres, on aura le choix des décorations qui auront été faites pour tous les quatre depuis dix ans.

On fera ainsi cent cinquante mille francs d'économie par an, rien qu'en faisant servir la toile et le bois d'un théâtre pour un autre. Je n'ai point parlé de l'Opéra : à cause de ses machines, on doit le laisser à part. Le théâtre de l'Opéra dépense prodigieusement en décors; dès qu'une toile a servi sur la scène, elle ne peut plus resservir. Le Théâtre-Français tombe dans un excès contraire; il ne dépense pas, par an, plus de quinze mille francs de décorations. Il a un tailleur qui lui fait ses costumes à forfait, pour vingt-quatre mille francs par an. Tel qu'il est, le Théâtre-Français est constitué pour être éternellement en ruine. Ce qu'il faut pour faire vivre un théâtre, c'est une moyenne de recettes. Quand une administration tire ses gains moins du mérite de son répertoire que du talent d'un acteur, il faut nécessairement qu'elle fasse de mauvaises affaires, car un acteur ne pourra pas jouer tous les jours. Dans ce cas-là, il faut au moins que l'administration ait deux grands acteurs, et qu'ils alternent entre eux afin d'attirer le public tous les jours.

M. LE PRÉSIDENT. — Ce que la commission demandait, c'était surtout des détails sur le mode d'administration des théâtres qui seraient entretenus par l'État ou par les villes.

M. VICTOR HUGO. — Vous me demandez comment je ferais administrer, dans mon système, les théâtres subventionnés, c'est-à-dire les théâtres nationaux et les théâtres municipaux.

Je commence par vous dire que, quoi que l'on fasse, le résultat d'un système est toujours au-dessous de ce que l'on en attend. Je ne vous promets donc pas la perfection, mais une amélioration immense. Pour la réaliser, il est nécessaire de choisir avec un soin extrême les hommes qui voudront diriger ce que j'appellerais volontiers les *théâtres écoles*. Avec de mauvais choix, l'institution ne vaudrait pas grand'chose; il arrivera peut-être quelquefois qu'on se trompera; le ministère, au lieu de prendre Corneille, pourra prendre M. Campistron; quand il choisira mal, ce seront les théâtres libres qui corrigeront le mal, et, alors, vous aurez le Théâtre-Français ailleurs qu'au Théâtre-Français; mais cela ne durera pas longtemps.

Je voudrais, à la tête des théâtres du gouvernement, des directeurs indépendants les uns des autres, subordonnés tous quatre au directeur, ou plutôt au ministre des arts, et se faisant, pour ainsi dire, concurrence entre eux. Ils seraient rétribués par le gouvernement, et auraient un certain intérêt dans les bénéfices de leurs théâtres.

M. MÉLESVILLE. — Qui est-ce qui nommera, et qui est-ce qui destituera les directeurs?

M. VICTOR HUGO. — Le ministre compétent les nommera, et ce sera lui aussi qui les destituera. Il en sera pour eux comme pour les préfets.

M. MÉLESVILLE. — Vous leur faites là une position singulière. Supposez un homme honorable, distingué, qui aura administré avec succès la Comédie-Française : un ministre lui a demandé une pièce d'une certaine couleur politique; le ministre suivant sera défavorable à cette couleur politique. Le directeur, malgré tout son mérite et son service, sera immédiatement destitué.

M. ALEXANDRE DUMAS. — C'est un danger commun à tous les fonctionnaires.

Sur la question de la censure dramatique, voici, maintenant, comme s'exprimait Victor Hugo :

M. VICTOR HUGO. — Le système actuel est détestable. En principe, c'est l'État qui régit la liberté littéraire des théâtres; mais l'État est un être de raison, le gouvernement l'incarne et le représente; mais le gouvernement a autre chose à faire que de s'occuper des théâtres : il s'en repose sur le ministre de l'intérieur; mais le ministre de l'intérieur est un personnage bien occupé; il se fait remplacer par le directeur des beaux-arts; la besogne déplaît au directeur des beaux-arts, qui la passe au bureau de censure.

Admirez ce système qui commence par l'État, et qui finit par un commis! Si bien que cette espèce de balayeur d'ordures dramatiques qu'on appelle un censeur peut dire, comme Louis XIV : « L'État, c'est moi ! »

La liberté de la pensée dans un journal, vous la respectez en la surveillant; vous la confiez au jury. La liberté de la pensée sur le théâtre, vous l'insultez en la réprimant; vous la livrez à la censure!

Y a-t-il au moins un grand intérêt qui excuse cela? Point.

Quel bien la censure, appliquée au théâtre, a-t-elle produit depuis trente ans? A-t-elle empêché une allusion politique de se faire jour? Jamais. En général, elle a plutôt éveillé qu'endormi l'instinct qui pousse le public à faire, au théâtre, de l'opposition en riant.

Au point de vue politique, elle ne vous a donc rendu aucun service. En a-t-elle rendu au point de vue moral? Pas davantage.

Rappelez vos souvenirs. A-t-elle empêché des théâtres de s'établir uniquement pour l'exploitation d'un certain côté des appétits les moins nobles de la foule? Non. Au point de vue moral, la censure n'a été bonne à rien; au point de vue politique, bonne à rien. Pourquoi donc y tenez-vous?

Il y a plus. Comme la censure est réputée veiller aux mœurs publiques, le peuple abdique sa propre autorité, sa propre surveillance; il fait volontiers cause commune avec les licences du théâtre contre les persécutions de la censure. Ainsi que je l'ai dit un jour à l'Assemblée nationale, de juge, il se fait complice.

La difficulté même de créer des censeurs montre combien la censure est un labeur impossible. Ces fonctions si difficiles, si délicates, sur lesquelles pèse une responsabilité si énorme, elles devraient logiquement être exercées par les hommes les plus éminents en littérature. En trouverait-on parmi eux qui les accepteraient? Ils rougiraient seulement de se les entendre proposer. Vous n'aurez donc jamais, pour les remplir, que des hommes sans valeur personnelle, et j'ajouterai, des hommes qui s'estiment peu; et ce sont ces hommes que vous faites arbitres, de quoi? De la littérature! Au nom de quoi? De la morale!

Les partisans de la censure nous disent : « Oui, elle a été mal exercée jusqu'ici; mais on peut l'améliorer. » Comment l'améliorer? On n'indique guère qu'un moyen : faire exercer la censure par des personnages considérables, des membres de l'Institut, de l'Assemblée nationale, et autres, qui fonctionneront, au nom du gouvernement, avec une certaine indépendance, dit-on, une certaine autorité, et, à coup sûr, une grande honorabilité. Il n'y a à cela qu'une petite objection, c'est que c'est impossible...

Croyez-moi, n'accouplez jamais ce mot, qui est si noble, l'Institut de France, avec ce mot, qui l'est si peu, la censure!

Dans votre comité de censure, mettriez-vous des membres de l'Assemblée nationale élus par cette assemblée? Mais, d'abord, j'espère que l'Assemblée refuserait tout net; et puis, si elle y consentait, en quoi elle aurait grand tort, la majorité vous enverrait des hommes de parti qui vous feraient de belle besogne!

Pour commission de censure, vous bornerez-vous à prendre la commission des théâtres? Il y a un élément qui y serait nécessaire; eh bien, cet élément n'y sera pas. Je veux parler des auteurs dramatiques. Tous refuseront, comptez-y. Que sera alors votre commission de censure? Ce que serait une commission de marine sans marins.

Difficultés sur difficultés. Mais je suppose votre commission composée, soit; fonctionnera-t-elle? Point. Vous figurez-vous un représentant du peuple, un conseiller d'État, un conseiller à la cour de cassation, allant dans les théâtres, et s'occupant de savoir si telle pièce n'est pas faite plutôt pour éveiller des appétits sensuels que des idées élevées. Vous les figurez-vous assistant aux répétitions, et faisant allonger les jupes des danseuses? Pour ne parler que de la censure du manuscrit, vous les figurez-vous marchandant avec l'auteur la suppression d'un coq-à-l'âne ou d'un calembour?

Vous me direz : « Cette commission ne jugera qu'en appel. » De deux choses l'une : ou elle jugera en appel sur tous les détails qui feront difficulté entre l'auteur et les censeurs inférieurs, et l'auteur ne s'entendra jamais avec les censeurs inférieurs : autant, alors, ne faire qu'un degré; ou bien elle se bornera, sans entrer dans les détails, à accorder ou à refuser l'autorisation : alors, la tyrannie sera plus grande qu'elle n'a jamais été.

Tenez, renonçons à la censure et acceptons résolûment la liberté. C'est le plus simple, le plus digne et le plus sûr.

En dépit de tout sophisme contraire, j'avoue qu'en présence de la liberté de la presse, je ne puis redouter la liberté des théâtres. La liberté de la presse présente, à mon avis, dans une mesure beaucoup plus considérable, tous les inconvénients de la liberté du théâtre.

Mais liberté implique responsabilité. A tout abus, il faut la répression. Pour la presse, je viens de le rappeler, vous avez le jury; pour le théâtre, qu'aurez-vous? La cour d'assises? des tribunaux ordinaires? Impossible.

Les délits que l'on peut commettre par la voie du théâtre sont de toute sorte. Il y a ceux que peut commettre volontairement un auteur écrivant dans une pièce des choses contraires aux mœurs; il y a, ensuite, les délits de l'acteur, ceux qu'il peut commettre en ajoutant aux paroles, par des gestes ou des inflexions de voix, un sens répréhensible qui n'est pas celui de l'auteur.

Il y a les délits du directeur, par exemple : des exhibitions de nudités sur la scène; puis les délits du décorateur, résultant de certains emblèmes dangereux ou séditieux mêlés à une décoration; puis ceux du costumier, puis ceux du coiffeur... oui, du coiffeur : un toupet peut être factieux; une paire de favoris a fait défendre *Vautrin*. Enfin, il y a les délits du public : un applaudissement qui accentue un vers, un sifflet qui va plus haut que l'acteur, et plus loin que l'auteur.

Comment votre jury, composé de bons bourgeois, se tirera-t-il de là?

Comment démêlera-t-il ce qui est à celui-ci, et ce qui est à celui-là? le fait de l'auteur, le fait du comédien, et le fait du public? Quelquefois, le délit sera un sourire, une grimace, un geste. Transporterez-vous les jurés au théâtre pour le juger? Ferez-vous siéger la cour d'assises au parterre?

Supposez-vous — ce qui, du reste, ne sera pas — que les jurys, en général, se défiant de toutes ces difficultés, et voulant arriver à une répression efficace, justement parce qu'ils n'entendent pas grand'chose aux délits de théâtre, suivront aveuglément les indications du ministère public, et condamneront, sans broncher, sur ouï-dire? Alors, savez-vous ce que vous aurez fait? Vous aurez créé la pire des censures, la censure de la peur. Les directeurs, tremblant devant les arrêts qui seraient leur ruine, mutileront la pensée, et supprimeront la liberté.

Vous êtes placés entre deux systèmes impossibles la censure préventive, que je vous défie d'organiser convenablement; la censure répressive, la seule admissible maintenant, mais qui échappe aux moyens du droit commun.

Je ne vois qu'une manière de sortir de cette double impossibilité.

Pour arriver à la solution, reprenons le système théâtral tel que je vous l'ai indiqué. Vous avez un certain nombre de théâtres subventionnés; tous les autres sont livrés à l'industrie privée; à Paris, il y a quatre théâtres subventionnés par le gouvernement, et quatre par la ville.

L'état normal de Paris ne comporte pas plus de

seize théâtres. Sur ces seize théâtres, la moitié sera donc sous l'influence directe du gouvernement ou de la ville ; l'autre moitié fonctionnera sous l'empire des restrictions de police et autres que dans votre loi vous imposerez à l'industrie théâtrale.

Pour alimenter tous ces théâtres et ceux de la province, dont la position sera analogue, vous aurez la corporation des auteurs dramatiques, corporation composée d'environ trois cents personnes, et ayant un syndicat.

Cette corporation a le plus sérieux intérêt à maintenir le théâtre dans la limite où il doit rester pour ne point troubler la paix de l'État et l'honnêteté publique. Cette corporation, par la nature même des choses, a sur ses membres un ascendant disciplinaire considérable. Je suppose que l'Etat reconnaît cette corporation, et qu'il en fait son instrument.

Chaque année, elle nomme dans son sein un conseil de prud'hommes, un jury. Ce jury, élu au suffrage universel, se composera de huit ou dix membres ; — ce seront toujours, soyez-en sûrs, les personnages les plus considérés et les plus considérables de l'association.

Ce jury, que vous appellerez *jury de blâme*, ou de tout autre nom que vous voudrez, sera saisi, soit sur la plainte de l'autorité publique, soit sur celle de la commission dramatique elle-même, de tous les délits de théâtre commis par les auteurs, les directeurs, les comédiens. Composé d'hommes spéciaux, investi d'une sorte de magistrature de famille, il aura la plus grande autorité, il comprendra parfaitement la matière, il sera sévère dans la répression, et il saura superposer la peine au délit.

Le jury dramatique juge les délits; s'il les reconnaît, il les blâme ; s'il blâme deux fois, il y a lieu à la suspension de la pièce et à une amende considérable, qui peut, si elle est infligée à un auteur, être prélevée sur les droits d'auteur recueillis par les agents de la société.

Si un auteur est blâmé trois fois, il y a lieu à le rayer de la liste des associés. Cette radiation est une peine très-grave : elle n'atteint pas seulement l'auteur dans son honneur, elle l'atteint dans sa fortune, elle implique pour lui la privation à peu près complète de ses droits de province.

Maintenant, croyez-vous qu'un auteur aille trois fois devant le jury dramatique? Pour moi, je ne le crois pas. Tout auteur traduit devant le jury se défendra; s'il est blâmé, il sera profondément affecté par ce blâme, et, soyez tranquilles, je connais l'esprit de cette excellente et utile association, vous n'aurez pas de récidives.

Vous aurez donc ainsi, dans le sein de l'association dramatique elle-même, les gardiens les plus vigilants de l'intérêt public.

C'est la seule manière possible d'organiser la censure répressive. De cette manière vous conciliez les deux choses qui font tout le problème : l'intérêt de la société et l'intérêt de la liberté...

En dehors du syndicat de l'ordre des auteurs dramatiques, il y aura aussi un juge qui veillera à la police de *l'audience*, à la dignité de la représentation; ce juge, ce sera le public. Sa puissance est grande et sérieuse; elle sera plus sérieuse encore quand il se sentira réellement investi d'une sorte de magistrature par la liberté même. Ce juge a puissance de vie et de mort; il peut faire tomber la toile, et alors tout est dit.

M. LE PRÉSIDENT. — Mais ce juge n'est pas un, la majorité décidera, la minorité protestera, et une lutte personnelle s'engagera pour trancher la question.

M. SOUVESTRE. — Les troubles seront plus rares que vous ne le croyez. Je n'en veux pour preuve que ce qui s'est passé au Vaudeville dans ces derniers temps On y jouait des pièces faites pour exciter la passion et la répulsion d'une partie de la population parisienne. La majorité du public s'est prononcée en faveur de ces pièces; la minorité s'est retirée, s'inclinant ainsi devant le jugement de la majorité. Des faits analogues seront de plus en plus communs à mesure qu'on s'habituera à la liberté du théâtre.

M. LE CONSEILLER BÉHIC. — L'organisation de la censure répressive, telle que la propose M. Victor Hugo, présente une difficulté dont je le rends juge. On ne peut, maintenant, faire partie de l'association des auteurs dramatiques qu'après avoir fait jouer une pièce. M. Victor Hugo propose de maintenir ces conditions ou des conditions analogues d'incorporation. Quel système répressif appliquera-t-il alors à la première pièce d'un auteur?

M. VICTOR HUGO. — Le système de droit commun, comme aux pièces de tous les auteurs qui ne feront pas partie de la société, la répression par le jury.

M. LE CONSEILLER BÉHIC. — J'ai une autre critique

plus grave à faire au système de M. Victor Hugo. Toute personne qui remplit des conditions déterminées a droit de se faire inscrire dans l'ordre des avocats. De plus, les avocats peuvent seuls plaider. Si un certain esprit littéraire prédominait dans votre association, ne serait-il pas à craindre qu'elle ne repoussât de son sein les auteurs dévoués à des idées contraires, ou même que ceux-ci ne refusassent de se soumettre à un tribunal évidemment hostile, et aimassent mieux se tenir en dehors? Ne risque-t-on pas de voir alors, en dehors de la corporation des auteurs dramatiques, un si grand nombre d'auteurs, que son syndicat deviendrait impuissant à réaliser la mission que lui attribue M. Victor Hugo?

M. SCRIBE. — Je demande la permission d'appuyer cette objection par quelques mots. Il y a des esprits indépendants qui refuseront d'entrer dans notre association précisément parce qu'ils craindront une justice disciplinaire, à laquelle il n'y aura pas chance d'échapper, et ceux-là seront sans doute les plus dangereux.

J'irai plus loin. Si vous attribuez à notre association le caractère que lui veut M. Victor Hugo, vous changez la nature du contrat qui nous unit, et que nous avons souscrit. Or, je suis persuadé que, dès que ce changement aura lieu, beaucoup de nos confrères se sépareront de nous immédiatement : il y en a plusieurs qui trouvent déjà bien lourd le joug si léger que leur imposent nos conventions mutuelles.

Du reste, il y a, dans le système de M. Victor Hugo, des idées larges et vraies, qu'il me semble bon de conserver dans le système préventif, le seul qui, selon moi, puisse être établi avec quelque chance de succès. Il n'est personne de ceux qui veulent l'établir dans la nouvelle loi qui ne le veuille avec des garanties qu'il n'a jamais eues jusqu'ici. Je suppose la censure à deux degrés. Ne pourrait-on pas composer la commission d'appel de personnes considérables de professions diverses, parmi lesquelles se trouveraient, en certain nombre, des auteurs dramatiques élus par le suffrage de leurs confrères ?

Si ces auteurs étaient désignés par le ministre, par le directeur des beaux-arts, ils n'accepteraient sans doute pas ; mais, nommés par leurs confrères, ils accepteront. J'avais soutenu le contraire en combattant le principe de M. Souvestre ; les paroles de M. Victor Hugo m'ont fait changer d'opinion. Celui de nous qui serait élu ainsi ne verrait pas de honte à exercer les fonctions de censeur ; il s'en ferait même honneur, car il sentirait qu'elles lui ont été confiées, non pour opprimer, mais pour protéger et défendre les auteurs dramatiques.

M. VICTOR HUGO. — Personne n'accepterait. Les auteurs dramatiques consentiront à exercer la censure répressive, parce que c'est une magistrature ; ils refuseront d'exercer la censure préventive, parce que c'est une police.

J'ai dit les motifs qui, à tous les points de vue, me font repousser la censure préventive ; je n'y reviens pas.

Maintenant, j'arrive à cette objection, que m'a faite M. Béhic, et qu'a appuyée M. Scribe. On m'a dit qu'un grand nombre d'auteurs dramatiques pourraient se tenir, pour des motifs divers, en dehors de la corporation, et qu'alors mon but serait manqué.

Cette difficulté est grave. Je n'essayerai point de la tourner ; je l'aborderai franchement, en disant ma pensée tout entière. Pour réaliser la réforme, il faut agir rigoureusement, et mêler à l'esprit de liberté l'esprit de gouvernement. Pourquoi voulez-vous que l'État, au moment de donner une liberté considérable, n'impose pas des conditions aux hommes appelés à jouir de cette liberté ? L'État dira : « Tout individu qui voudra faire représenter une pièce sur un théâtre du territoire français pourra la faire représenter sans la soumettre à la censure; mais il devra être membre de la société des auteurs dramatiques. » Personne, de cette manière, ne restera en dehors de la société ; personne, pas même les nouveaux auteurs, car on pourrait exiger, pour l'entrée dans la société, la composition, et non la représentation, d'une ou plusieurs pièces.

Le temps me manque ici pour dire ma pensée dans toute son étendue ; je la complèterai ailleurs et dans quelque autre occasion. Je voudrais qu'on organisât une corporation, non pas seulement de tous les auteurs dramatiques, mais encore de tous les lettrés. Tous les délits de presse auraient leur répression dans les jugements des tribunaux d'honneur de la corporation. Ne sent-on pas tous les jours l'inefficacité de la répression par les cours d'assises ?

Tout homme qui écrirait et ferait publier quelque chose serait nécessairement compris dans la corporation des gens de lettres. A la place de l'anarchie qui existe maintenant parmi nous, vous auriez une autorité ; cette autorité servirait puissamment à la gloire et à la tranquillité du pays.

Aucune tyrannie dans ce système : l'organisation. A chacun la liberté entière de la manifestation de sa pensée, sauf à l'astreindre à une condition préalable de garantie qu'il serait possible à tous de remplir.

Les idées que je viens d'exprimer, j'y crois de toute la force de mon âme ; mais je pense, en même temps, qu'elles ne sont pas encore mûres. Leur jour viendra ; je le hâterai pour ma part. Je prévois les lenteurs : je suis de ceux qui acceptent sans impatience la collaboration du temps.

M. ÉMILE SOUVESTRE. — Avant l'arrivée de M. Victor Hugo dans le sein de la commission, et sans connaître les moyens qu'il supposait nécessaires pour organiser la censure répressive, j'avais émis des idées analogues à celles qu'il vient de développer. Cette rencontre fortuite est pour moi un motif nouveau et puissant de ne voir le port que là où je l'ai indiqué : je pense qu'elle aura frappé la commission.

Je dois ajouter qu'on n'aurait pas autant de peine à établir un tribunal disciplinaire de gens de lettres ou d'auteurs dramatiques que le croit M. Scribe ; maintenant, avec notre organisation imparfaite, très-souvent les bureaux de ces sociétés rendent des sentences arbitrales auxquelles les parties se soumettent très-volontiers. C'est déjà un commencement de juridiction.

M. LE CONSEILLER DEFRESNE. — Ce que M. Victor Hugo et M. Souvestre demandent, c'est tout bonnement l'établissement d'une jurande ou maîtrise littéraire. Je ne dis pas cela pour les blâmer. L'institution qu'ils demandent serait une grande et utile institution; mais, comme eux, je pense qu'il n'y faut songer que pour un temps plus ou moins éloigné.

M. VICTOR HUGO. — Les associations de l'avenir ne seront point celles qu'ont vues nos pères. Les associations du passé étaient basées sur le principe de l'autorité, et faites pour le soutenir et l'organiser; les associations de l'avenir organiseront et développeront la liberté.

Je voudrais voir désormais la loi organiser des groupes d'individualités, pour aider, par ces associations, au progrès véritable de la liberté. La liberté jaillirait de ces associations, et rayonnerait sur tout le pays. Il y aurait liberté d'enseignement avec des conditions fortes imposées à ceux qui voudraient enseigner. Je n'entends pas la liberté d'enseignement comme ce qu'on appelle le parti catholique : liberté de la parole avec des conditions imposées à ceux qui en usent devant les tribunaux, liberté du théâtre avec des conditions analogues; voilà comme j'entends la solution du problème.

J'ajoute un détail qui complète les idées que j'ai émises sur l'organisation de la liberté théâtrale. Cette organisation, on ne pourra guère la commencer sérieusement que quand une réforme dans la haute administration aura réuni dans une même main tout ce qui se rapporte à la protection que l'État doit aux beaux-arts, aux créations de l'intelligence; et, cette main, je ne veux pas que ce soit celle d'un directeur, mais celle d'un ministre. Le pilote de l'intelligence ne saurait être trop haut placé. Voyez, à l'heure qu'il est, quel chaos!

Le ministre de la justice a l'imprimerie nationale; le

13.

ministre de l'intérieur, les théâtres, les musées; le ministre de l'instruction publique, les sociétés savantes; le ministre des cultes, les églises; le ministre des travaux publics, les grandes constructions nationales. Tout cela devrait être réuni.

Un même esprit devrait coordonner dans un vaste système tout cet ensemble, et le féconder. Que peuvent, maintenant, toutes ces pensées divergentes, qui tirent chacune de leur côté? Rien, qu'empêcher tout progrès réel.

Ce ne sont point là des utopies, des rêves. Il faut organiser. L'autorité avait organisé autrefois assez mal, car rien de véritablement bon ne peut sortir d'elle seule. La liberté l'a débordée et l'a vaincue à jamais. La liberté est un principe fécond; mais, pour qu'elle produise ce qu'elle peut et doit produire, il faut l'organiser.

Organisez donc dans le sens de la liberté, et non pas dans le sens de l'autorité. La liberté, elle est maintenant nécessaire. Pourquoi, d'ailleurs, s'en effrayer? Nous avons la liberté du théâtre depuis dix-huit mois; quel grand danger a-t-elle fait courir à la France?

Et, cependant, elle existe maintenant sans être entourée d'aucune des garanties que je voudrais établir. Il y a eu de ces pièces qu'on appelle réactionnaires; savez-vous ce qui en est résulté? C'est que beaucoup de gens qui n'étaient pas républicains avant ces pièces le sont devenus après. Beaucoup des amis de la liberté ne voulaient pas de la République, parce qu'ils croyaient que l'intolérance était dans la nature de ce gouvernement; ces hommes-là se sont réconciliés avec la République le jour où ils ont vu qu'elle donnait un libre cours à l'expression des opinions, et qu'on pouvait se moquer d'elle, qu'elle était bonne princesse, en un mot. Tel a été l'effet des pièces réactionnaires. La République s'est fait honneur en les supportant.

Voyez maintenant ce qui arrive ! la réaction contre la réaction commence. Dernièrement, on a représenté une pièce ultra-réactionnaire : elle a été sifflée ! Et c'est dans ce moment que vous sengeriez à vous donner tort en rétablissant la censure ! Vous relèveriez à l'instant même l'esprit d'opposition qui est au fond du caractère national !

Ce qui s'est passé pour la polique, s'est passé aussi pour la morale. En réalité, il s'est joué, depuis dix-huit mois, moins de pièces décolletées qu'il ne s'en jouait d'ordinaire sous l'empire de la censure. Le public sait que le théâtre est libre ; il est plus difficile. Voilà la situation d'esprit où est le public. Pourquoi donc vouloir faire mal ce que la foule fait bien ?

Laissez là la censure, organisez ; mais, je vous le répète, organisez la liberté !

On sait que, par suite du revirement politique qu'amena l'élection du 10 décembre, le projet de loi que préparait le conseil d'État sur l'organisation des théâtres fut abandonné avant d'avoir été soumis à la discussion publique.

DIX ANS
DE LA VIE D'UNE FEMME
ou
LA MORALITÉ DE M. SCRIBE

On a vu que, devant le conseil d'État, M. Scribe soutint que la liberté des théâtres serait la ruine de l'art, du goût, de l'industrie, des *mœurs*, tandis que le privilége *favorise les ouvrages qui peuvent faire honneur à l'art et être utiles à la morale publique.*

C'est cependant sous l'empire du privilége que furent jouées nombre de pièces de M. Scribe passablement immorales, et, entre autres, son drame intitulé *Dix Ans de la vie d'une femme.*

Nos œuvres et celles de l'école romantique ont été si souvent taxées d'immoralité par des gens qui tiennent M. Scribe pour un auteur moral, qu'il doit bien nous être permis de rétorquer ici l'accusation, et de montrer, *pièce en main*, jusqu'où on poussait quelquefois le scandale dans le camp opposé au nôtre.

Voici ce que c'était que *Dix Ans de la vie d'une femme* [1].

Adèle Évrard a épousé M. Darcey, riche propriétaire, bon et excellent homme, plein de soins, d'attentions et de complaisances pour sa femme ; — une espèce de Danville de *l'École des Vieillards*, avec cette différence que Darcey n'a que quarante ans. — Adèle, madame Darcey, porte le même nom de baptême que madame d'Hervey ; mais, au lieu d'être, comme l'héroïne d'*Antony*, prête à lutter jusqu'à ce point de préférer la mort à la honte, l'Adèle de *Dix Ans de la vie d'une femme* est née avec tous ces mauvais penchants que fertilisent les mauvais conseils.

Or, les mauvais conseils ne lui manquent pas.

Adèle, fille d'un honnête négociant, femme d'un honnête homme, a fait connaissance, — où cela ? l'exposition ne le dit pas, et, cependant, elle devrait le dire : ces sortes de choses, même au théâtre, ont besoin d'être motivées, — Adèle a fait connaissance, disons-nous, avec deux espèces de filles qui s'appellent, l'une madame Laferrier, l'autre Sophie Marini.

Au lever du rideau, Adèle cause avec sa sœur ; de quoi ? d'un sujet dont parlent éternellement les jeunes femmes et les jeunes filles : d'amour.

Clarisse aime un charmant jeune homme nommé Valdeja, que retient loin d'elle sa position d'attaché d'ambassade à Saint-Pétersbourg. Une seule chose

[1]. Drame en cinq actes, en neuf tableaux, représenté, sur le théâtre de la Porte-Saint-Martin, le 17 mars 1832.

l'inquiète dans cet amour, c'est le caractère un peu sombre de celui qui en est l'objet.

Sur ces entrefaites, M. Darcey arrive. Aux premiers mots qu'il prononce, on reconnaît l'excellent homme, moitié père, moitié mari ; sa femme, qu'il adore, n'aura de la vie que le côté charmant; du mariage, que les plumes, la soie et le velours, si elle veut, non pas obéir aux ordres, mais accéder aux désirs de son mari, et ces désirs sont bien simples et bien naturels : son mari désire qu'elle cesse de voir deux personnes plus que compromises, dont la conduite et les façons ne sont en harmonie ni avec les habitudes d'une honnête femme, ni avec les devoirs d'une mère de famille. Adèle promet en femme qui manquera à sa promesse. Son mari sort, appelé par des affaires qui doivent le retenir une partie de la journée hors de chez lui ; Clarisse va s'occuper des soins de la maison, et madame Darcey reste seule.

A peine est-elle seule, qu'on lui annonce madame Laferrier, Sophie Marini et M. Achille Grosbois.

Le premier mouvement d'Adèle est de se rappeler la promesse qu'elle a faite à son mari ; le second est d'y manquer.

Entrent ces dames et M. Achille.

On devine le tour que prend la conversation, surtout lorsque, au trouble avec lequel Adèle reçoit ses amies, celles-ci découvrent qu'il s'est passé quelque chose de nouveau dans le ménage : ce quelque chose de nouveau, c'est la défense faite par Darcey à sa femme de recevoir Sophie et Amélie.

Une pareille défense, qui ferait fuir de honte deux femmes auxquelles il resterait dans le cœur le moindre sentiment de dignité, excite, au contraire, nos deux drôlesses : elles ne se contentent pas de donner à leur séjour au château la mesure d'une visite ordinaire, elles s'invitent à dîner.

En outre, comme si elles avaient pu se douter de l'affront qui vient de leur être fait, elles ont préparé leur vengeance : M. Rodolphe va venir.

— Qu'est-ce que M. Rodolphe? demande Adèle.
— Un jeune homme charmant!
— Qu'est-ce qu'il est?
— Il va à Tortoni.
— J'entends bien... Mais qu'est-ce qu'il fait?
— Il déjeune le matin chez Tortoni, et, le soir, vous le trouvez, en gants jaunes, au balcon de tous les théâtres. Du reste, il est garçon, possède vingt mille livres de rente, et est adorateur d'Adèle.
— De moi?
— Il te poursuit partout sans pouvoir t'atteindre, et, en désespoir de cause, nous adore, Sophie et moi, parce que nous sommes tes meilleures amies!

Et, sur ce renseignement un peu vague, que, le matin, Rodolphe déjeune chez Tortoni, et, le soir, est, en gants jaunes, au balcon de tous les théâtres, Adèle reçoit M. Rodolphe, et l'invite à dîner avec ses amies et M. Achille Grosbois.

En ce moment, accourt Clarisse toute joyeuse : elle annonce à sa sœur qu'un coupé, deux chevaux de la plus belle robe, et un cocher avec une livrée des plus élégantes, envoyés, comme don, par M. Darcey, viennent de faire leur entrée dans la cour du château.

— Comment! tu n'avais pas encore de coupé? dit une des visiteuses.

— Il y a trois ans que mon mari m'en a donné un! dit l'autre.

Et voilà l'effet que M. Darcey attendait de son cocher, de son coupé et de ces deux chevaux complétement manqué.

Mais, comme le père d'Adèle vient d'arriver dans ce bel équipage, quelque peu d'empressement que mette madame Darcey à apprécier un cadeau qui s'est si longtemps fait attendre, force lui est de quitter ses bonnes amies, non pas pour voir coupé, cocher et chevaux, mais pour embrasser M. Évrard.

Amélie la suit, de peur, sans doute, que les embrassements paternels n'éveillent dans le cœur de son amie quelque fibre honnête.

Sophie, M. Achille, M. Rodolphe et Clarisse restent ensemble.

La conversation est difficile entre une jeune fille vertueuse et de pareilles créatures ; mais, attendez, Sophie va en faire les frais.

Elle remercie Clarisse d'une petite somme que celle-ci lui a fait remettre. — Sophie Marini avait pris en main la bourse de la dame de charité, et accomplissait, en quêtant, un devoir pieux.

Pour qui cette demoiselle quêtait-elle ? C'est bien simple : pour une jeune fille abandonnée par un infâme séducteur.

— Oh! voilà qui est horrible! s'écrie Rodolphe, *étendu sur une chaise.*

— Je ne vous nommerai pas le séducteur, quoique je le connaisse, reprend Sophie ; ce serait inutile : il n'est plus en France, il est très-loin, à l'étranger... en Russie.

— En Russie! répète Clarisse vivement, — sans s'apercevoir que, devant elle, jeune fille et demi-maîtresse de maison, il y a un monsieur qui reste *étendu sur une chaise.*

— Oui, en Russie, où il occupe une fort belle place! Et, certainement, ce Valdeja aurait bien pu...

— Valdeja! s'écrie Clarisse.

Bon! voilà le poison versé, voilà la pauvre enfant mordue au cœur!

Adèle rentre. Elle a eu l'idée de faire préparer une collation dans le pavillon du parc.

Toute la société s'en va donc collationner. — Quelques instants après, revient M. Darcey, qui apprend que les meilleurs vins de sa cave et les plus beaux fruits de son jardin servent, en ce moment, à festoyer M. Achille et M. Rodolphe, qu'il ne connaît point assez, et mesdames Sophie Marini et Amélie Laferrier, qu'il ne connaît que trop.

Il se demande s'il est possible que sa femme ait sitôt oublié la promesse qu'elle lui a faite quand reparaissent Amélie, Sophie et Achille, lesquels se mettent à causer librement sans apercevoir le maître de la maison.

AMÉLIE. — Nous voici revenus au point d'où nous étions partis... Il est charmant, ce parc; mais c'est un véritable labyrinthe.

SOPHIE. — Heureusement, nous n'y avons pas rencontré le Minotaure!

ACHILLE. — Il est à Paris.

DARCEY, qui s'est tenu à l'écart, s'avance près d'Amélie. — Non, monsieur!

(Exclamation générale.)

ACHILLE. — Ma foi! monsieur, qui se serait douté que vous

étiez là à m'écouter? Rien de plus désobligeant que d'être écouté! Vous excuserez la plaisanterie, j'espère?

DARCEY. — Monsieur...

ACHILLE. — L'air de la campagne pousse singulièrement aux bons mots, et, sans examiner s'ils sont exacts, la langue s'en débarrasse.

DARCEY. — Je comprends cela à merveille; mais j'ai un grand travers d'esprit : je n'aime pas les fats.

ACHILLE. — Ah! vous n'aimez pas...?

DARCEY. — Non, je ne les aime pas; et, quand ils s'introduisent chez moi (regardant les deux dames), dans quelque compagnie qu'ils se trouvent, je les chasse sans balancer.

ACHILLE, sur les épines. — Fort bien, fort bien! — Je disais tout à l'heure...

DARCEY, élevant la voix. — Monsieur, vous m'avez compris...

SOPHIE, à Amélie. — Il n'y a pas moyen d'y tenir : sortons, ma chère!

(Elle sort en donnant la main à Achille.)

DARCEY. — Je serais désolé de vous retenir.

AMÉLIE. — Monsieur, un pareil outrage...

DARCEY. — Madame Laferrier me permettra-t-elle de la reconduire jusqu'à sa voiture?

RODOLPHE, un bouquet à la main. — Eh bien, où sont donc ces dames?

ADÈLE. — Dieu! M. Rodolphe, partez! éloignez-vous!

RODOLPHE. — Et pourquoi donc?

ADÈLE. — Mon mari est de retour.

RODOLPHE. — Eh! que m'importe?

ADÈLE. — Il vient de nous faire une scène affreuse.

RODOLPHE, gaiement. — C'est comme cela que je les aime, les maris!

ADÈLE. — Mais, pour moi, monsieur; pour moi, de grâce, partez!

RODOLPHE. — Pour vous, c'est différent, il n'y a rien que je ne fasse. Mais mon respect, ma soumission me priveront-ils de votre présence? Dois-je désormais renoncer à ce bonheur?

ADÈLE. — Il le faut. *Je ne puis plus vous voir.*

RODOLPHE. — Chez vous, je le comprends ; mais dans le monde, chez vos amies ?...

ADÈLE, avec crainte. — Monsieur, vous me faites mourir !

RODOLPHE. — Un mot de consentement, un seul mot, et je pars ; sinon, je reste.

ADÈLE. — Partez, partez, je vous en supplie !

RODOLPHE, lui baisant la main. — Ah ! que je vous remercie !

Il s'enfuit par le fond du jardin ; puis revient Darcey.

DARCEY. — Leur voiture est sur la route de Paris... Maintenant, madame, voulez-vous que nous passions au salon ?

ADÈLE. — Monsieur, est-ce là le commencement du rôle de mari ?

DARCEY. — Oui, madame.

ADÈLE, sortant. — Alors, malheur à celui qui ose s'en charger !

DARCEY, la suivant des yeux, et sortant après elle. — Malheur à toi, si tu écoutes d'autres conseils que ceux de la raison !

Au second acte, Adèle est la maîtresse de Rodolphe. — Ainsi, la femme n'a pas même l'excuse de la séduction ; on ne l'a pas vue combattre, faiblir, chanceler : elle a cédé comme ont cédé Sophie Marini ou Amélie Laferrier ; donc, plus d'intérêt. C'est une femme perdue, mais qui ne demandait pas mieux que de se perdre.

Valdeja est arrivé de Russie ; il est plus sombre, plus amer, plus ennemi des femmes que jamais. Une jeune fille qu'il aimait, qu'il comptait épouser, qui était presque sa fiancée, lui a fait écrire par son père qu'elle ne l'aimait pas, qu'elle ne saurait l'aimer.

De là la tristesse de Valdeja, de là le serment qu'il a fait de se venger, sur les autres femmes, des douleurs que celle-là lui a fait souffrir.

Darcey ignore quelle est cette jeune fille ; — chose

assez extraordinaire, vu le degré de liaison où il en est avec Valdeja, et cette jeune fille étant sa belle-sœur.

Enfin!...

Adèle entre.

Elle a, envers son mari, cette fausse tendresse, cet empressement affecté de la femme qui trompe.

Valdeja, aux premiers mots, ne s'y méprend pas.

Adèle annonce à son mari qu'elle vient d'apprendre que son père est malade; en conséquence, elle se propose de lui faire une visite; elle sera rentrée pour le dîner.

— Vraiment! Il est neuf heures du matin, dit Darcey, et à six heures tu seras rentrée?

— A moins qu'on ne me retienne; ce pauvre père est si bon!

— Il me semble qu'en envoyant Créponne ou Baptiste s'informer de sa santé...

— Oh! ce serait d'une indifférence... Et puis, Clarisse, *ma jeune sœur*, m'a écrit : elle désire me voir, sans doute au sujet du mariage dont il est question pour elle, tu sais?

— Ah! mademoiselle votre sœur va se marier?

Et voilà Valdeja instruit que Clarisse va se marier, comme Clarisse a été instruite que Valdeja lui avait été infidèle.

Après quoi, Adèle insiste tellement sur la maladie de son père, et sur ce que la lettre de sa sœur Clarisse contient de pressant, que son mari lui donne toute liberté d'aller où elle voudra.

Elle profite de la liberté avec tant d'empressement, que Valdeja prend des soupçons, prétexte des visites à faire, une lettre d'un prince russe à remettre à un

M. Laferrier, et va sortir au hasard pour suivre madame Darcey, quand on annonce que Clarisse vient d'arriver.

— Alors, répond Darcey, dites à Adèle que sa sœur est là.
— Madame est sortie.
— C'est étonnant ! je n'ai pas entendu sa voiture, et il y a trop loin pour qu'elle aille à pied.
— Madame avait envoyé Baptiste à la place voisine pour faire avancer un fiacre.
— Un fiacre? C'est singulier ! dit Darcey.

Clarisse entre; son père n'est pas malade le moins du monde! — mais son honneur est sur le point d'être tué par une faillite. Il lui faudrait cent mille écus pour le sauver.

Valdeja les offre.

Mais Darcey ne souffrira pas qu'un étranger paye les dettes de sa famille : les cent mille écus sont mis par lui à la disposition du père de Clarisse.

Passons au tableau suivant, et vous allez voir si Adèle d'Hervey, — pauvre Adèle, contre laquelle on a tant crié, parce qu'elle était une femme honnête! — et vous allez voir, dis-je, si Adèle d'Hervey n'est pas une rosière près d'Adèle Darcey.

Rappelez-vous bien que notre confrère Scribe, auteur de *Dix Ans de la vie d'une femme* et d'*Héloïse et Abeilard*, est un des plus chauds partisans de la censure dramatique !

Le théâtre représente un boudoir élégant chez madame Laferrier. — Adèle est là, qui attend Rodolphe.

Vous avouez, n'est-ce pas, que je n'avais pas si grand

tort de dire que madame Laferrier était une drôlesse.

Il y a même, je crois, un autre nom pour désigner les femmes qui prêtent leur boudoir aux amies, quand ces amies disent à leur mari que leur père se meurt, afin d'avoir la liberté d'aller voir leur amant.

Mais rassurez-vous, Adèle et Rodolphe ne se trouvent là que pour se brouiller.

Il est vrai que la brouille est suffisamment scandaleuse comme cela.

— Qu'avez-vous à me reprocher, madame?
— Votre oubli de toutes les convenances. Avant-hier, par exemple, quand vous me donniez le bras, oser saluer sur le boulevard mademoiselle Anastasie, une figurante de l'Opéra !
— Du chapeau seulement, sans mains, sans grâce, comme on salue tout le monde.
— Je l'avais vue déjà une fois sortir de chez vous.
— C'est ma locataire. J'aime les arts, moi...
— Je vous prie de me rendre mes lettres et mon portrait.
— Dès demain, mon valet de chambre Sylvestre vous portera vos lettres, et, quant à votre portrait, ce médaillon que j'avais fait faire, et qui ne me quittait jamais, le voici, madame.
— C'est bien ! le voilà donc revenu dans mes mains. (L'ouvrant pour le regarder.) Dieu! que vois-je! et quelle indignité ! le portrait de mademoiselle Anastasie !
— Est-il possible? C'est délicieux ! Je me serai trompé en le prenant ce matin. (Textuel.)

Et Rodolphe sort en baisant la main d'Adèle, en l'appelant « cruelle » et en lui promettant de ne jamais oublier ses bontés.

— Ce pauvre Rodolphe ! un charmant cavalier ! dit Amélie, qui était présente à l'entretien.

On conçoit qu'après les impertinences que s'est permises M. Rodolphe, Amélie a peine à faire revenir Adèle sur le compte de ce *charmant cavalier*. Peut-être, cependant, va-t-elle y réussir, quand le nom de Valdeja est prononcé. Cet incident donne un autre cours à la conversation.

— Valdeja! s'écrie Amélie; l'ennemi mortel de Sophie Marini?
— Lui-même... Sais-tu ce que Sophie Marini a contre lui?
— Elle ne me l'a jamais confié; mais on prétend qu'autrefois elle l'a aimé. Puis il a découvert qu'il avait des rivaux, et il s'est vengé d'une manière indigne.
— Comment cela?
— En la faisant trouver à un dîner où il avait invité tous ceux qu'elle avait préférés. On ne dit pas combien il y avait de couverts. (Textuel.)

Sur ces entrefaites, arrive Créponne, la femme de chambre d'Adèle. Il y a six heures qu'elle cherche sa maîtresse de tous côtés : chez Rodolphe, chez madame Marini. Clarisse est venue à la maison, elle a tout dévoilé : son père n'est point malade, et elle n'avait point écrit!

Que faire?

Par bonheur, Amélie est là.

— Y a-t-il longtemps que vous n'êtes allés, toi et ton mari, chez madame de Longpré, dont tu me parles souvent?
— Quinze jours environ.
— Assieds-toi là, et écris.
— Que veux-tu que je lui écrive?
— Assieds-toi toujours. (Dictant.) « Si, avant de m'avoir vue, le hasard vous mettait en rapport avec mon père ou mon mari, n'oubliez pas que je suis arrivée aujourd'hui chez vous

dans un état affreux; que j'y suis restée longtemps, et que j'en suis repartie en fiacre. Je vous envoie mon chapeau et mon mouchoir. Vous me les renverrez demain par votre femme de chambre. » Date et signe. Commences-tu à comprendre?

— Oui, *mon bon ange !*

— En arrivant chez toi, tu te trouveras mal, et je réponds du reste.

— Dieu! que c'est simple et bien ! (Textuel.)

En ce moment, un domestique annonce qu'un monsieur demande à parler à madame.

— Il prend bien son temps, répond Amélie; qu'il s'en aille !

— Il prétend qu'il n'est que pour un jour à Paris, et qu'il apporte à madame des lettres et des nouvelles du prince Krimikof.

— Ce pauvre prince! il pense encore à moi! — Dis au monsieur d'attendre là dans la pièce qui touche à ce boudoir; dans un instant, je suis à lui, je le recevrai.

Pourquoi *dans la pièce qui touche à ce boudoir?* nous demandera-t-on.

Mais parce qu'il faut que le monsieur entende ce qui va se dire; ce n'est pas plus malin que cela !

Voyez plutôt : une fois le domestique sorti, le dialogue continue entre Adèle et Amélie.

— Une chose m'inquiète, maintenant : ce sont ces lettres et ce portrait que Rodolphe a entre les mains.

— C'est ta faute; je t'ai dit vingt fois de ne pas écrire. Tu veux toujours faire à ta tête!

— Il n'en a que trois, et il m'a bien promis devant toi de me les renvoyer demain par son valet de chambre.

— Espérons-le! Allons, va-t'en vite!

— De ce côté ?

— Oh ! non, tu serais vue par cet étranger.

— Eh ! mais j'y pense, maintenant, nous sommes là à parler tout haut, et l'on entend de ton petit salon tout ce qui se dit ici.

— Qu'importe ! cet étranger ne sait peut-être pas le français.

Et Adèle s'en va tranquille, sur cette probabilité qu'un Russe ne sait pas le français, c'est-à-dire la langue courante de la Russie; et elle ne réfléchit pas qu'un Russe qui ne parlerait pas le français ne demanderait pas à parler à Amélie, laquelle n'est pas posée en femme qui sache le russe.

Derrière les deux femmes, entre Valdeja, introduit par le domestique.

— Je n'étais pas si mal où j'étais ! se dit Valdeja, et, dès qu'à travers cette légère cloison j'ai eu reconnu la voix de madame Darcey, j'eusse mérité de ne plus rien entendre de ma vie, si j'eusse perdu un mot de leur conversation.

A quoi songe, maintenant, Valdeja ? C'est tout simple : à s'emparer du mouchoir et de la lettre d'Adèle. Malheureusement, Amélie, en reconduisant son amie, les a emportés avec elle. Mais, rassurez-vous, en rentrant, elle les rapportera, et cela donnera lieu, comme vous allez le voir, à une scène curieuse.

Valdeja, qui parle parfaitement le français, quoique étranger, puisqu'il est Espagnol, a été chargé par le prince Krimikof d'une lettre pour M. Laferrier. Cette lettre est son entrée en matière.

Puis on cause du prince Krimikof.

— Dans quel état l'avez-vous trouvé? demande Amélie.
— Fort triste et fort maussade.
— Changé à ce point! Je l'ai vu ici, il y a six ans : il était charmant.
— Je sais cela. Il m'a dit que vous l'aviez trouvé charmant.
— Il vous l'a dit?
— Chut!... Parce que je sais vos heures intimes avec lui, ce n'est pas une raison pour les publier.
— Monsieur! M. Krimikof est un fat... Je nie positivement.
— A quoi bon? Parce qu'on arrive du fond de la Russie, nous croyez-vous en dehors de la civilisation? Là-bas, comme ici, la vie bien entendue n'est qu'un joyeux festin; et de quel droit M. Krimikof se réserverait-il le privilége d'une ivresse exclusive?
— Eh! mais, monsieur, permettez-moi de vous dire que voilà d'affreux principes.

Toutefois, comme l'auteur a soin de dire qu'Amélie prononce ces paroles *en souriant*, Valdeja continue.

— Affreux à avouer, doux à mettre en pratique.
— Monsieur!
— Ne le niez pas, je sais tout... car cette lettre que j'ai là, cette lettre n'est pas pour votre mari, comme j'ai dit : elle est pour vous.

Et c'est bien malheureux que ce soit pour madame Laferrier, et non pour M. Laferrier, car, quoiqu'on en parle beaucoup, on ne voit pas du tout M Laferrier. Il serait pourtant curieux à voir, le mari qui s'accommode d'une pareille femme!

Écoutez bien, et suivez le tour que va prendre la conversation.

— Mais, continue Valdeja, à votre seul aspect, je me suis

repenti de m'en être chargé... Il me semblait cruel de vous apporter, de la part d'un autre, des hommages que j'étais tenté de vous rendre, et de vous voir lire devant moi ce que je n'osais vous dire.

— Y pensez-vous ?

— Voici cette lettre, madame, la voici ; mais, par grâce, par pitié, attendez pour l'ouvrir que je me sois éloigné, et que mon absence vous ait livrée tout entière à mon rival heureux.

— Un rival ?... Permettez! je ne vous cacherai pas que les brillantes qualités de M. Krimikof m'avaient frappée ; cependant, sans le piége qu'il m'a tendu, je serais, je l'atteste, restée irréprochable.

Quel est donc le piége qui a été tendu par le prince Krimikof à madame Laferrier? L'auteur ne le dit pas. Mais il doit être dans le genre du piége que lui tend Valdeja.

Pauvre Amélie ! Avouons qu'elle a de grandes dispositions naturelles à se laisser prendre au piége.

— Irréprochable! s'écrie Valdeja avec chaleur. Eh! bon Dieu! de quel mot vous servez-vous là ? Qu'est-ce que c'est que *vertueuse ?* Et, par opposition, qu'est-ce que c'est que *coupable ?* (Riant.) Ah! ah! sur mon âme, voilà d'étroites idées, d'anciennes façons bien pauvres, et je croyais la France moins arriérée. Vous arrêter un instant à de pareilles distinctions? Ah! madame, j'avais d'abord conçu une meilleure idée de vous !

Vous comprenez la joie d'Amélie à l'idée de la bonne opinion qu'avait conçue d'elle le noble étranger. Aussi, Valdeja reprend en *serrant son débit :*

— Quand on adopte un régime, il faut tâcher qu'il soit bon. Je ne connais qu'un enseignement respectable, c'est celui de nos passions. La nature y est pour tout, la société pour rien.

Plaisir, ivresse, délire, voilà des mots auxquels nos cœurs répondent... Vous le savez, vous qui ne pouvez, même en ce moment, contenir vos pensées qui s'allument (il lui prend la main), vous dont le pouls s'active, dont l'œil s'enflamme et rit là en silence de tous ces aphorismes de vertu.

— Monsieur, monsieur...
— A quoi bon ces vains scrupules? Je vous comprends, je vous suis, je vous devance peut-être.
— Parlons d'autre chose, je vous prie.
— Voyez, votre mémoire vous domine, vos souvenirs sont dans votre sang; vous vous rappelez tout ce que vaut, dans la la vie, un moment d'illusion...
— Laissez-moi!
— Ce que peut un bras qui serre...
— Laissez-moi!
— Un souffle qui renverse!
— Oh! grâce! grâce!

Vous comprenez bien qu'au lieu de s'arrêter, Valdeja continue.

— Venez! dit-il en prenant Amélie par la taille.
— Écoutez! (On entend le bruit d'une voiture.) C'est mon mari! voilà sa voiture qui rentre.

Ah! nous allons donc voir ce bon M. Laferrier!

Le bruit de cette voiture, qui gênerait tout autre, aide, au contraire, Valdeja à clore la scène, laquelle, sans la rentrée de la voiture, devenait difficile, on en conviendra, entre gens qui se voient pour la première fois, et dont l'un hait et méprise l'autre.

— Vous quitter ainsi, s'écrie Valdeja, sans un gage, sans un souvenir? (Apercevant le mouchoir resté sur la table.) Ah! ce mouchoir, qui est le vôtre...
— Monsieur...

— Là, là, sur mon cœur; il y restera comme votre image!
— Monsieur, rendez-moi mon mouchoir.
— Jamais! Adieu, adieu, madame!

Et, malgré les cris d'Amélie : « Mon mouchoir, mon mouchoir! » Valdeja sort, oubliant de laisser quelque chose pour les gants.

La toile tombe.

Voyons, maintenant, ce qui va se passer dans le troisième acte.

Au premier tableau du troisième acte, nous sommes chez Valdeja, dans un hôtel garni.

Valdeja est seul, assis à une table, et tient à la main le mouchoir qu'il a pris chez madame Laferrier.

Il attend Mouravief, son mougik.

Mouravief a été chargé par Valdeja de se procurer *adroitement* les lettres et le portrait.

Peut-être Valdeja, en sa qualité d'homme civilisé, aurait-il dû aider un peu l'adresse d'un mougik arrivé depuis la veille à Paris, et qui, par conséquent, ne doit pas être bien au courant des mœurs françaises; mais il a négligé ce détail, qui, lorsqu'il s'agit de la réputation de la femme d'un ami, mérite peut-être bien, cependant, qu'on lui donne quelque attention.

Il en résulte que Mouravief a été adroit comme un mougik; il a attendu le domestique de Rodolphe à la porte du n° 71 de la rue de Provence, où demeure l'habitué du café Tortoni; il s'est assuré que ce domestique était porteur des lettres et du portrait; il lui a, en termes de savate, passé la jambe. Sylvestre est tombé, lâchant lettres et portrait; Mouravief s'en est emparé, et il arrive tout courant.

Ne nous plaignons pas : la maladresse de Mouravief est une adresse de l'auteur, et va nous valoir tout à l'heure une bonne scène.

Je dis tout à l'heure, parce qu'avant la bonne scène, il y en a une qui ne nous paraît pas heureuse, — au point de vue de la morale, toujours ! car nous ne nous occupons pas ici, remarquez-le bien, de la valeur plus ou moins littéraire du drame.

Non, nous nous supposons académicien, — que diable voulez-vous ! nous sommes tous mortels ! — nous nous supposons académicien, chargé de faire un rapport sur la pièce la plus morale jouée en 1832 sur la ligne des boulevards; notre confrère Sribe concourt pour le prix de moralité : nous examinons sa pièce avec d'autant plus de sévérité que nous le savons partisan fanatique de la censure, et nous faisons notre rapport.

La scène malheureuse est celle où Valdeja ouvre le paquet, et lit les lettres adressées à M. Rodolphe par la femme de son ami. Cette lecture l'affermit dans la résolution de tout laisser ignorer à cet ami; seulement, il se chargera de venger son honneur, et se battra avec Rodolphe.

En conséquence; il prend une boîte de pistolets, deux épées de duel, et s'apprête à sortir pour aller trouver le Rodolphe, rue de Provence, n° 71.

Sur le seuil de la porte, il rencontre celui qu'il allait chercher.

Rodolphe a, comme Valdeja, une boîte de pistolets à la main, et deux épées sous le bras.

Que Valdeja, qui veut probablement un duel sans

témoins, prenne pistolets et épées, et s'en vienne trouver, armé comme Malbrouck allant en guerre, l'homme auquel il a à demander compte de l'honneur d'un ami, très-bien! cela ce conçoit.

Mais que Rodolphe, qui n'a aucun de ces motifs, au lieu d'envoyer ses témoins, comme cela se fait entre gens comme il faut, vienne lui-même, et monte, épée sous le bras, pistolets à la main, au lieu de laisser toute cette armure dans son fiacre, cela n'a aucune logique.

N'importe! nous l'avons déjà dit, ce n'est pas de ce côté-là que notre chasse nous mène. La scène que donne cette invraisemblance est originale, bien filée : cela suffit. Bravo! bravo! bravo!

Seulement, vous allez voir où nous sommes fâché que notre confrère ait profité de l'absence de la censure.

Les deux jeunes gens sont convenus qu'ils se battront au pistolet. C'est Rodolphe qui propose l'arme.

— Le pistolet, soit! répond Valdeja.
— Chacun les nôtres.
— J'y consens.
— Dites-moi donc, — reprend Rodolphe tenant, ainsi que Valdeja, sa boîte à la main, — nous avons l'air de bijoutiers courant les pratiques.
— Pourquoi non? La mort est un chaland tout comme un autre, et nos âmes sont, dit-on, des joyaux divins.
— *Vieilles idées sans base et sans soutien!*
— Pour l'un des deux, Rodolphe, le doute aura cessé d'exister aujourd'hui.
— Va comme il est dit!

Et tous deux sortent.

Le deuxième tableau du troisième acte nous ramène dans un salon de la maison d'Évrard. — Toute la famille est joyeuse ; les trois cent mille francs de Darcey ont sauvé Évrard de la ruine. On bénit Darcey.

Albert Melville, le futur époux de Clarisse, profite de ce moment d'épanchement pour tâcher d'obtenir de sa fiancée une réponse positive sur l'état où est son cœur. Clarisse aura pour lui l'amitié d'une sœur, la tendresse d'une amie, mais elle ne l'aimera jamais d'amour.

Albert se résigne ; en énumérant les qualités de Clarisse, il doit se trouver heureux de son partage.

La scène est interrompue par l'arrivée d'Adèle. Depuis longtemps, elle n'est pas venue chez son père ; mais, invitée par lui, ainsi que son mari, à une petite soirée de famille, elle s'est rendue à l'invitation.

Derrière elle entrent M. et madame Dusseuil, son oncle et sa tante.

Quant à M. Darcey, on ne sait s'il viendra. Adèle ne l'a pas vu depuis le matin.

Au moment où l'on doute de son arrivée, la porte s'ouvre, et il paraît, pâle et contraint.

Alors commence une scène d'un dramatique simple et intime. Darcey a trouvé les lettres de sa femme. — L'auteur ne nous dit pas comment, car ces lettres ne devaient lui être remises que deux heures après le départ de Valdeja ; ce qui ferait supposer que, Valdeja n'étant point revenu dans deux heures, c'est que Valdeja est mort. — Mais n'importe par quel moyen Darcey a trouvé les lettres ; il les a, voilà le pricipal, et il vient, comme devant un tribunal de famille, demander à chacun quelle est la vengeance que doit tirer un de ses amis d'une femme qui le trompe.

— Je pardonnerais, mon frère, dit Clarisse, dans l'espoir d'obtenir par le repentir ce qu'un autre sentiment n'aurait pas eu assez de force pour faire naître.

— Moi, je la tuerais! dit Albert.

Le père d'Adèle est interrogé à son tour.

ÉVRARD. — Ma foi, je la mènerais à ses parents; je les ferais juges entre elle et moi; je leur dirais : « La voilà! le mauvais germe a étouffé le bon; il a porté ses fruits; ils sont mûrs, récoltez-les! » et je la leur laisserais.

DARCEY. — Eh bien, c'est vous qui l'avez jugée.

ADÈLE, avec anxiété. — Mais qui donc?...

DARCEY. — Je ne la tuerai pas, je ne la traînerai pas sur les bancs d'un tribunal; mais je vous la rendrai, mon père! car, cet homme, c'est moi! cette femme, c'est votre fille!

ADÈLE. — *Ce n'est pas vrai!*

ÉVRARD. — Adèle vous a trahi?

ADÈLE. — Je ne suis pas coupable! il ne m'aime plus : c'est un prétexte.

DARCEY. — Et Rodolphe, l'avez-vous oublié depuis hier?

ADÈLE. — *Qui, Rodolphe?*

DARCEY. — Rodolphe, votre amant!

ADÈLE. — *Je ne connais pas de Rodolphe!*

DARCEY. — Vous ne connaissez pas de Rodolphe?

ADÈLE. — Non.

DARCEY, lui mettant ses lettres sous les yeux. — Lisez donc! lisez! voilà les pièces du procès. — Ces lettres, ce sont les siennes. Adieu! justice est faite!...

Il ne resterait plus à Darcey qu'à se venger de Rodolphe; mais, comme on pouvait s'y attendre, celui-ci a été tué par Valdeja.

Au quatrième acte, on est chez Adèle : intérieur

modeste, extrême frontière de la médiocrité. Adèle va manquer d'argent; elle tient à la main la plume, elle a sous la main le papier, elle est prête à s'humilier devant son mari, et à lui demander un secours.

Elle préfère cette honte à devenir la maîtresse d'un banquier italien nommé Rialto.

Sophie et Amélie entrent.

Vous devinez la scène : la plume est jetée de l'autre côté de la table ; le papier sur lequel les premières lettres étaient déjà tracées est déchiré ; on accepte les propositions de Rialto.

Le traité infâme prend l'apparence d'un dévouement. Albert Melville a perdu sa place au ministère des finances; Rialto, qui est à la tête de tous les emprunts, la lui fera rendre, et Albert Melville épousera Clarisse. D'où vient donc aux trois femmes ce souci du bonheur d'Albert et de Clarisse?

Attendez! Le mariage des deux jeunes gens fera le désespoir de Valdeja.

Valdeja se présente sur ces entrefaites.

Il vient de la part de Darcey. Le bon cœur de celui-ci a eu pitié des souffrances physiques, non pas de l'épouse, mais de la femme. Adèle ne lui est plus rien, qu'au point de vue de l'humanité en général ; elle n'est plus de sa famille, elle est son prochain.

Adèle, qui a presque accepté ce bienfait conjugal, le refuse à l'instigation des deux femmes.

Valdeja est plus joyeux que de coutume : malgré lui, il sourit à ce contre-temps qui jette dans l'infini le mariage d'Albert avec Clarisse.

Mais, en promettant de céder à Rialto, Adèle a demandé que la place d'Albert lui fût rendue, et, dans les dix minutes, la place est rendue, le mariage est repris, les jeunes gens sont mariés!

Ce n'est pas pas bien probable qu'en dix minutes tout cela puisse se faire; mais on sait qu'au théâtre le temps matériel n'existe pas.

En apprenant que c'est la haine des trois femmes qui vient de briser sa dernière espérance, Valdeja fait un nouveau serment de haine qu'elles acceptent en riant.

Sur ce serment, la toile tombe.

Elle se relève sur un joli jardin, pavillon à gauche.

Depuis trois ans, Adèle est la maîtresse de Rialto dans les conditions de la femme entretenue. Rien n'y manque, pas même l'amant de cœur.

L'amant de cœur s'appelle M. Hippolyte.

Rialto promet d'acheter des maisons, des équipages, des chevaux, et on le déteste. M. Hippolyte donne un simple bouquet, et on l'adore.

Voyez-le entrer.

— Bonjour! ma chère Adèle!
— Ah! arrivez donc, monsieur! je m'entretenais de vous.
— Et moi, je pensais à vous. *Vous le voyez, ma chère Adèle, des fleurs, votre image...*

Il est évident que, si Hippolyte a fait la conquête de madame Darecy, c'est une affaire de cœur dans laquelle l'esprit n'a aucune part.

Au reste, Hippolyte est plus que grave, il est solennel. Il renvoie Créponne, la femme de chambre, et reste seul avec Adèle. C'est celle-ci qui entame la conversation.

— Voyons, qu'est-ce qui pèse si fort sur ta gaieté aujourd'hui? demande-t-elle.
— J'ai quelque chose de si important à te dire!
— Quoi donc?
— Ma chère Adèle, depuis trois mois, je suis aimé de toi; depuis six semaines, j'ai formé le projet d'être ton mari, et je viens te l'annoncer.
— Ah! ah! ah! ah! fait Adèle éclatant de rire.
— Qu'y a-t-il donc de si risible?
— Je ris parce que... Ah! ah! ah! mais c'est une plaisanterie.

Cette hilarité, assez intempestive en face d'une proposition si sérieuse, ne démonte aucunement Hippolyte. Il est majeur de la veille, il veut à toute force profiter de sa majorité pour épouser Adèle.

On annonce Rialto.

— C'est votre père? demande ingénument Hippolyte.
— Oui, mon ami; il faut partir à l'instant, par ici, par la porte de ce pavillon.
— Pourquoi donc?
— Il ne faut pas qu'il vous voie, ou tout serait perdu! Éloignez-vous, de grâce!
— *Du tout!* Je veux voir monsieur votre père, moi; j'ai à lui parler.

Vous devinez pourquoi Hippolyte veut parler à Rialto : Hippolyte, qui attribue les rires désordonnés d'Adèle à un caractère enjoué, veut faire à Rialto la demande de la main de sa fille!

Rialto, à cette demande, rit encore plus haut que n'a ri Adèle. Autant vaudrait, pour le pauvre amoureux, avoir demandé la main de la fille de Démocrite.

Mais Hippolyte insiste plus encore auprès de Rialto qu'il n'a insisté auprès d'Adèle; son tuteur, à qui il a vanté la vertu et la beauté de celle qu'il aime, va venir.

La plaisanterie dure dix minutes, à peu près; mais alors Rialto, dont le rire a subi plusieurs nuances, pense qu'il est temps de la faire cesser. Il envoie promener l'amoureux, et prend le bras d'Adèle pour aller se promener lui-même.

Mais vous allez voir ce qui va se passer ; une chose, certes, à laquelle vous ne vous attendez pas!

HIPPOLYTE, arrêtant Rialto par le bras. — Monsieur, c'est beaucoup plus grave que vous ne pensez!

RIALTO. — C'est possible; mais, si vous êtes malade du cerveau, je ne suis pas médecin.

ADÈLE. — Mon Dieu! laissons là cet entretien.

HIPPOLYTE. — Non, madame; je forcerai bien monsieur votre père à ne pas me refuser.

RIALTO. — C'est ce que nous verrons.

HIPPOLYTE. — Un mot suffira. Et, puisqu'il n'y a pas d'autre moyen, daignez me répondre, monsieur. Connaissez-vous l'honneur?

RIALTO. — Eh bien, oui, je le connais. Qu'est-ce que vous en voulez dire?

HIPPOLYTE. — Tenez-vous au vôtre et à celui de votre famille?

RIALTO. — Sans doute que j'y tiens.

HIPPOLYTE. — Arrangez-vous, alors, pour qu'il ne souffre pas des atteintes que je lui ai portées et tâchez de réparer avec le mari le dommage que l'amant lui a fait.

RIALTO. — L'amant?

ADÈLE. — Ne l'écoutez pas!

HIPPOLYTE. — L'amant! Depuis trois mois, madame m'appartient!

RIALTO. — Ah! ah! qu'est-ce que vous me dites là?

hippolyte. — Ce qui est.

adèle. — C'est une horreur

hippolyte. — Et si vous avez un cœur de père...

rialto. — Eh! monsieur, je ne suis pas son père!

hippolyte. — Vous n'êtes pas son père?

rialto. — Ni son père, ni son frère, ni son oncle, ni son mari... Comprenez-vous, maintenant?

hippolyte, stupéfié. — Ah! ce n'est pas possible!

rialto. — Aïe! aïe! belle dame, vous m'en faisiez donc en cachette?... Et mes billets de mille francs comptaient pour deux, à ce qu'il paraît!

adèle. — Il n'en est rien, je vous jure.

rialto. — Ah! ah! ah!... Et vous, mon brave, vous voulez épouser des femmes qui vivent séparées de leurs maris, et que des protecteurs consolent!...

Nous croyons devoir tenir nos lecteurs, et surtout nos lectrices, quittes du reste de la scène.

C'est peut-être bien *nature*, comme on dit en termes d'atelier; mais la vilaine nature! Pouah!

Et quand je pense qu'une fois dans ma vie, j'ai fait quelque chose d'à peu près pareil, dans une pièce intitulée *le Fils de l'émigré !*

Au cinquième acte, nous sommes dans *une salle basse de triste apparence.*

Trois ans se sont écoulés depuis qu'Adèle a été chassée par Rialto, et abandonnée par Hippolyte.

Sophie attend Adèle. Les deux femmes se reconnaissent.

— Ah! c'est toi, Sophie, dit Adèle.
— Tu me reconnais? C'est heureux! Pour moi, je l'avoue, j'aurais eu quelque peine...
— Je suis donc bien changée? reprend Adèle.
— Tu as l'air souffrant...

— Et toi, depuis trois ans que tu as quitté Paris ?...

— J'étais allée en Belgique avec mon mari, lorsqu'il est parti pour ce pays-là, sans le dire à ses créanciers, car les fournisseurs en sont tous là : se ruiner en entreprises, en spéculations, quand il y a tant d'autres moyens !

— Et il ne lui est rien resté ?

— Rien... que des dettes ! répond Sophie avec amertume. Mais, moi, *j'avais encore des espérances* : un oncle paralytique, M. de Saint-Brice, qui, veuf et sans enfants, avait une immense fortune, et je suis revenue en France, à Paris, où j'ai appris que, *par la grâce du ciel*, il venait de mourir. Mais, vois l'horreur, il m'a déshéritée !

C'est Valdeja qui a déterminé M. de Saint-Brice à faire ce beau coup ; de sorte que vous comprenez que l'amour de Sophie pour l'ex-attaché d'ambassade à Saint-Pétersbourg n'a pas fait de grands progrès.

Nous disons l'*ex-attaché*, parce que, depuis six ans qu'il est resté à Paris pour s'occuper des affaires de son ami Darcey, et de celles de son pupille Hippolyte, Valdeja doit être, non plus attaché, mais détaché d'ambassade.

Pendant ces trois dernières années, Adèle a fait la connaissance de M. Léopold, le fils d'un riche négociant en vins qui venait de recueillir la succession de son père ; mais la succession, *par malheur n'a pas duré longtemps.*

— Et tu ne l'as pas abandonné ? demande Sophie.

— Je le voudrais, dit Adèle ; je n'ose pas. Il est si violent il me tuerait !

En outre, Adèle a découvert des secrets qui la font trembler : M. Léopold attire *les jeunes gens imprudents, et les dépouille.*

Elle n'a d'espoir qu'en sa sœur, à qui elle a écrit.

Créponne entre, et remet une lettre à Adèle; cette lettre est de Clarisse; de Clarisse, toujours bonne, charitable, aimante! Son mari lui a défendu de voir sa sœur; mais, à deux heures, enveloppée d'une mante, elle viendra à pied. Adèle doit s'arranger pour être seule.

Sophie lit la lettre en même temps qu'Adèle. Elle voit dans cette lettre un moyen de perdre Clarisse : elle y réfléchira.

— Adieu, dit-elle à madame Darcey. Si j'ai quelque chose de nouveau, je viendrai te revoir.

— Je crains que Léopold ne se fâche, et que cela ne lui déplaise.

— Eh bien, par exemple!

— Pour plus de sûreté, quand tu auras à me parler, ne monte pas par le grand escalier, où l'on pourrait te voir, mais viens par celui-ci, dont voici la clef.

Il ne manquait qu'une clef à Sophie pour mettre son projet à exécution.

Maintenant qu'elle a la clef, il ne lui manque plus rien, rien qu'un peu d'argent pour manger.

— Tu n'aurais pas quelque argent à me prêter? dit-elle.

— J'en ai si peu!

— Et, moi, je n'en ai pas du tout. Je te rendrai cela dès que j'aurai obtenu ce que je sollicite.

— Bientôt?

— Je te le promets.

— A la bonne heure, car sans cela... Tiens!

Mais, en ce moment, arrive M. Léopold, qui flaire

l'argent, saute dessus, et le confisque, comme il dit, *par mesure de police.*

Voilà qui peut déjà vous faire juger des procédés de ce monsieur ; mais vous allez en voir bien d'autres de sa part. Il a besoin d'argent, de beaucoup d'argent.

Adèle en demandera à ses parents.

— Vous savez bien qu'ils sont morts de chagrin, lui dit Adèle.

— Oui, à ce qu'ils disent, répond Léopold.

Le mot est joli, trop joli même.

Il y a encore M. Rialto. Adèle refuse de s'adresser à lui.

— M. Hippolyte, alors...

ADÈLE. — Plutôt mourir que d'avoir recours à lui !

LÉOPOLD, haussant la voix. — Il le faut, cependant ; car je le veux et vous ne me connaissez pas, quand on me résiste.

ADÈLE. — Léopold, Léopold, vous m'effrayez !... (A part.) Ah ! Dieu ! qui m'arrachera de ses mains ?

LÉOPOLD. — Là, au secrétaire... Voilà ce qu'il vous faut pour écrire. (Entre Créponne.)

CRÉPONNE, bas, à Adèle. — Une dame, enveloppée d'un manteau, est là dans votre chambre.

ADÈLE, de même. — C'est ma sœur, c'est Clarisse !

LÉOPOLD, l'arrêtant par le bras. — Où vas-tu ? Tu ne sortiras pas d'ici que tu n'aies écrit.

ADÈLE. — O mon Dieu !

LÉOPOLD, la faisant asseoir au secrétaire. — Allons, une lettre à la Sévigné, et, pour cela, je vais dicter : « Cher Hippolyte... »

ADÈLE. — Je ne mettrai jamais cela.

LÉOPOLD. — « Hippolyte, » tout court.

ADÈLE, écrivant. — « Monsieur... »

LÉOPOLD. — A la bonne heure, je n'y tiens pas. (Dictant.)

« Monsieur..., une ancienne amie bien malheureuse... »

CRÉPONNE. — C'est bien vrai !

LÉOPOLD. — Je ne mens jamais... (Dictant.) « Est menacée d'un affreux danger dont vous seul pouvez la sauver. »

ADÈLE. — Mais c'est le tromper !

LÉOPOLD. — Q'en savez-vous ? Je ne mens jamais... (Dictant.) « Si tout souvenir, si toute humanité n'est pas éteinte dans votre cœur, venez à son secours ! Elle vous attendra aujourd'hui, rue... » Mets ton nom et ton adresse. « Prenez avec vous de l'or, beaucoup d'or. Vous saurez pourquoi. »

ADÈLE, indignée. — Je n'écrirai jamais cela.

LÉOPOLD, dictant d'un ton impératif. — « Vous saurez pourquoi, et j'ose croire que vous m'en remercierez. » (Lui prenant les mains.) Allons ! écris, je le veux !

ADÈLE. — Mais que prétendez-vous donc faire ? le forcer à jouer, le dépouiller ?

LÉOPOLD. — Cela me regarde... Signe !

Et Adèle signe, et Léopold sort.

Mais, aussitôt, Adèle ordonne à Créponne de courir chez Hippolyte, et de le prévenir du guet-apens qui lui est tendu. Quant à Adèle, elle va rejoindre sa sœur.

Créponne reste seule à monologuer en mettant son châle. Tandis qu'elle s'adonne à cette double occupation, la porte du petit escalier s'ouvre lentement, et Albert paraît, enveloppé d'un manteau.

— Encore un qui arrive ! dit la femme de chambre. Il en sort donc ici de tous côtés ?

Vous croyez peut-être que Créponne, qui n'a pas sa langue dans sa poche, va s'approcher du nouveau venu, et lui demander qui il est, pour avoir une clef du logis de sa maîtresse? Non, elle s'en va tranquillement du côté opposé.

Ah! confrère, vous, si adroit, si ingénieux !... J'aurais, en vérité, mieux aimé faire ce qu'en termes de théâtre, on appelle *un loup*.

Il est vrai que, si Créponne eût parlé à cet homme enveloppé d'un manteau, elle eût reconnu Albert, à qui elle eût dit que sa femme était là, et qu'alors il n'y avait plus de premier tableau du cinquième acte.

Vous comprenez, n'est-ce pas, cher lecteur? Sophie a envoyé à Albert la clef que lui avait donnée Adèle, et, en l'envoyant, elle a eu soin, bien entendu, de dire à Melville que sa femme avait un rendez-vous avec Valdeja; puis elle a écrit à Valdeja, au nom de Clarisse, pour lui dire qu'il trouvera celle-ci... où? je n'en sais rien : l'auteur de la pièce ne donne pas l'adresse de la maison. C'est une précaution inutile : on n'irait pas, soyez tranquille !

Albert, qui veut tout entendre, se cache dans un cabinet. — Pendant qu'il se cache, entre Valdeja.

Ah! voilà le *loup* que je conseillais. Cette fois, le personnage qui entre ne voit pas celui qui sort, et le personnage qui sort ne voit pas celui qui entre !

Vous devinez d'ici la situation : Valdeja et Clarisse se rencontrent; leur étonnement est grand, celui de Clarisse surtout; mais, enfin, on s'explique. La seule chose que Clarisse voie dans tout cela, c'est qu'elle court un danger réel.

— Ah! mon Dieu! s'écrie-t-elle, je suis perdue, déshonorée! Qui pourrait me secourir, me protéger?

— Moi, Clarisse, dit Albert sortant du cabinet.

Albert et Valdeja échangent une poignée de main amicale : ils ont appris à s'estimer. Valdeja s'éloigne par la porte du fond. Albert donne une bourse à Adèle ; Clarisse lui donne une chaîne d'or : puis Albert et Clarisse sortent par le petit escalier.

A peine ont-ils disparu, qu'on entend du bruit au dehors, puis un coup de pistolet et des cris : « Au secours ! au meurtre ! »

Adèle s'élance tout effrayée vers l'escalier, — et la toile tombe sans autre explication ; mais ceux qui ont la rage de deviner, sans qu'on leur dise rien, se doutent que Léopold a pris Albert pour Hippolyte, et a tiré sur lui.

La seconde partie du cinquième acte nous montre Adèle dans un grabat : elle souffre, elle tousse, elle se sent mourir.

Après avoir dépensé ses derniers écus à nourrir un terme, elle n'a plus qu'une chaîne d'or pour toute ressource.

Cette chaîne, elle l'a donnée à Sophie, afin que celle-ci la vendît.

Elle eût pu choisir quelqu'un de plus sûr, car elle doit commencer à se défier de son ancienne amie ; mais il fallait que ce fût Sophie qui vendît la chaîne. Vous allez voir pourquoi.

— Ma chère, cela va mal ! dit Sophie en rentrant. Tu sais, cette chaîne que tu tenais de ta sœur ?

— Eh bien ?

— J'ai été pour la vendre chez le bijoutier notre voisin, un vieux qui l'a regardée attentivement, puis il m'a dit : « De qui tenez-vous cette chaîne ? — D'une dame de mes amies.

15.

— Qui est-elle ? — Que vous importe ? — C'est que, a-t-il ajouté en feuilletant un registre, cette chaîne, à ce qu'il me semble, est au nombre des objets qui, lors de l'affaire Léopold, nous ont été signalés par la police. »

Comment la chaîne a-t-elle pu être signalée par la police, puisque Adèle l'avait reçue de sa sœur avant l'assassinat ?

Alors, Sophie a perdu la tête ; — il y avait bien de quoi ! — en voyant une police si habile, elle s'est sauvée ; le bijoutier a appelé ses garçons : ceux-ci l'ont suivie, ils savent qu'elle est là.

— Mais on ignore qui tu es ?
— Peut-être, car j'ai rencontré, en montant, la propriétaire.
— Je ne la connais pas.
— Eh bien, sais-tu quelle est cette femme ? Notre ancienne amie !
— Amélie Laferrier ?
— Elle-même !

Quel malheur que ce ne soit pas son mari ! nous le verrions peut-être. Ce n'est pas, croyez-le bien, que j'aie le désir de lui être présenté.

En ce moment, on frappe à la porte. — C'est une dame de charité.

Adèle a écrit au maire, sous le nom de madame Laurencin ; elle lui a peint sa misère en termes lamentables ; la dame de charité a été prévenue, et elle vient.

Devinez quelle est cette dame de charité ?

C'est Clarisse ! Clarisse, qui retrouve sa sœur affaiblie, brisée, mourante ! Clarisse en deuil, car Albert est mort.

En reconnaissant Clarisse, Adèle s'évanouit.

Tandis que Clarisse la fait revenir avec des sels, les gens de justice entrent, conduits par Amélie Laferrier.

Naturellement, la reconnaissance manque d'effusion. Les gens de justice viennent pour arrêter madame Laurencin ; mais, comme ils doivent pratiquer légalement, ils ont envoyé chercher le maire.

Le maire arrive.

C'est Darcey, le mari d'Amélie, qui est devenu, grâce à une conduite diamétralement opposée à celle de sa femme, maire de son arrondissement!

Il est suivi de son fidèle Valdeja.

L'auteur ne nous dit pas si Valdeja a été nommé adjoint en même temps que Darcey ; c'est probable : sans quoi, comment serait-il là ?

— Quelle est cette femme que l'on parle d'arrêter? demande Darcey.

— C'est la vôtre, monsieur ! votre pauvre femme !

— Ma femme ! répond Darcey, qui repousse le mot avec indignation.

Le coup est trop rude pour Adèle : elle se sent mourir, se soulève, demande le pardon de son mari.

— Jamais! répond Darcey.

Adèle jette un cri, et tombe dans un fauteuil.

DARCEY, se laissant entraîner, dit à Valdeja, qui le pousse vers Adèle. — Tu le veux ? Eh bien... (En ce moment, Adèle rend le dernier soupir.) Dieu! il n'est plus temps!

VALDEJA. — Elle expire! (A Amélie et à Sophie.) Femmes,

prenez ce cadavre ! prenez-le donc, il est à vous... Vos œuvres méritaient un salaire : le voilà! Honte à vous et à toutes vos semblables ! (A Darcey.) *A toi la liberté !*

DARCEY, lui montrant Clarisse. — *Et à toi, je l'espère, bientôt le bonheur !*

Ces deux derniers traits sont un peu durs, il nous semble, devant le cadavre d'Adèle, et devant la robe de deuil de Clarisse ; — tellement durs, que, si nous étions académicien, et chargé de distribuer le prix de moralité, ils seraient cause que nous refuserions ce prix au drame de *Dix Ans de la vie d'une femme.*

A PROPOS DE MAUPRAT

C'est avec joie et bonheur que nous enregistrons dans nos *Souvenirs dramatiques* le grand succès que vient d'obtenir à l'Odéon (28 novembre 1853), avec son drame de *Mauprat*, notre chère sœur en art, ce fécond et merveilleux talent, ce beau et calme génie qui a nom George Sand. Une large et vigoureuse exposition, un troisième tableau charmant, un septième tableau magnifique, voilà le résumé de la représentation, qui a fini à une heure un quart du matin. — Qu'on ne s'inquiète pas de cette heure avancée : les applaudissements allongent beaucoup les pièces !

L'analyse de *Mauprat* viendra tout à l'heure. Avant tout, laissez-moi vous parler de George Sand elle-même, avant de vous raconter son drame ; laissez-moi vous dire comment elle est aimée des gens qui l'aiment. — Il est vrai que ceux qui la haïssent la haïssent bien.

Ah ! ma chère triomphatrice, il ferait beau voir qu'avec un cœur comme le vôtre, vous ne fussiez pas aimée, qu'avec un génie comme le vôtre, vous ne fussiez pas haïe !

Donc, chers lecteurs, je vais vous conter une petite histoire fantastique, oh! mais soyez tranquilles, elle se rattache à notre sujet. On se connaît en pièces aussi bien que ceux qui n'en peuvent pas faire, que diable! et l'on ne vous égarera pas dans une double intrigue.

C'était le soir du 23 novembre 1849. Au même théâtre où l'on vient de jouer *Mauprat,* on venait de jouer *François le Champi,* mais, cette fois, en l'absence de l'auteur, dont on craignait les hésitations, et qui, bien tranquille dans son petit château de Nohant, ne se doutait pas que son nom venait d'être proclamé au milieu des applaudissements.

Le directeur donnait à souper à ses artistes et à quelques amis de l'auteur; et chacun, joyeux comme on l'est le soir d'un succès, ne voyait qu'un envers à ce succès, qu'une tache à cette joie, qu'une ombre à cette lumière : c'est que, ce succès, l'auteur fût le seul qui l'ignorât.

Et chacun se demandait comment le lui apprendre, par quelle voie le lui faire savoir. Une lettre, c'était le moyen le plus simple et le plus naturel, mais c'était en même temps le plus long; une lettre ne partirait que le lendemain; on n'avait point de pigeons voyageurs; le télégraphe électrique n'était pas établi.

— Comment! dit Bocage, nous sommes ici vingt amis de madame Sand, et il n'y en a pas un qui se dévouera pour lui porter cette bonne nouvelle?

— Oh! dit Paul Bocage en se levant, s'il ne s'agit que d'aller à Nohant, j'irai, moi.

— Tu iras? demanda son oncle.

— Oui.

— Mais comment iras-tu?

— Par le chemin de fer, parbleu! il doit bien y avoir quelque convoi de nuit qui parte pour Châteauroux.

— Je crois qu'il doit y en avoir un sur les quatre heures du matin, dit une voix.

— Alors, pas de temps à perdre, dit Paul. As-tu de l'argent à me donner, mon oncle?

Bocage retourna ses poches et cent trois francs tombèrent sur la table : c'était ce qu'il avait sur lui.

— Voilà pour le messager, dit-il; qu'il s'arrange comme il pourra.

Paul prit les cent trois francs, embrassa son oncle, et partit pour se livrer à la recherche d'un fiacre, d'une citadine, d'un cabriolet, d'un véhicule quelconque, enfin.

Chercher un cabriolet, une citadine ou un fiacre, à trois heures du matin, dans le quartier de l'Odéon; il faut être bien naïf, n'est-ce pas?

Paul espérait que la Providence ferait un miracle en faveur de son dévouement.

La Providence regardait d'un autre côté, et était occupée à autre chose; elle ne vit point Paul cherchant, elle n'entendit point Paul appelant.

Le pavé était couvert de verglas; la neige tombait par épais flocons.

Paul, qui ne s'attendait pas, en sortant de l'Odéon, à faire soixante et dix lieues la même nuit, était en petite redingote de demi-saison.

C'était coquet, c'était élégant; mais ce n'était pas chaud.

Passer chez lui pour prendre un manteau, cela entraînait un retard d'une heure ; pendant cette heure, le chemin de fer pouvait partir.

Paul ne se serait jamais consolé, ayant pu arriver une heure plus tôt, d'arriver une heure plus tard.

N'est-ce pas qu'il y a encore de bons cœurs sous le ciel?

D'ailleurs, il se dit qu'il lui fallait aller de l'autre côté du Jardin des Plantes, qu'il y avait loin de la rue de l'Odéon à la gare du chemin de fer d'Orléans, et, que, pour y être arrivé à quatre heures du matin, il lui faudrait courir.

En courant, il se réchaufferait.

Et voilà Paul courant pour se réchauffer, mais surtout pour arriver.

Ce ne fut qu'une longue glissade émaillée de deux ou trois chutes depuis la rue Racine jusqu'au boulevard neuf. Paul en était arrivé à regretter encore plus ses patins que son manteau.

Il faisait une de ces brises aigres dans le genre de celle qui coupait le visage d'Hamlet se promenant sur les murailles d'Elseneur, avec son ami Horatio, dans l'attente du spectre de son père.

Mais Hamlet avait un manteau et un ami, deux choses qui réchauffent, l'un le corps, l'autre l'âme.

Paul n'avait ni l'un ni l'autre; aussi arriva-t-il à la gare raide de froid et en murmurant :

— Bon! je sais ce que c'est maintenant que la retraite de Moscou : je n'y étais pas, mais j'y suis.

arriva. Quatre heures sonnaient.

Tout était clos, fermé, sombre, éteint : il n'y avait pas apparence de départ.

Paul regarda autour de lui, et avisa quelque chose qui ressemblait à un bouchon ; il cogna comme cogne le voisin d'Arnal dans *Passé minuit*.

Lorsqu'on a pris son parti de demander l'hospitalité de cette façon-là, on finit toujours par se faire ouvrir.

Le cabaretier ouvrit d'assez mauvaise humeur, et demanda à Paul ce qu'il désirait.

Paul comprit que, s'il demandait purement et simplement la chose qu'il désirait savoir, c'est-à-dire à quelle heure partait le convoi, et la chose qu'il désirait avoir, c'est-à-dire du feu, le dédommagement paraîtrait insuffisant au cabaretier.

Paul demanda d'abord une omelette et un verre de rhum.

Il calculait avec raison que, pour cuire l'omelette, on ferait du feu, et qu'à ce feu il se réchaufferait ; puis que, pendant que l'homme battrait les œufs, il lui demanderait à quelle heure partait le convoi.

Le premier départ était à six heures. Paul avait donc tout le temps de se réchauffer.

Il se réchauffa, en effet, pendant que son hôte, lui ayant confié la queue de la poêle, mettait le couvert.

Il avait demandé, comme nous avons dit, une omelette et du rhum.

N'ayant aucunement faim, puisqu'il venait de souper, il comptait laisser l'omelette ; mais, ayant encore froid intérieurement, il comptait boire le rhum.

Son hôte avait compris qu'il demandait une omelette au rhum. Il réunit les deux choses.

Il lui servit, en conséquence, une omelette nageant dans l'alcool allumé : une espèce de Délos flottant sur une mer de flamme.

Ce n'était point là ce qu'avait demandé Bocage. Il réclama son petit verre isolé.

C'était impossible. L'homme avait vidé sa dernière bouteille sur l'omelette. Paul transvasa la liqueur enflammée de l'assiette dans un verre, l'avala toute flambante, comme un nuage avale un éclair, pensant que plus la boisson serait chaude, mieux elle le réchaufferait.

Au bout de cinq minutes, Paul était si réchauffé, qu'il se promenait dans le cabaret en s'essuyant le front.

Il était en sueur ni plus ni moins qu'au mois d'août.

Le cabaretier, voyant que décidément Paul n'avait pas faim, mangea l'omelette.

Six heures arrivèrent.

Paul n'avait pas de bagage à faire enregistrer; il n'eut qu'à prendre son billet et partir.

Seulement, comme Bocage n'avait pu lui donner que cent trois francs, qu'il y avait une voiture à prendre à Châteauroux, et que, son omelette lui ayant déjà coûté quatre francs cinquante centimes, il ne lui restait plus que quatre-vingt-dix-huit francs dix sous, il craignit de manquer d'argent et prit une place de wagon, autrement dit une troisième place.

Or, comme chacun sait, les troisièmes places étant réservées aux gens pauvres et mal vêtus, sont ouvertes à tous les vents. C'est logique; que deviendrait donc, sans cela, le vieux proverbe : « Aux gueux la besace? »

Paul releva le collet de sa redingote, enfonça son chapeau sur ses oreilles, rabattit les parements de ses manches et s'accommoda de son mieux dans un coin.

Il y avait de la place ; dans l'autre coin, une nourrice donnait à teter à son nourrisson; c'était tout.

Il essaya de dormir, et arriva à une espèce d'engourdissement dont, au bout de deux heures, il fut tiré par le froid, qui, vaincu un instant par le rhum bouillant, reprenait victorieusement le dessus.

Il se réveilla en grelottant.

Le nourrisson tetait à pleine bouche, enveloppé, lui et sa nourrice, dans une espèce de grande couverture de laine, tandis qu'il pétrissait de ses petites mains le sein qui l'abreuvait.

Toute une sensation de bien-être transparaissait sur le visage de l'enfant.

— Voilà un gaillard qui n'est pas malheureux! dit Paul.

— Pourquoi cela? demanda la nourrice.

— Tiens, il boit et se réchauffe en même temps. Voulez-vous me prendre en nourrice?

— Vous avez donc froid?

— Vous voyez bien, je grelotte.

— Eh bien, attendez.

Paul crut que la bonne femme, touchée de pitié, allait lui donner l'autre sein. Il se trompait; elle se contenta de lui offrir un objet d'une forme bizarre qu'elle tira de sa poche.

— Qu'est-ce que c'est que cela? demanda Paul.

— C'est un biberon Darbo; est-ce que vous ne connaissez pas cela?

— De nom seulement. La chose n'était pas inventée quand je suis venu au monde.

— C'est vrai.

— Que voulez-vous que je fasse de votre biberon, nourrice?

— Buvez.

— Quelle est la liqueur jaune qu'il contient?

— De l'eau-de-vie.

— Comment! vous donnez de l'eau-de-vie à vos nourrissons, vous?

— Non, mais j'en donne à la nourrice : ça réchauffe et ça soutient. Buvez.

— Allons, à ta santé, moutarde!

Et Paul éteignit son rhum avec une gorgée d'eau-de-vie.

Le remède opéra dans le sens indiqué par la nourrice. Paul, le trouvant bon, le renouvela deux ou trois fois.

La femme et l'enfant descendaient à Vierzon; le récipient était encore à moitié plein. Paul demanda à en faire l'acquisition; mais la nourrice refusa, sous le prétexte assez spécieux qu'elle ne trouverait pas de biberon Darbo, par toute la Sologne, et qu'elle comptait nourrir son enfant au lait, mais nourrir son nourrisson au biberon, s'appuyant sur le proverbe : « Charité bien ordonnée commence par soi-même. »

Il n'y avait rien à répondre à une pareille raison.

La nourrice descendit, laissant Paul désolé et plus grelottant que jamais.

Pour comble de malheur, il avait pris un train de marchandises allant au pas, et desservant toutes les stations.

A six heures du soir, il arriva à Châteauroux.

En marchant vers l'ouest, il avait trouvé la neige plus épaisse, le froid plus intense.

Il avait craint un instant, en voyant la lenteur du train, de trouver Châteauroux couché. Mais, nous l'avons dit, il arriva à six heures, et Châteauroux ne se couche qu'à huit.

Arrivé à Châteauroux, restaient huit lieues à faire, huit lieues berrichonnes, c'est-à-dire des lieues qui, comme on le dit chez moi, ne sont pas larges, mais sont longues.

Il s'agissait de trouver des moyens de transport, et, s'il ne s'en trouvait pas, d'en inventer.

Un ami commun, et qui devait connaître la localité, demeurait à Châteauroux : c'était Fleury, que madame Sand, dans ses *Lettres d'un voyageur*, appelle le Gaulois.

Mais où trouver Fleury?

Les deux ou trois premières personnes à qui s'adressa Paul ne le connaissaient pas.

Tout en s'informant si l'on connaissait Fleury, Paul demandait si l'on pouvait avoir une voiture pour aller à Nohant.

La première demande n'avait aucun inconvénient; mais la seconde soulevait généralement l'indignation des personnes auxquelles elle était adressée.

Paul entra dans une auberge; il espérait y obtenir une voiture ou tout au moins des renseignements.

La première personne qu'il trouva en entrant dans l'auberge, ce fut Fleury.

Dès lors, la recherche devint moins vague et la réussite plus probable.

On battit la ville comme on traque un champ dans une chasse d'hiver, et l'on trouva une espèce de patachon — non suspendu — que son propriétaire consentit à mettre à la disposition du voyageur et à conduire lui-même, moyennant la somme de vingt francs.

Il n'y avait pas un instant à perdre, il était sept heures du soir. — Le Berrichon demandait cinq heures pour aller à Nohant; on n'arriverait qu'à minuit; — c'est une heure assez indue dans le Berri, et qui est plus près du lendemain que de la veille.

Il ne fallait pas songer à souper régulièrement; Paul tordit trois ou quatre bouchées de pain et consulta Fleury sur la liqueur qu'il devait boire.

— Buvez un verre de rhum, lui dit Fleury.

— J'en ai bu une pleine assiette ce matin.

— Buvez un verre d'eau-de-vie, alors.

— J'en ai bu un demi-biberon dans la journée.

— Buvez un verre de kirsch, en ce cas.

— Tiens, c'est une idée.

Et Bocage but un verre de kirsch, monta dans son berlingot et partit. — Il faisait noir comme dans un four; seulement, ce four était rayé de blanc par la neige qui tombait à flots.

A tout moment, le Berrichon s'arrêtait et écoutait; Bocage ne pouvait deviner la raison de ces haltes fréquentes.

Il s'informa.

Il paraît que l'on traversait un canton infesté de lavandières.

Bocage se réinforma.

Il finit par comprendre que les lavandières étaient tout bonnement des fantômes de blanchisseuses, qui, s'étant beaucoup plus occupées de laver leur linge que de purifier leur âme, sont mortes en état de péché mortel, et reviennent en ce monde pour attirer à elles, par le bruit de leur battoir, les voyageurs égarés.

Quand le voyageur commet l'imprudence de venir au bruit, elles le poussent dans la rivière, et, chaque fois qu'il lève la tête au-dessus de l'eau, elles l'y renfoncent d'un coup de battoir.

Cette manœuvre s'opère jusqu'à ce que le voyageur soit noyé.

Paul rassura de son mieux le Berrichon; mais peut-être toute sa logique philosophique eût-elle échoué contre le préjugé national, si un nouvel incident, qui n'était pas sans importance, n'eût tiré le conducteur du monde des rêves, pour le jeter dans la vie réelle.

Le chemin devenait impraticable : la charrette et le cheval étaient enfoncés dans la neige, la charrette jusqu'au moyeu, le cheval jusqu'au ventre.

Le Berrichon y perdit sa lanière d'abord, et y cassa le manche de son fouet ensuite.

Malgré ce double sacrifice, la voiture n'avançait point d'un pas.

Le Berrichon descendit pour tirer le cheval et la voiture, et enfonça à son tour jusqu'aux genoux.

Il n'y avait aucune chance d'avancer en restant dans la voiture; Paul sauta à terre, prit la tête de la file, s'attela à la longe, et, rendant la vie et le mouvement au Berrichon et au cheval, finit par tirer tout le monde, charrette comprise, du mauvais pas.

Pour ne point retomber en situation pareille, le Berrichon décida que, désormais, il marcherait à pied, conduisant son cheval par la bride. Mais une pareille résolution ne s'accomplit pas avec une entière résignation. Paul, en même temps que la neige, sentait s'amasser sur sa tête un déluge de malédictions qui n'en étaient pas moins inquiétantes pour être proférées en patois berrichon.

La route dura huit heures. La neige, le verglas et les malédictions tombaient toujours!

On arriva enfin à une manière de grille Louis XIV.

— Voilà Nohant, dit le Berrichon; mais, si vous croyez que l'on va vous ouvrir à une pareille heure, vous vous trompez.

La prophétie n'était pas consolante. Aussi Paul ne voulut-il pas même la discuter, de peur que la discussion ne lui donnât un nouveau poids.

Il se contenta de sonner.

Un quart d'heure se passa sans que personne répondît, à l'exception d'un chien qui vint, en hurlant, appuyer ses deux pattes sur les traverses de la grille.

Et cependant, la sonnette allait toujours, et peu à peu devenait une espèce de tocsin.

Le Berrichon continuait de maudire Paul. Au milieu des malédictions du bonhomme, Paul crut comprendre que le conducteur disait :

— Tout ce qui m'arrivera de malheur sera votre faute, et retombera sur vous.

— Comment, sera ma faute?... s'écria Paul révolté.

— Oui, si vous ne m'aviez pas pris, je ne serais pas venu.

Paul courba la tête; le raisonnement était d'une logique accablante.

Il continua de sonner.

Le chien hurlait à réveiller les morts.

— Est-il Dieu possible, maugréait le Berrichon, de venir faire un pareil bacchanal à trois heures un quart du matin à la porte d'une honnête femme..., d'une créature du bon Dieu comme madame Sand! Quoi! ça crie vengeance!

Bocage était pendu à la chaîne de la sonnette.

Le chien commençait à s'enrouer.

Enfin, dans un lointain incommensurable, comme il arrive en fantasmagorie, on vit poindre une lumière, qui s'approcha peu à peu, s'irradiant à mesure qu'elle s'approchait.

Il était inutile de sonner davantage; on avait entendu.

Paul voulut lâcher la chaîne de la sonnette; mais la chaîne de la sonnette ne voulut point lâcher Paul.

La gelée avait soudé le fer à la chair.

Il s'ensuivit un déchirement au détriment de la chair. Un dernier tintement de la cloche expira, et Paul rentra en possession de sa main, qu'il se hâta de plonger dans le gousset de son pantalon.

Le chien hurlait toujours, s'enrouant de plus en plus.

La lumière s'avançait, portée par une Berrichonne coiffée d'un bonnet plat comme une galette et carré comme un chapska.

Ce bonnet frappa particulièrement Paul. Comme la

Berrichonne portait la lumière à la hauteur de son visage pour voir à qui elle avait affaire, la seule partie de sa personne qui fût éclairée était son visage et, par conséquent, son bonnet.

Moins refroidi, Paul eût peut-être fait plus attention au visage qu'au bonnet; mais, dans l'état de congélation où il était, il fit plus d'attention au bonnet qu'au visage.

Il fut tiré de sa contemplation par le son d'une voix assez rude qui lui cria :

— Qui êtes-vous?

— Ami de madame Sand, répondit Paul.

— D'où venez-vous?

— De Paris.

— Vous croyez donc qu'on va réveiller madame à cette heure-ci?

— Je ne demande pas qu'on la réveille.

— Que demandez-vous, alors?

— Je demande qu'on m'ouvre, afin que la voiture, le cheval, le Berrichon et moi entrions.

— Et quand j'aurai ouvert?

— Eh bien, vous conduirez le cheval à l'écurie, la voiture sous la remise, le Berrichon à la cuisine, et moi à ma chambre.

— Vous croyez que ça se fait comme ça, vous?

— Ça se ferait comme ça, si ça se faisait comme je le désire.

— Eh bien, attendez, je vais vous envoyer quelqu'un pour causer avec vous, et, en attendant, causez avec le chien.

La Berrichonne tourna le dos, et la lumière s'éloigna

du même mouvement dont elle s'était approchée.

Puis elle disparut.

Le chien continua de chanter son solo; seulement, il s'enrhumait de plus en plus.

Au bout de dix minutes, la lumière reparut; elle était portée par la même femme au bonnet carré; seulement, cette fois, la femme était flanquée d'un vigoureux gaillard portant une trique de précaution.

L'interrogatoire recommença; mais ce fut le Berrichon qui prit la parole, et qui dialogua.

Le patois national opéra, et la porte fut ouverte.

Restait le chien; on eut grand'peine à le calmer; il regrettait visiblement d'en être pour ses frais.

Paul entra le premier, le Berrichon après; le cheval vint ensuite, la voiture suivit.

La grille se renferma.

— C'est bien, dit l'homme à la trique; charge-toi du conducteur, du cheval et de la voiture; moi, je me charge du Parisien. — Venez.

Le Parisien ne demandait pas mieux que de venir; il suivit l'homme au gourdin, courbé en deux, les mains dans ses goussets et frappant des pieds.

Il aurait reçu un coup d'épée au travers du corps, que l'épée fût sortie plus froide qu'elle n'était entrée.

On arriva dans un grand vestibule éclairé par une seconde chandelle posée à terre.

— Restez là, dit l'homme au bâton.

— Vous allez réveiller Maurice, n'est-ce pas? demanda Paul.

— Je vais vous envoyer UN MONSIEUR à qui vous parlerez, et qui vous parlera.

Et l'homme au bâton s'éloigna, frappant les dalles de son bâton.

Bocage, se voyant seul, s'approcha de la chandelle, s'accroupit devant elle, et se chauffa les mains à la lumière.

Il était plongé dans cette occupation et ramassé dans cette pose assez grotesque, lorsqu'il entendit des pas si légers, qu'ils retentissaient à peine sur les dalles.

Il leva la tête.

Une apparition des plus étranges s'opérait.

Un homme ou un démon — il était assez difficile d'en faire la différence — s'approchait de lui avec le costume complet de Méphistophélès : pourpoint noir, pantalon mi-partie jaune et rouge, moustaches en croc, sourcils à la moyen âge, barbe pointue, épée retroussant le manteau, bonnet écarlate en tête.

Paul avait bu du rhum à Paris, de l'eau-de-vie sur la route, du kirsch à Châteauroux; Paul avait fait neuf lieues par la gelée, le verglas, la neige, écoutant les légendes sombres de son conducteur berrichon; Paul se demanda s'il voyait bien ce qu'il voyait, ou s'il regardait à travers les yeux de l'ivresse, de la peur et de l'hallucination.

Le diable, au reste, éclairé de bas en haut, était admirablement placé pour prêter au fantastique.

Il s'arrêta à quatre pas de Paul, qui, émerveillé de l'apparition, ne songeait ni à se remettre sur ses jambes, ni à interroger le nouveau venu.

— Que voulez-vous? demanda le diable.

— Madame Sand, répondit Paul.

— Ce n'est pas moi.

— Je le vois bien.

— Que lui voulez-vous, à madame Sand?

— J'ai quelque chose à lui dire.

— Quoi?

— Je le lui dirai demain.

— Si vous n'êtes pas plus pressé que cela, ce n'était pas la peine d'arriver à trois heures du matin.

— Je suis pressé; mais ce que j'ai à lui dire ne regarde qu'elle, et je ne vous connais pas.

— Ni moi non plus.

Et, sur ces paroles, le diable pirouetta et disparut

Était-ce une vision? était-ce une réalité?

L'idée de ce rhum qu'il avait bu dans une assiette; de cette eau-de-vie qu'il avait bue dans un biberon; de ce kirsch qu'il avait bu dans un verre, revinrent à l'esprit de Paul.

Il voulut voir s'il était réellement ivre.

Il se redressa en faisant crier son pantalon, qui semblait, tant il était couvert de verglas, une étoffe de verre tissée, et fit quelques pas, comme le Malade imaginaire, en long et en large.

Il lui sembla être parfaitement solide sur ses jambes.

— Mais non, murmura-t-il; je ne suis pas ivre. Seulement, cet imbécile de Berrichon se sera trompé: au lieu de me conduire chez madame Sand, il m'aura conduit chez le diable.

En ce moment, l'homme au gourdin reparut.

— Suivez-moi, dit-il.

Paul était habitué à la brièveté de son dialogue et à la rudesse de son accentuation.

Il suivit son guide.

Celui-ci lui fit d'abord traverser un long couloir très-sombre, ouvrit une porte, et l'introduisit dans une salle éclatante de lumière, et qui demande une description particulière.

C'était une espèce de boyau de vingt-cinq pieds de long sur quatre pieds de large, fermé à la droite par une muraille contre laquelle, dans l'ordre suivant, étaient appuyés, d'abord un large divan, puis deux chaises, puis une cheminée embrasée surmontée d'une immense glace, puis deux autres chaises, puis un piano.

Tout le long de la muraille étaient placées des griffes portant des bougies.

Sur la cheminée, deux candélabres à cinq branches brûlaient, et jetaient une vive lumière reflétée par la glace.

A gauche s'allongeait une immense tapisserie représentant le combat des Centaures et des Lapithes.

L'intervalle entre la muraille et la tapisserie était, comme nous avons dit, de quatre pieds à peine.

Ce n'était plus seulement les habitants du château qui prenaient un aspect fantastique, c'était le château lui-même.

Au reste, Paul, en vaillant coureur d'aventures, avait pris son parti.

Il avait fait ce que devait, arriverait que pourrait.

Il s'approcha de la cheminée pour se réchauffer : c'était son premier besoin.

En se chauffant devant la cheminée, il se vit dans la glace, et se retourna vivement.

Il ne se reconnaissait pas et se prenait tout bonnement pour le dieu Hiver.

Son chapeau, couvert de neige, était soudé à ses cheveux couverts de verglas.

Des glaçons pendaient à ses moustaches et à sa barbe.

Il arriva, après de certains efforts, à se décoiffer; puis, son chapeau posé à terre, il procéda à la fonte du verglas et à l'extraction des glaçons.

Il était en train, la bouche toute tordue par la douleur de rendre à sa moustache gauche sa souplesse naturelle, lorsque tout à coup la tapisserie à laquelle il était presque adossé se déchira vers le milieu, disparut comme un nuage emporté par le vent, et découvrit un riant paysage plein de verdure et de fleurs, et, au troisième plan, dans un pavillon de style oriental, une douzaine de femmes en robes de brocart d'or et d'argent, et de cavaliers en pourpoints brodés et passementés d'or, ayant l'épée à la hanche, les uns couchés, les autre assis, les autres debout.

Un de ces cavaliers, portant un costume d'étudiant, c'est-à-dire vêtu de noir de la tête aux pieds, se releva des genoux d'une jeune fille et vint droit à la cheminée, c'est-à-dire droit à Paul.

Paul, qui avait vu tout cela avec un étonnement qui approchait de la stupéfaction, plus étonné et plus stupéfait que jamais, voyait dans la glace venir à lui ce jeune étudiant.

Arrivé près de Paul, l'étudiant ouvrit les bras, en disant du ton le plus dramatique :

— Eh quoi! señor Pablo, est-ce donc vous?

Paul se retourna.

— Oui, c'est moi, dit-il.

L'étudiant lui jeta les deux bras au cou et l'embrassa.

— Tiens, s'écria Paul, c'est madame Sand.

— Oui, c'est moi, mon cher Paul, et vous êtes le bienvenu.

— Merci, j'en ai besoin, d'être le bienvenu.

— Oui, vous me paraissez assez transi.

— Vous ne savez pas ce que je viens vous annoncer?

— Et je ne veux pas le savoir.

— Vous êtes le bienvenu, non pas pour vous, non pas pour les nouvelles que vous nous apportez, mais parce que nous avons grand besoin de vous.

— Comment cela ?

— Il nous manquait l'alcade.

— Quel alcade ?

— Le père d'Inésille.

— Ah !

— Et vous comprenez, sans père qui pardonne, il n'y a pas de cinquième acte; allez vous habiller. Voici la situation : Votre fille doña Inésille s'est enfuie avec Ramirez, un jeune étudiant qui est la terreur de Salamanque; vous vous mettez à la poursuite des fugitifs, vous les rejoignez; vous voulez passer votre épée au travers du corps de Ramirez; mais Mascarille vous fait un discours si pathétique, que vous ne pouvez vous empêcher de rire, et que vous pardonnez.

— Mais je voulais vous dire...

— Habillez-vous d'abord, poursuivez les fugitifs d'abord, rejoignez-les d'abord, menacez-les d'abord, pardonnez-leur d'abord, et, ensuite, vous me direz ce que vous avez à me dire.

— Mais que diable faites-vous donc?

— Vous le voyez bien, mon cher, nous jouons la comédie.

— Sans spectateurs?

— C'est une condition *sine quâ non*.

— Pour qui donc, alors?

— Mais pour nous.

— Comment, pour vous? Vous ne vous voyez pas!

— Bon! et dans la glace?

— Ah! je comprends.

— Eh bien, si vous comprenez, mon cher, allez vous alcadiser. — Maurice, conduis Paul au vestiaire. N'oubliez pas votre épée surtout.

— Je préférerais une cape, ça me tiendrait plus chaud.

— Eh bien, vous prendrez une cape et une épée, il y a tout ce qu'il faut au magasin.

Maurice, qui était vêtu en seigneur de la cour de Philippe II, conduisit Bocage au magasin. Sur la route, Paul rencontra Méphistophélès, qui le salua poliment.

Comme l'avait dit George Sand, le magasin était admirablement fourni en costumes de tout temps et de tous les pays.

— Choisis, dit Maurice.

Bocage tira à lui une polonaise garnie d'astrakan et des bottes fourrées.

— Que diable fais-tu donc? demanda Maurice.

— Tu m'as dit de choisir, je prends ce qui me convient.

— Mais c'est un costume polonais que tu prends là.
— Je le sais bien.
— Alors?
— Alors, voici ce qui est arrivé : les fugitifs ont fui jusqu'aux environs de Varsovie; moi, je les ai suivis jusqu'en Pologne. Pour ne pas être reconnu d'eux, j'ai adopté le costume polonais. Cela rend la situation d'autant plus vraisemblable.

Et Paul s'allongeait dans un pantalon de drap collant, passait sa polonaise, boutonnait ses brandebourgs, tirait ses bottes fourrées, ceignait l'indispensable épée, coiffait son chef d'un bonnet garni de renard et recouvrait le tout d'un immense manteau noir.

Son entrée fit le plus grand effet. Sa raison fut trouvée irréfutable, et la bénédiction macairienne qu'il donna à sa fille enleva tous les suffrages.

La toile se referma au milieu des applaudissements que les acteurs se donnaient à eux-mêmes.

— Maintenant, dit Paul en s'approchant de Ramirez-Sand, je crois qu'il serait temps de vous annoncer...
— Chut!
— Quoi?
— Prenez un candélabre.
— Et puis?
— Et puis donnez le bras à doña Inésille, votre fille.
— Après?
— Après, passons dans la salle à manger et soupons.

Paul prit un candélabre d'une main, tendit le bras à Inésille. Chacun en fit autant que lui; il y avait des candélabres et des Inésilles pour tout le monde, et l'on passa de la salle de comédie dans la salle à manger, qui se trouva instantanément éclairée *à giorno*, et qui montra un copieux souper tout servi.

— Prenez vos places, dit George Sand.

Chacun s'assit. C'était une merveille à voir, que cette table splendidement servie, avec tous ces beaux cavaliers et toutes ces belles dames, qui semblaient un Décaméron peint par Paul Véronèse.

— Et maintenant, mon cher Paul, dit George Sand, *quelle nouvelle apportez ?*

Paul tendit son verre, qu'on lui remplit de vin, et, l'élevant au-dessus de sa tête :

— Mesdames et messieurs, un toast ! dit-il.

On écouta.

— A la centième représentation de *François le Champi*, qui a été joué avant-hier avec un immense succès !

Ce fut ainsi que madame Sand apprit que sa pièce avait réussi.

Quant au toast de Bocage, il se réalisa et au delà : la pièce eut cent cinquante ou cent soixante représentations.

Maintenant, revenons au drame que l'on vient de jouer, et dont nous a écarté la petite anecdote que je vous ai racontée, et qu'il était nécessaire que je vous racontasse pour vous donner une idée de la façon dont George Sand fait ses pièces.

Le drame est tiré du roman.

On avait toujours dit : « Quel malheur qu'on ne puisse pas commencer par la seconde représentation. »

Eh bien, j'ai encore inventé cela, moi ; en tirant mes

pièces de mes romans, j'ai littéralement supprimé les premières représentations et commencé par des secondes.

Au reste, selon le talent de l'auteur, cette méthode a son avantage ou son désagrément. J'expliquerai plus tard pourquoi, avantageuse pour moi, elle devient désavantageuse à George Sand.

Je disais donc que le drame était tiré du roman de *Mauprat*.

Vous connaissez le roman, n'est-ce pas? Tout le monde le connaît.

Au reste, si vous ne le connaissez pas, je vais vous en donner l'analyse.

Ce n'est point amusant, les analyses, mais c'est nécessaire. Prenons-en donc bravement notre parti, moi, de vous la faire connaître, vous, de l'écouter.

D'ailleurs, tout l'avantage est pour vous. Ce qui va être trois heures à passer de mon écritoire sur le papier, vous l'aurez lu en dix minutes.

Le premier tableau se passe au château de Mauprat, chez les derniers grands seigneurs; la roche sur laquelle il est bâti, ancienne aire d'aigle, vieil antre de lion, est devenue un simple nid de vautours, une simple tanière de loups. — Autrefois, ils combattaient des rois; aujourd'hui, ils volent les passants, et, à l'abri de leurs murailles, derrière des remparts bâtis pour les grandes luttes de la féodalité, ils cherchent un refuge contre les menottes des gendarmes et les exploits des huissiers.

Ils sont sept frères et un neveu.

Autour d'eux sont groupés une douzaine de bandits,

dont le plus honnête a mérité le bagne, petits voleurs qui ne trouvent leur impunité qu'à l'ombre de l'impunité des grands.

Des sept frères, le meilleur est Léonard; le pire, Jean le Tors.

Jean le Tors est de la famille des Caliban, des Glocester, des Frantz Moor : il aime le mal pour le plaisir de faire le mal; il n'est point besoin absolument que le mal lui rapporte; si le mal est productif, tant mieux.

Léonard est placé entre son bon et son mauvais génie; il appartient autant à l'un qu'à l'autre; seulement, le plateau de la balance, vu la mauvaise compagnie dans laquelle il se trouve, penche deux fois à gauche pour une fois à droite.

Le neveu, Bernard, est un Mauprat; mais le sang de la mère, digne et sainte femme, agit sur lui malgré l'exemple de ses oncles; il n'a pas commis de crimes; il n'a gagné que des vices. — On en a fait un condottière, pas un voleur. — Peut-être deviendra-t-il meurtrier; il ne sera jamais assassin.

Son grand défaut, c'est d'aimer le vin. — Que voulez-vous! il est poëte, ce jeune homme ; et, comme nul ne lui a dit ce que c'était que la poésie, il la devine dans le vin.

Quand il est à jeun, le diable n'est pas toujours le plus fort.

Ivre, il est capable de tout.

Son éducation est nulle; il ne sait ni lire ni écrire; mais on sent sous la rude écorce une séve vigoureuse, puissante, rapide; — qu'il ait besoin d'apprendre, il rattrapera le temps perdu.

Ce que les autres apprennent en un an, lui l'apprendra en un mois.

Au lever du rideau, Jean le Tors se félicite d'un petit stratagème qu'il vient d'inventer. Il a fait vendre au vieux chevalier Hubert, chef d'une autre branche des Mauprat, un cheval élevé au château et dressé à y toujours revenir. Le cheval a été acheté par le chevalier à l'intention de sa fille Edmée. La première fois qu'Edmée se hasardera à le monter, le cheval l'emportera ; elle se trouvera prise dans le repaire ; on l'enfermera avec Bernard et du vin. Bernard s'enivrera, et, quand Edmée sortira le lendemain matin du château, il n'y aura d'autre moyen pour elle de reparaître dans le monde qu'en y reparaissant comme la femme de Bernard Mauprat.

Or, Edmée a un million de dot, et l'on fera signer d'avance à Bernard l'obligation de donner cinq cent mille francs à ses amis.

Au moment où le stratagème préparé par Jean le Tors est adopté par les autres frères, l'ombre d'un homme et l'ombre d'un chien se glissent entre la porte entr'ouverte et le mur, dans un intervalle où l'on conçoit qu'à peine puisse passer une feuille de papier. L'ombre du chien s'appelle Blaireau, l'ombre de l'homme s'appelle Marcasse.

Cette figure de Marcasse, long, maigre, sec, le visage ombragé par son large chapeau, avec son épée effilée relevant la couverture qui lui sert de manteau, t suivie de son chien, au museau grêle et long, au corps maigre et sec, qui, à force de faire la chasse aux fouines, aux putois et aux taupes, semble avoir pris quelque chose de leur ressemblance, est une des meilleures du roman et une des mieux rendues du drame.

M. Fleuret y a fait preuve de talent.

Le tueur de taupes, le chasseur de fouines, le preneur de putois, vient faire au château sa moisson habituelle ; mais, cette fois, il a à annoncer aux Mauprat qu'ils sont menacés par l'approche d'ennemis plus dangereux que ceux dont il a l'habitude de les débarrasser : sous prétexte d'une battue aux loups, la gendarmerie et la force armée des environs vont cerner le château et donner assaut à la forteresse.

La nouvelle est grave, surtout donnée par Marcasse, qui parle rarement, et qui n'ouvre la bouche que lorsqu'il a bien réellement, et bien sérieusement quelque chose à dire. Alors, sa parole grave, brève, entrecoupée, exprime sa pensée par des substantifs, des adjectifs et des adverbes. Seulement, Marcasse n'a de sa vie construit une phrase, et il ne connaît, des différents temps des verbes, que l'infinitif et le participe passé.

Comme, au bout du compte, Marcasse n'a aucun motif de porter les sept frères dans son cœur, Jean le Tors, qui ne se fie pas à Marcasse, et qui croit peu au bien que l'on fait sans motif de le faire, ordonne à ses gens de veiller sur Marcasse, tout en ayant l'air de le remercier du bon office qu'il vient de rendre aux habitants du château.

Maintenant, il s'agit d'organiser la défense. Jean le Tors réunit sa garnison, la fait boire, l'excite au combat, et demande à son neveu Bernard, qui entre sur ces

entrefaites, s'il peut compter sur sa carabine et so
couteau de chasse.

Bernard n'est pas d'humeur belliqueuse, ce jour-là
la vie qu'on mène au château lui pèse, et lui-mêm
expose le caractère que nous avons essayé de tracer e
quelques mots.

Le jeune homme dit tout cela en caressant un br
de vin à soûler Polyphème, et qui n'arrive d'ordinai
qu'à le mettre en pointe de gaieté.

En ce moment, un des guetteurs vient annoncer qu
l'on aperçoit de loin Edmée, qui est emportée ve
le château malgré les efforts qu'elle fait pour mainte
nir son cheval.

Jean le Tors regarde Bernard, qui en est à sa second
pinte.

Edmée ne pouvait pas mieux choisir son heure.

On laisse Bernard seul. Edmée sera introduite pr'
de Bernard; l'ivresse de Bernard et la beauté d'Edmé
feront le reste.

Une minute après, Edmée entre vêtue d'un costum
d'amazone; le justaucorps est vert brodé d'or, la jup
est grise, la ceinture ponceau.

Elle est coiffée d'un feutre, et ses longs cheveu
noirs, dénoués par la course, flottent sur ses épaules.

La réputation de terreur qu'inspire le château des
Mauprat fait qu'Edmée n'est jamais venue même dans
ses environs, de sorte qu'elle ignore où elle est.

Aux premiers mots que prononce Bernard, elle est
renseignée.

En ce moment, on entend de grands cris. Le château
est attaqué; mais ses défenseurs, prévenus par Mar-

sse, sont sur leurs gardes et s'apprêtent à le déendre.

Alors commence une scène magnifique, et cependant lus belle dans le roman qu'au théâtre. Quand nous en erons à la critique, nous expliquerons pourquoi et comment il n'y a en aucune façon de la faute de l'aueur.

La scène est scabreuse ; pour la tenter, il faut une bien grande ignorance ou une bien grande pratique du théâtre. Ivre et amoureux, Bernard veut, au bruit de la fusillade, aux cris des combattants, à l'odeur de la poudre, faire violence à sa cousine. Comment la jeune fille, sans autres armes que son innocence et sa dignité, se défend contre la brutalité de son cousin, c'est ce que l'on ne saurait raconter sans refaire la scène.

Cette scène, il faut la voir.

Enfin, sur le serment solennel que sa cousine lui fait d'être à lui, Bernard consent à fuir avec elle. L'Hercule de vingt ans roule et déplace un tonneau, à moitié vidé par les défenseurs du château dans la scène précédente ; sous le tonneau est une trappe ; et, tandis que les assiégeants vainqueurs escaladent les murailles, Edmée et Bernard disparaissent dans les profondeurs du théâtre, qui représentent le souterrain dont la trappe se referme sur eux.

Le seul reproche qu'il y ait à faire à ce tableau plein de vie et de mouvement, est un reproche de mise en scène ; on dit bien que l'on assiége le château ; mais, au peu de bruit qui se fait, il est impossible de ne pas mettre en doute la véracité de cette nouvelle ; deux ou trois coups de fusil isolés, et les cris de dix ou douze comparses, poussés sans intelligence, sans gradation, sur une même gamme, ne constituent pas le moins du monde un combat, un égorgement, une tuerie. Vous me direz que le bruit que l'on fera d'un côté de la toile empêchera d'entendre ce qui se dit de l'autre; erreur, le tout est d'enchevêtrer le dialogue avec le bruit; puis pourquoi négliger la musique? c'est dans de pareilles situations que la musique est, je ne dirai pas utile, mais nécessaire; ce n'est pas l'habitude sur la première et la seconde scène française de parler, de marcher, de gesticuler en musique. Non, certes, quand vous jouez l'ancien répertoire, les tragédies de Corneille ou les comédies de Molière; mais, quand vous entrez en concurrence avec le théâtre de la Porte-Saint-Martin, de l'Ambigu ou de la Gaieté, pourquoi vous priver de ce puissant auxiliaire, et laisser à vos rivaux cet immense avantage sur vous?

C'est un tort que nous signalons à Royer et à Vaëz; eux qui ont écrit deux des meilleurs libretti d'opéra qu'on ait faits depuis vingt ans, ont moins que personne le droit de mépriser ce prodigieux prestige qui donne à la voix humaine le secours de l'orchestre.

J'ai vu jouer, en Allemagne, le *Gœtz à la main de fer*, de Gœthe : il y a dans ce beau drame, le meilleur, à notre avis, de l'auteur de *Faust* et du *Comte d'Egmont*, une scène à peu près pareille à celle du siège du château de Mauprat : c'est quand les troupes de l'empereur font le siége du château de Gœtz, et que le châtelain, à la tête de quelques braves, qui, comme lui, ont juré de s'ensevelir sous les décombres de la féodalité, arrache le plomb des gouttières, et fond des balles en scène, et tout cela, au milieu des cris d'une orgie. — Eh bien, le directeur du théâtre de Berlin était moins dédaigneux que vous, chers confrères et amis, il avait demandé à Mendelssohn une musique que Mendelssohn avait faite, et je vous jure bien que, si j'eusse connu votre premier tableau, j'eusse fait, sans vous en rien dire, venir cette partition d'Allemagne, et ne vous eusse point laissé de repos que la musique du *Siége du Château de Gœtz de Berlichingen* ne fût appropriée au siége du château de Mauprat.

Au deuxième tableau, nous sommes à la tour Gazeau, chez Patience. — Nous dirons dans la partie critique de notre travail sur madame Sand ce que nous pensons de ce rôle, aussi bien joué *que possible* par Barré, et nous expliquerons ce *que possible*. Patience cause avec le curé Aubert, et lui raconte son vieil antagonisme avec Bernard Mauprat : l'histoire de la chouette tuée par l'enfant, et celle du châtiment infligé à l'enfant pour avoir tué la chouette. — A cet endroit du récit, on frappe à la porte; c'est Edmée et Bernard. Les fugitifs ont gagné sans accident l'extrémité du souterrain, puis ils se sont glissés dans le bois, et, du bois, ont gagné sans peine la tour Gazeau. — Patience et le curé Aubert ne voient pas sans terreur Edmée sous la protection de ce demi-brigand qu'on appelle Bernard. En ce moment, on entend des cris; un homme appelant du secours entre en scène en se soutenant aux murailles, et laissant derrière lui une traînée de sang. Il est le dernier des Mauprat; ses six autres frères se sont ensevelis sous les ruines du château.

Les hommes sont morts et le château est détruit.

Comme le dernier Spartiate du pauvre Pichat, qui venait tomber en scène pour dire ce seul hémistiche : « Ils sont tous morts ! je meurs ! » Léonard n'arrive en scène que pour apprendre aux spectateurs ce qui s'est passé au château depuis le départ de Bernard et d'Edmée, et pour prédire en mourant à son neveu toutes les déceptions, toutes les douleurs et même tous les crimes que lui garde le monde dans lequel il va entrer.

Léonard mort, le chevalier Hubert arrive et emmène au château sa fille et son neveu. Seulement, il ignore qu'Edmée est entrée dans le château des Mauprat. Il croit que Bernard l'a sauvée seulement du danger que lui faisait courir la folle course d'un cheval emporté.

Patience suit le chevalier Hubert, Mauprat et Edmée.

— Le sang a coulé chez moi, dit-il ; je ne saurais plus y dormir.

Nous n'avons d'autres observations à faire à cet acte-ci, qu'une observation que l'on pourrait maintenant reproduire à chacun des actes qui vont suivre, et qui ne s'applique pas encore à l'auteur.

Cette observation repose sur la grandeur de la décoration.

L'avant-scène de l'Odéon est large, trop large peut-être ; elle doit avoir quelque chose comme trente-quatre ou trente-cinq pieds d'ouverture. Eh bien, dans les drames intimes, sans mise en scène, sans figurants, où les développements ne comportent pas une agglomération de plus de trois et même de quatre personnes, il est urgent de diminuer — en poussant le manteau d'Arlequin — le théâtre de trois ou quatre pieds de chaque côté. Joué dans un petit espace, le drame produit un effet double.

Il y a, dans le conseil que je donne là aux directeurs de l'Odéon, augmentation d'effet et diminution de dépenses, deux choses qui font hausser la recette.

Au troisième tableau. Bernard est à Sainte-Sévère, chez le chevalier Hubert. Ce tableau est charmant d'un bout à l'autre; seulement, il est impossible à analyser. C'est le développement du caractère de Bernard et la confirmation de celui d'Edmée. L'amour qui se développe et qui grandit dans les deux jeunes cœurs, en fait les frais. Cependant, durant tout l'acte, Edmée conserve à la fois sa supériorité et sa puissance sur son cousin. C'est le propre de madame Sand de courber ses héros sous ses héroïnes. Je dirai : « Vous êtes femme, madame Sand, » comme Molière disait : « Vous êtes orfévre, monsieur Josse. »

La toile tombe sur Mauprat aux genoux d'Edmée, qui le supplie de se corriger.

— J'y tâcherai, répond Mauprat.

Au quatrième tableau, Mauprat a tâché, en effet, et a trop bien réussi. Mauprat non-seulement est devenu savant, mais pédant. Il est philosophe, encyclopédiste, philanthrope; sa conversation n'est qu'une longue discussion avec le pauvre oncle Hubert, que ces contradictions éternelles épuisent. Edmée souffre et se tait, car elle aime Bernard ; de son côté, Bernard adore sa cousine, mais avec tous les emportements de son caractère. Le frottement des hommes n'a donné qu'un faux vernis de civilisation à ce demi-sauvage, toujours prêt, comme le loup dont on a fait malgré lui un animal domestique, à montrer les dents et à mordre ; contenu depuis le commencement de l'acte, il n'a pas la force de repousser l'occasion qui s'offre à lui dans un accès de jalousie qu'éveille chez lui la présence de M. de la Marche ; il rappelle à Edmée qu'à la Roche-Mauprat, elle lui a fait le serment de n'être qu'à lui, et dénonce ainsi le passage de la pure jeune fille à travers ce repaire, où la plus chaste devait laisser ou la vie ou l'honneur.

M. de la Marche se retire, en assurant Edmée de son respect quand même.

Restée seule avec son cousin, Edmée, indignée, le traite avec cette froide dignité et ce hautain mépris qui sont un des côtés saillants de son caractère. Trop coupable pour se justifier, trop fier lui-même pour demander son pardon, Bernard laisse Edmée se retirer, courroucée et presque menaçante.

Edmée sortie, il prend une résolution suprême. Il remet à Marcasse la bague que sa cousine lui avait donnée ; il lui rend sa parole et part pour l'Amérique. Il s'y fera tuer ou reviendra guéri de son amour.

Marcasse, qui connaît l'amour d'Edmée pour Bernard, et qui ne veut pas qu'il arrive malheur à celui-ci, prend à son tour sa résolution : de même que Mauprat lui a donné sa bague, il donne Blaireau à Patience ; et, après ce seul mot : « Adieu, » il disparaît sur les traces de Bernard.

C'est dans cet acte-ci surtout que se fait sentir particulièrement la gêne causée par la grandeur de l'Odéon. Brésil a une sortie désespérée, qui, au bout de dix pas de gestes sans paroles, devient grotesque.

Au cinquième tableau, Mauprat revient d'Amérique. Son cheval s'est abattu à quelques pas des ruines du château de ses frères. Il faut malgré lui qu'il s'arrête et rentre dans cet ancien repaire de bandits. On revoit alors la chambre du premier tableau, mais dégradée, en ruine, près de crouler tout à fait. Dans l'impuissance où il est de continuer son chemin, Bernard s'informe, s'inquiète, se fait donner des nouvelles de la famille. De toutes les nouvelles qu'il apprend, une seule le frappe : Edmée va se marier avec M. de la Marche.

Au reste, quel que soit le sentiment qui ramène Edmée dans ces ruines, elle revient parfois les visiter. Les lieux où l'on a souffert prennent une large place dans les souvenirs, et, au jour des douleurs nouvelles, on aime à revoir le théâtre des anciennes douleurs.

Edmée est allée au château de Rochemaure, et il n'y aurait rien d'étonnant qu'à son retour elle s'arrêtât un instant au château de Mauprat, qui est sur la route de Sainte-Sévère. Bernard, resté seul, pense à tout ce passé qui renaît devant ses yeux, pour lui échapper dans ce qu'il a de plus cher ; il ne s'est pas fait tuer, il n'a pas oublié Edmée, il l'aime plus que jamais.

Au milieu de cette agitation de ses sens, de cette fièvre de son âme, un effrayant prodige le frappe, l'étonne, l'étourdit. Il a vu passer l'ombre de son oncle Jean le Tors. Le spectre du maudit vient visiter le château fatal. D'abord, à la production de ce fait surnaturel, il hésite et fait un pas en arrière. Mais Mauprat n'est pas de ceux qui laissent passer le {danger sans le poursuivre. Il s'élance vers la fenêtre; mais son attention est bien vite détournée de sa préoccupation première. Par la fenêtre, il a vu Edmée qui s'approchait avec son père, Edmée pâle, languissante, mais plus belle de cette pâleur qu'elle ne l'a jamais été du coloris de la jeunesse et du fard de la santé.

Tout à coup, au moment où Edmée touche le seuil de la porte, un coup de feu part, et Edmée tombe blessée d'une balle à la poitrine.

Alors, l'auteur, qui s'est un instant écarté du roman, y rentre. L'accusation de l'assassinat d'Edmée vient chercher Bernard au plus profond de son amour et de sa douleur. Il est arrêté.

Au sixième tableau, une très-belle décoration montre aux spectateurs les ruines extérieures du château avec la seule tour restée debout, à laquelle on ne peut arriver que par une poutre à moitié calcinée, suspendue au-dessus de l'abîme. Marcasse et Patience, les deux bons génies du drame, qui, dans leur cœur honnête, ne peuvent croire Bernard capable d'un pareil crime, espèrent être sur la trace du véritable assassin; ils ont révélé l'existence de Jean le Tors, le seul des sept frères qui ait survécu; ils sont à sa recherche dans les ruines.
— Mais Bernard, écrasé sous cette idée qu'Edmée le croit coupable, ne veut ni les aider dans leurs recherches ni se défendre. Il mourra, puisque Edmée ne souhaite pas qu'il vive. — Alors, M. de la Marche, qui, lui non plus, ne croit pas Bernard coupable, et qui, sous la rude écorce de l'ancien bandit, a apprécié le cœur de l'homme, amène Edmée convalescente aux ruines. Edmée est bien faible, à peine peut-elle parler;

mais elle retrouve la voix pour dire à Bernard qu'elle veut qu'il se défende, qu'elle veut qu'il prouve son innocence, qu'elle veut qu'il vive, et cela, parce qu'elle l'aime toujours.

Et, en effet, à ce mot sur lequel avait compté M. de la Marche, Bernard n'a plus qu'un désir, c'est, puisque Edmée est convaincue de son innocence, de prouver cette innocence au monde entier. Pour cela, il faut retrouver Jean le Tors, que l'on croit retranché dans la tour isolée. Mais comment arriver à cette tour? Le seul chemin qui y conduise, c'est la poutre à moitié brûlée, et que le moindre poids peut briser. Il n'y a que Marcasse que sa maigreur rende assez léger pour qu'il puisse se hasarder sur un pareil support. Il n'y a que lui encore que son habitude de courir sur les toits rende assez sûr de lui-même pour se hasarder sur ce chemin étroit comme l'arche du pont qui conduit au paradis de Mahomet. Il s'y hasarde de cette allure calme, de ce pied tranquille dont le spectateur le voit marcher depuis le commencement du drame. Au milieu du trajet, un coup de feu dirigé sur lui part de la tour. Il y a un moment d'angoisse terrible pour le pauvre tueur de taupes, placé entre un double danger mortel. Mais il ne laisse pas longtemps ses amis dans l'incertitude. Il lève son chapeau, les salue et les rassure avec son laconisme habituel.

— Rien! dit-il.

Et il continue son chemin.

Un second coup de feu ne l'arrête pas plus que le premier. Mais l'assassin à qui la main n'a point failli quand il s'est agi de tirer sur une jeune fille sans défense, tremble quand il est question de tirer sur un homme qui peut lui rendre coup pour coup. Il manque Marcasse du second coup, comme il l'a manqué du premier. Alors, il est perdu; car Marcasse est bien décidément l'envoyé de cette vengeance divine qui le fait invulnérable. Marcasse pénètre dans la tour, et, un instant après, Jean le Tors, vaincu, avoue en mourant que c'est lui qui a commis le crime, en haine de sa nièce Edmée et de son neveu Bernard.

— Que le souffle du Seigneur, avec le dernier soupir de ce bandit, emporte la fatalité qui pèse sur la famille des Mauprat! dit le chevalier Hubert en joignant les mains d'Edmée et de Bernard.

Et la toile tombe.

*
* *

Personne ne conteste le génie de George Sand.

Nous allons donc particulièrement nous occuper de son talent.

Peut-être s'étonnera-t-on que nous fassions de ces deux mots deux choses distinctes.

A notre avis, non-seulement elles sont rarement réunies, mais, au contraire, elles sont presque toujours distinctes et quelquefois opposées.

Dieu seul donne le génie.

L'éducation, l'étude, la persistance, peuvent donner le talent.

Avec le génie seul, on reste pauvre si l'on est né pauvre.

Avec le talent seul, il est rare qu'on ne fasse pas fortune.

Corneille était un homme de génie sans talent; aussi est-il mort de faim.

Beaumarchais était un homme de talent sans génie; aussi est-il mort millionnaire.

Madame Sand réunit le génie au talent; seulement, le génie est au talent chez elle dans des proportions bien supérieures.

On peut décomposer la valeur littéraire de George Sand à peu près comme ou décompose l'air respirable.

Air respirable :	*Valeur littéraire :*
77 parties d'azote,	77 parties de génie,
19 parties d'oxygène,	19 parties de talent,
3 ou 4 parties d'eau.	3 ou 4 parties de naïveté.

Il y a quelque chose de plus étrange encore dans madame Sand; elle a le génie romantique et le talent classique.

Au reste, elle explique cela elle-même sans se rendre compte le moins du monde qu'elle opère en elle la division que nous signalons aujourd'hui.

Écoutez-la parler :

« Peu de temps après la révolution de 1830, je vins à Paris avec le souci de trouver une occupation, non pas lucrative, mais suffisante. Je n'avais jamais travaillé que pour mon plaisir. Je savais, comme tout le monde, un peu de tout, rien en somme. Je tenais beaucoup à trouver un travail qui me permît de rester chez moi. Je ne savais pas assez d'aucune chose pour m'en servir. Dessin, musique, botanique, langue, histoire, j'avais effleuré tout cela, et je regrettais beaucoup de n'avoir rien pu approfondir. Car, de toutes les occupations, celle qui m'avait toujours le moins tenté, c'était d'écrire pour le public. Il me semblait qu'à moins d'un rare talent, — talent que je ne me sentais pas, — c'est l'affaire de ceux qui ne sont bons à rien. J'aurais donc beaucoup préféré une spécialité. J'avais écrit souvent pour mon amusement personnel; il me paraissait assez impertinent de prétendre à divertir ou à intéresser les autres, et rien n'était moins dans mon caractère concentré, rêveur et avide de douceurs intimes, que cette mise en dehors de tous les sentiments de l'âme. Joignez à cela que je savais très-imparfaitement ma langue. Nourrie de lectures classiques, je voyais le romantisme se répandre. Je l'avais d'abord repoussé et raillé dans mon coin, dans ma solitude, dans mon for intérieur, et puis j'y avais pris goût, je m'en étais enthousiasmée, et mon goût, qui n'était pas formé, flottait entre le passé et le présent sans trop savoir où se prendre, et chérissait l'un et l'autre sans connaître et sans chercher le moyen de les accorder. »

Dites-moi, cette page ne peut-elle pas aussi bien être signée de Rousseau que de George Sand; du philosophe de Genève que de la châtelaine de Nohant?

En 1831, George Sand publie son premier livre, *Indiana*, un chef-d'œuvre.

Remarquez ceci : le génie n'a pas hésité; il a tout d'abord donné son prospectus; grandes qualités, petits défauts. Il a du premier coup fait aussi bien qu'il fera jamais.

Peut-être le talent, qui est perfectible, ajoutera-t-il

quelque chose à la forme; le génie, qui est immuable, n'ajoutera rien au fond.

Maintenant, suivons au théâtre l'application de ce génie et de ce talent, de ces hautes qualités et de ces petits défauts.

Nous avons dit que l'art, chez madame Sand, était romantique dans le fond et classique dans la forme.

Au théâtre, la chose deviendra plus sensible encore que dans les romans.

Le plan des pièces de George Sand est romantique; son dialogue est classique.

Voilà pourquoi ses pièces sont meilleures à lire qu'à voir représenter.

Elle sentait instinctivement cela, cette femme de génie, quand, après avoir donné *Cosima*, qui avait tous ses défauts et aucune de ses qualités, elle resta près de quinze ans sans reparaître au théâtre.

Ce fut un malheur.

Voulez-vous savoir à quelle impulsion elle céda en y rentrant?

Je vais vous raconter cela. Elle ne me l'a pas dit; je le devine.

Vous avez vu madame Sand jouant la comédie à Nohant avec ses voisins et ses voisines de campagne, en face d'une grande glace et sur un théâtre sans spectateurs.

Vous avez vu comment Paul Bocage arriva pour remplir le rôle du père d'Inésille, et improvisa son rôle.

Eh bien, il en était ainsi de chacun des acteurs.

Le matin, en déjeunant, George Sand bâtissait un

scénario, distribuait aux acteurs leurs personnages.

Le soir, chacun entrait selon le numérotage des scènes, et, selon son plus ou moins de facilité, improvisait plus ou moins habilement son rôle.

Un jour, on se lassa de ces ébauches; on demanda à George Sand une œuvre plus complète, un drame ou une comédie d'elle seule. Elle se mit sans prétention, en châtelaine obligeante qui ne sait rien refuser à ses hôtes, à tailler pour moins de peine un drame dans un de ses romans.

Ce drame se trouva être *François le Champi*.

Le hasard conduisit Bocage à Nohant. — Je ne sais pas les détails; je cherche, je tâtonne, je devine; mais je suis sûr que j'approche de la vérité. Je brûle, comme on dit au jeu de cache-cache. — Le hasard, disais-je, conduisit Bocage à Nohant, ou amena madame Sand à Paris. De l'une ou de l'autre façon, *François le Champi* passa des mains de l'auteur dans les mains du directeur. Nous avons vu comment George Sand hésitait à en permettre la représentation, et comment Bocage escamota la difficulté en faisant jouer la pièce sans prévenir l'auteur.

Le succès est entraînant : George Sand avait grandement, complétement, loyalement réussi. Elle n'avait plus d'objection à faire.

Il y a plus : les journaux, qui devaient depuis lui refuser tout mérite dramatique, criaient à perdre haleine que George Sand venait d'ouvrir une nouvelle ère théâtrale.

Ce n'était pas plus vrai que lorsqu'ils ont crié le contraire.

George Sand venait tout simplement, comme Alfred de Musset lorsqu'il fit représenter *le Caprice, le Chandelier* et *Il faut qu'une porte soit ouverte ou fermée*, de faire jouer au théâtre une chose qui n'était pas faite pour le théâtre.

Cela ne veut pas dire qu'il ne faille pas jouer au théâtre ces sortes de productions ; si ce n'est pas un enseignement pour leurs auteurs, qui ne peuvent se juger eux-mêmes, ce sont d'admirables objets d'étude pour les autres.

Je vais tâcher de démontrer cela.

Il y a, au théâtre, trois grandes familles de poëtes.

Il y a la famille d'Eschyle, d'Aristophane, de Shakspeare, de Corneille, de Molière, de Calderon, de Sheridan et de Schiller.

Il y a la famille d'Euripide, de Sénèque, de Racine, de Voltaire, d'Alfieri, de Casimir Delavigne et de Ponsard.

Il y a la famille de Ménandre, de Térence, de Métastase, de Gœthe, de Byron, de Victor Hugo, de Musset.

Les premiers sont les poëtes réalistes; les seconds, les poëtes conventionnels; les troisièmes, les poëtes idéalistes.

Les premiers sont romantiques par le fond et par la forme; les seconds sont classiques par la forme et par le fond; les troisièmes sont romantiques par le fond et classiques par la forme.

George Sand est de cette dernière famille.

Seulement, elle a au suprême degré une qualité qui, dans certaines circonstances, devient un défaut : elle est peut-être encore plus grand peintre que grand poëte.

Grand peintre de paysage.

Avez-vous vu quelque chose à la fois de plus vrai et de plus poétique que les descriptions de George Sand? Aube du matin, crépuscule du soir, champs sillonnés par la charrue, pâturages où ruminent les grands bœufs mugissants; prairies où tintent les sonnettes des moutons; ruines se détachant au sommet de la montagne, sur les rayons pourprés du soleil couchant; rivière coulant sombre et silencieuse au fond de la vallée; herbes se courbant au souffle du vent et secouant leurs diamants liquides, tout cela est de son domaine, tout celà est son champ, sa terre, son patrimoine; je me trompe, sa conquête.

Grand peintre de portraits.

Prenez le roman de *Mauprat*, et rappelez-vous les personnages éclos — je ne dirai pas sous la plume, la plume n'a que le contour — sous le pinceau de George Sand. Suivez les noms : Jean le Tors, Bernard Mauprat, Edmée, Patience, Marcasse, et jusqu'au vieux chevalier Hubert.

Les voyez-vous passer, marcher, agir? les entendez-vous parler, respirer, se plaindre?

Oui.

Eh bien, comment voulez-vous que l'illusion théâtrale vous rende des personnages aussi complets ? Comment voulez-vous que les acteurs qui prendront ces noms-là, prennent en même temps la physionomie de ceux qu'ils sont appelés à représenter? Comment voulez-vous que M. Talbot, si difforme qu'il se fasse, me rende ce démon qu'on appelle Jean le Tors; que M. Brésil, avec du blanc, du rouge et du noir, me représente cet ange d'orgueil qu'on appelle Bernard Mauprat; que mademoiselle Fernand, si bien que soit taillée sa veste, si gracieuse que soit sa jupe, si élégant que soit son chapeau, si éclatante que soit sa ceinture, remplace pour moi la ravissante Edmée; que Barré, si longue que soit sa perruque, si blanche que soit sa barbe, si grimé que soit son front, me fasse oublier Patience, ce philosophe de la nature; que M. Fleuret, si large que soit son chapeau, si longue que soit son épée, si mince que soit sa personne, me rappelle cette ombre sans corps, ce marcheur sans bruit, ces os sans chair, ce dévouement sans ostentation, ce sauveur sans orgueil qui a nom Marcasse? — Ferville, lui-même, Ferville, l'excellent comédien, a eu beau prendre les habits du père d'Edmée, ce n'est pas là mon chevalier Hubert du roman; c'est Ferville que j'aime de tout mon cœur, et à qui je fais mon compliment bien sincère d'avoir lutté contre une impossibilité, sans avoir été écrasé par elle.

Le paysage trop bien peint, ce n'est rien : ce n'est que le cadre; mais les personnages trop bien dessinés, c'est autre chose.

Imitez avec les acteurs les plus intelligents *la Transfiguration* de Raphaël, *les Noces de Cana* de Paul Véronèse, ou *l'Adoration des Mages* de Rubens.

Regardez les tableaux animés, et souvenez-vous seulement des tableaux peints, vous verrez auxquels vous donnez la préférence.

Quand le drame, la comédie, la pièce de théâtre,

enfin, est tirée d'un des romans champêtres de madame Sand, comme *François le Champi* ou *la Petite Fadette*, la tâche de l'acteur devient plus facile; le type du paysan matois ou grossier, de la paysanne coquette, ou médisante, est plus commode à imiter que celui de l'homme idéalisé ou de la femme poétique. Deshayes a très-bien rendu la figure de Jean Bonin; madame Biron a parfaitement représenté la Catherine, pour ceux-là mêmes qui avaient les personnages du roman présents à la pensée. Mais il faudrait Talma, Kean et Frédérick, fondus dans un seul homme, pour rendre Bernard Mauprat; il faudrait miss Helena Faucit, madame Dorval et mademoiselle Georges, à vingt ans, pour représenter Edmée.

Aussi, quoiqu'il y ait tout autant de mérite, et peut-être même un mérite supérieur, dans *Mauprat,* peut-être, tout en ayant le même succès, n'aura-t-il pas la même longévité que *François le Champi*. Mais cela ne sera pas la faute de l'auteur; cela tiendra à la nature de l'œuvre.

Cette observation disparaît quand madame Sand, comme dans *Claudie*, dans *le Démon du foyer* et dans *le Pressoir*, invente et compose entièrement sa pastorale, sa comédie ou son drame, sans la tirer d'un de ses livres.

Alors, il n'y avait plus de comparaison à faire, et la pièce rentre dans la catégorie générale des œuvres de théâtre.

Maintenant, j'ai avancé ceci, que la méthode de tirer un drame d'un roman, désavantageuse pour George Sand, est avantageuse pour moi.

Au lieu d'être, comme George Sand, un poëte idéaliste de la famille de Ménandre, de Térence, de Métastase, de Gœthe, de Byron, de Victor Hugo et de Musset, je suis un disciple de l'école réaliste, d'Eschyle, d'Aristophane, de Shakspeare, de Corneille, de Molière, de Calderon, de Sheridan et de Schiller.

George Sand est un romancier philosophe et rêveur.

Je suis un romancier humaniste et vulgarisateur.

George Sand, avec beaucoup de peine et à force d'art, arrive à être théâtrale.

Moi, sans peine et tout naturellement, j'arrive à être dramatique.

Je fais d'abord mon drame; puis, de mon drame, je fais un roman.

George Sand exécute d'abord son roman; puis, de son roman, elle tire un drame.

Il y a plus; non-seulement nous ne composons pas de la même façon, mais encore nous n'exécutons pas de la même manière.

Roman ou drame, je ne commence matériellement mon œuvre que lorsqu'elle est complétement achevée dans mon cerveau.

Roman ou drame, George Sand commence son œuvre dès qu'elle a le premier chapitre, ou qu'elle tient la première scène.

Chez moi, c'est l'action qui crée, en quelque sorte, les personnages.

Chez elle, ce sont les personnages qui créent l'action.

Je peins moins, mais je moule davantage; je suis plus statuaire que peintre.

George Sand peint davantage et moule moins; elle est plus peintre que statuaire.

Mes personnages ont la forme; les siens ont la couleur.

Les siens rêvent, pensent, philosophent; les miens agissent.

Je suis le mouvement et la vie; elle est le calme et la pensée.

Son pouls bat de cinquante à cinquante-cinq fois à la minute; le mien de soixante à soixante et dix.

Aussi mes personnages se sont-ils facilement fondus dans l'acteur. D'Artagnan, c'est Mélingue; Charles Ier, c'est Lacressonnière; Charles IX, c'est Rouvière; la mère Tison, c'est Lucie; madame Bonacieux, c'est madame Rey; le chevalier d'Harmental, c'est Laferrière; le comte Horace, c'est Fechter; Castorin, c'est Colbrun; Caderousse, c'est Boutin.

Jamais, jouât-on la pièce deux cents fois, jamais Jean le Tors ne sera M. Talbot; jamais Bernard Mauprat ne sera M. Brésil; jamais Edmée ne sera mademoiselle Fernand; jamais M. Barré ne sera Patience; jamais M. Fleuret ne sera Marcasse; jamais Ferville ne sera le chevalier Hubert.

Chez moi, l'ombre et le corps ne font qu'un; c'est l'acteur qui est le corps, c'est le personnage du roman qui est l'ombre.

Chez George Sand, l'ombre et le corps marchent côte à côte, parfaitement distincts l'un de l'autre, et, chose étrange, c'est le personnage inanimé qui est le corps, et le personnage vivant qui n'est que l'ombre.

J'en ai dit assez pour me faire comprendre. Je m'arété; en m'étendant davantage, je ne ferais que me répéter.

Je terminerai mon travail sur le poëte par un portrait de la femme.

Pour beaucoup de femmes, dire leur âge serait commettre une indiscrétion.

Madame Sand compte ses années par des triomphes.

Elle a quarante-six ou quarante-sept ans.

Elle est plutôt petite que grande, plutôt grasse que maigre. Elle a des cheveux magnifiques, des yeux superbes, calmes et pleins de flamme tout à la fois. Le bas de la figure est moins bien que le haut.

C'est que le bas de la figure sert aux œuvres de la matière, le haut aux œuvres de l'intelligence.

Madame Sand travaille presque toujours facilement, sans fatigue; elle écrit ses livres et ses pièces d'une belle écriture, sans ratures et sans surcharges

Son repos, c'est la cigarette. De sa main petite, charmante, agile, elle roule éternellement dans du papier espagnol une pincée de tabac ordinaire, qu'elle puise dans sa poche; ensuite, elle tire son petit briquet, fait étinceler une allumette, et allume sa cigarette.

La cigarette finie, elle recommence.

Son désespoir, quand elle fait ses répétitions, est de ne pouvoir fumer. Le pompier est sa bête noire; elle se cache dans tous les coins, s'enferme dans toutes les loges pour lui échapper.

Elle a dans la conversation toute la simplicité de la grandeur, toute la bonhomie de la force, toute la naïveté du génie.

Elle parle peu, sans prétention aucune, mais quelque chose chaque fois qu'elle ouvre la bouche.

C'est la princesse des *Mille et une Nuits*, dont les paroles étaient rares, mais qui laissait tomber une peri avec chacune de ses paroles.

HENRI V ET CHARLES II

Le Théâtre-Français a repris dernièrement *la Jeunesse de Henri V* d'Alexandre Duval.

La Jeunesse de Henri V avait laissé quelques souvenirs dans l'esprit de ceux qui l'ont vu représenter comme moi, il y a trente-cinq ans.

A cette époque, du moins à la représentation à bénéfice où je la vis pour la première fois, elle était jouée par Fleury, Damas, Armand, Michot, mesdemoiselles Mars et Rose Dupuis.

A sa reprise, elle a été jouée, par MM. Leroux, Maillart, Monrose, Métrème, Masquillet, mesdemoiselles Fix et Favart.

Nous ne voulons pas dire que Fleury, Damas, Armand, Michot, mesdemoiselles Mars et Rose Dupuis jouassent mieux la comédie que MM. Leroux, Maillart, Monrose, Métrème, Masquillet et mesdemoiselles Fix et Favart.

Mais, à coup sûr, ils la jouaient d'une autre façon.

Nous en appelons à M. Empis lui-même, qui, étant

notre aîné d'une quinzaine d'années, a dû voir l Théâtre-Français dans son meilleur temps.

Aussi la pièce reprise a-t-elle été jouée deux fois sans argent, ce qui ne prouverait rien, mais sans succès, ce qui prouve beaucoup.

Les vieux amateurs s'en sont pris au jeu des artistes

Les nouveaux spectateurs s'en sont pris à la forme de la pièce.

Ils se sont demandé — ces derniers, bien entendu, — comment près du héros illustré par Shakspeare, près du joyeux et excentrique compagnon de Falstaff, de Poins, de Peto et de Bardoff, né vers 1380, montant sur le trône en 1413, gagnant en 1415 la bataille d'Azincourt, et mourant au château de Vincennes en 1422, ils pouvaient trouver le poëte courtisan Rochester, né en 1648 et mort en 1680, c'est-à-dire trois cents ans juste après la naissance du prince auprès duquel le place M. Alexandre Duval, de son vivant académicien.

C'est que M. Alexandre Duval était de cette fameuse école de M. Briffault, pour laquelle non-seulement la couleur locale, mais encore la chronologie n'avait pas été inventée.

Puis, qu'on nous permette le récit d'une petite histoire que ne connaît peut-être pas le directeur du Théâtre-Français, tout académicien qu'il est lui-même.

Avant Alexandre Duval, qui a fait *la Jeunesse de Henri V*, existait un certain Mercier, qui, outre *l'Habitant de la Guadeloupe*, *la Brouette du vinaigrier* et *Jean Hennuyer*, avait fait un *Charles II, roi d'Angleterre, dans un certain lieu*, — comme, avant Voltaire, qui a fait *Zaïre*, *Sémiramis* et *Brutus*, existait un nommé Shakspeare, qui, outre *Macbeth*, *Romeo et Juliette* et *le Juif de Venise*, avait fait *Othello*, *Hamlet* et *Jules César*.

Or, comme CHARLES II, ROI D'ANGLETERRE, DANS UN CERTAIN LIEU, *comédie très-morale en cinq actes très-courts*, je cite son titre tout entier, est beaucoup moins connu qu'*Othello*, qu'*Hamlet* et que *Jules César*, nous allons entrer dans quelques détails sur cet ouvrage, devenu aujourd'hui si rare, qu'il n'en existe que deux exemplaires à Paris, et si chers, que mon ami Tresse, soit dit sans reproche, n'a pas voulu me lâcher un de ces exemplaires à moins de vingt francs.

Ce fut en 1789 que Mercier publia, sous la rubrique de Venise, cette singulière comédie, *dédiée aux jeunes princes*, et qui devait être représentée *pour la récréation des états généraux*.

Quant au nom de son auteur, c'était tout simplement UN DISCIPLE DE PYTHAGORE. — Elle portait pour épigraphe : *Panem et circences*.

L'avant-propos était curieux; aussi le citerons-nous en entier.

Le voici :

AVANT-PROPOS.

« Nos poëtes tragiques sont de terribles gens; ils ne mettent les rois sur la scène que pour les poignarder et pour les empoisonner ou les découronner tout au moins : nos poëtes comiques sont plus doux, quand ils font monter les rois sur le théâtre, ce n'est point pour les tuer, c'est pour peindre un acte intéressant ou familieu de leur vie privée; ainsi nous avons vu notre Henri IV, et dernièrement Frédéric le Grand, figurer sur la scène française, et y paraître des hommes très-aimables.

» Que d'autres viennent nous offrir Charles Ier passant du trône sur l'échafaud et payant de sa tête ses perfidies envers sa nation; nous avons mieux aimé présenter son fils Charles II en robe de chambre et en bonnet de nuit. C'est donc ici le portrait d'un roi *en déshabillé*, et pour le coup sans gardes; de sorte qu'il a été impossible à l'auteur de placer une seule fois dans sa pièce cette phrase sacramentelle et toujours d'un si grand et si bon effet :

» — Holà! gardes, à moi!

» Quel mauvais genre, dira-t-on, qu'une pièce de théâtre où il ne se trouve pas un capitaine des gardes! quel oubli des principes de nos grands maîtres! quel ravalement de l'art!

» Nous en conviendrons de bonne foi.

» Mais un roi est un homme comme un autre; il n'est souvent même heureux qu'en se faisant homme le plus qu'il peut, c'est-à-dire en cachant soigneusement sa vie intérieure.

» On demandera peut-être ensuite où est la morale de cet ouvrage?

» Ah! nouvel embarras pour répondre.

» Aussi nous croyons que mieux vaut avouer tout de suite, avec un sage, qu'il n'y a point sous le ciel d'établissement humain qui soit capable d'engendrer la perfection morale tant que les hommes sont hommes.

» Cependant, ne désespérons point d'éprouver un

peu la moralité de cette comédie. Essayons et prenons un ton grave ; l'histoire révélera un jour tout ce qu'auront fait les princes, dira ce qu'il y a aujourd'hui de plus caché. Elle n'a pas manqué de nous instruire du libertinage de Charles II, de sa vie dissolue, qui le rendit méprisable.

» Ainsi, les petites scènes de débauche des princes vivants, si elles ne sont point réparées, seront un jour burinées par l'histoire ; mais voyez en même temps l'enchaînement des choses ! Si Charles II n'eût point tant aimé les filles, il n'eût point vendu Dunkerque à la France ; telle est la cause d'un grand événement, d'un événement fortuné pour nous autres Français ; je ne doute pas qu'un politique n'y réfléchisse mûrement, car les catins tiennent plus qu'on ne le pense aux grandes et modernes révolutions des États.

» Voilà, je crois, lecteur, de la politique et de la morale bien fondues ensemble dans cette comédie, sans compter le spectacle d'un roi qui, ayant perdu sa bourse qu'on lui a volée, est à la merci d'une matrone. — Qu'est-ce qu'un roi sans argent dans un pareil lieu ? — La matrone avare lui dit des injures, l'enferme sous clef et veut le faire jeûner au pain et à l'eau. Nous renvoyons ici le lecteur aux réflexions que fait Charles II quand il ne trouve plus sa bourse et qu'il est dans l'impossibilité de payer les viles créatures dont il est environné. — Toutes alors font tapage contre lui. C'est le bon joaillier qui lui sert de caution et le tire d'affaire.

» Ajoutons qu'au milieu de tant de brochures sérieuses, et d'un ton sévère, on ne sera peut-être pas fâché d'en lire une enfin d'un style tout à fait différent, mais qui à l'examen regagnera peut-être ce qu'elle aurait pu perdre au premier coup d'œil. Il ne faut pas que le Français soit trop longtemps sérieux, cela ne serait pas bon ; le rire doit se mêler chez lui aux choses les plus graves : voilà pourquoi l'on se propose d'égayer les états généraux, au milieu de leurs travaux patriotiques, par la représentation d'une comédie propre à les délasser de leurs fatigues peut-être aussi longues qu'honorables. Or, pour que les états généraux soient parfaits, il faut, selon nous, qu'ils ressemblent à *un grand bal masqué*, c'est-à-dire que chacun y porte un *domino* après avoir laissé à la porte son habit et même sa physionomie pour prendre uniquement celle d'un Français : le député ne doit plus être tel ou tel personnage, mais *un citoyen ;* l'habit long, l'habit court, les croix, les cordons, mitres, casques, que tout cela disparaisse sous le domino tandis que la voix libre du patriotisme errera seule parmi l'égalité des individus autorisés à tout se dire. — Le bal de l'Opéra doit donc être à la lettre le *modèle* des états généraux, parce que toutes les conditions y sont confondues et qu'on n'y porte *ni canne ni épée* [1]. Mais ne voilà-t-il pas encore un aspect politico-moral qui s'ouvre à notre pensée? Finissons, car sans cela nous pourrions véritablement risquer de devenir profond ! »

Après cet avant-propos passablement embrouillé vient la pièce.

[1] Nous soulignons les mots que souligne Mercier, mais nous l'avouons, sans deviner pourquoi il les souligne.

L'analyse en est simple.

La duchesse de Portsmouth, cette bonne mademoiselle de Kéroual, envoyée par Louis XIV à son frère d'Angleterre, à titre d'ambassadeur, s'inquiète des nombreuses infidélités du roi.

Elle prie Rochester de corriger Sa Majesté de ce petit défaut, et surtout de la guérir d'aller dans certains endroits où sa santé, plus encore que sa vie, est exposée.

Rochester consent à tenter la chose ; justement, le même soir, le roi a une partie arrangée ; on lui a parlé d'une perle nommée Betty, qu'il ne trouvera qu'en plongeant dans les profondeurs de l'égout social.

Betty, renseignée par Rochester, qui la connaît de longue main, enlève au roi pendant son sommeil sa bourse et sa montre, remet le tout à Rochester, qui part au point du jour, sans payer, en disant :

— La dépense regarde mon camarade.

Le camarade, réveillé, demande deux choses, son ami et son compte.

L'ami a disparu.

Quant au compte, il est là et se monte à dix-neuf guinées.

Bagatelle !

Charles II fouille à sa poche, pas de bourse ; à son gousset, pas de montre.

Il s'écrie qu'on l'a volé.

La maison est honnête ; on n'y vole pas, mais on ne s'y laisse pas voler non plus.

On met le roi sous clef jusqu'à ce qu'il ait trouvé dix-neuf guinées.

Le roi, resté seul, se désespère ; mais tout à coup il

songe à la bague qu'il porte au doigt et qui vaut deux cents guinées.

Il appelle, on vient ; il donne sa bague, non point pour qu'on la vende, il tient au bijou, mais pour qu'on la porte chez un joaillier qui prêtera dessus vingt guinées.

On porte la bague chez un joaillier qui est justement le joaillier de la couronne.

Il reconnaît la bague pour appartenir au roi.

Voilà le roi, de volé qu'il était, devenu voleur.

Il se décide à demander le joaillier, lui-même.

Le joaillier vient.

Il reconnaît le roi comme il a reconnu la bague.

Il tombe aux genoux du roi en lui demandant pardon ; la matrone, en reconnaissant le roi, tombe à genoux de son côté ; les pensionnaires de la maison, toujours en reconnaissant le roi, tombent à genoux du leur.

Tout cela demande pardon.

Le roi pardonne.

Alors s'élève un immense cri de « Vive le roi! » que Charles II ne peut éteindre qu'en se sauvant.

Rentré au palais, il s'apprête à laver la tête à Rochester, lorsque la belle duchesse de Portsmouth s'interpose, explique tout, prend le crime sur elle, et fait fondre toute cette colère du roi dans un baiser.

Vous voyez que, moins la métamorphose de Betty en fille de taverne, moins la métamorphose de la matrone en capitaine Coop, moins la métamorphose du page en maître d'italien, moins enfin cette pauvre petite intrigue qui fait retrouver à Rochester sa nièce sous le costume de la jolie tavernière, la pièce de *Charles II* et de *Henri V* est identique.

Mercier avait encore été plus volé que Charles II.

Cela se faisait au xviiie siècle, et l'on dit que cela se fait encore au xixe.

Aussi, le soir de la représentation de *Henri V*, Mercier reconnut-il son *Charles II*, scène pour scène.

Mercier était brouillé avec la Comédie-Française, mais fort ami avec Alexandre Duval, qui, tout ami de Mercier qu'il était de son côté, venait, comme on voit, de fouiller à sa poche sans sa permission, peut-être parce qu'il était son ami.

Mercier attendit le troisième acte, tout en mâchonnant sa vengeance.

Puis, le troisième acte fini, entrant dans le foyer du théâtre au moment où Alexandre Duval recevait les compliments des acteurs.

— Dis donc, Duval, dit-il en lui frappant sur l'épaule, comment trouves-tu ces imbéciles de Comédiens français qui avaient dit qu'ils ne joueraient plus rien de moi?

Puis il s'en alla en secouant la tête et en répétant:

— Les imbéciles! les imbéciles!

L'anecdote m'a paru curieuse et valoir au moins les vingt francs que la pièce m'a coûtés.

DE LA NÉCESSITÉ

D'UN

SECOND THÉATRE-FRANÇAIS

I

C'est une question bien rebattue que celle de l'utilité d'un second Théâtre-Français ! et cependant, nous reviendrons sur cette question tant que nous n'aurons pas obtenu une solution satisfaisante de l'un de ces ministères qui passent si rapidement devant nous, qu'ils n'ont pas le temps, emportés qu'ils sont par le souffle populaire, de se retenir aux choses qu'ils disent avoir semées, et que nous ne voyons point sortir de terre. Tout ce que nous possédons à cette heure a pris racine dans une autre époque, et est implanté dans ce sol puissant et fertile que Napoléon labourait avec son épée, et engraissait avec notre sang. Nous posons des girouettes et pas de fondements; nous sommes des acheveurs, et voilà tout : c'est quelque chose pour le passé que nous complétons, ce n'est point assez pour l'avenir que nous laissons vide. Ce que nous disons là, qu'on le comprenne bien, ne s'applique point aux arts, mais à ceux qui ont mission de les soutenir et de les encourager. Les arts, au contraire, et, parmi eux, la littérature surtout, ont accompli leur révolution. Le théâtre a eu son 93 ; la monarchie des Crébillon et des de Belloy a été renversée, comme celle de Louis XVI et de Charles X, et 1830 a vu se consolider deux dynasties nouvelles ; on a fort contesté leurs titres à toutes deux ; on les a attaquées de l'épée et de la plume. L'une a eu son cloître Saint-Merry ; l'autre son *Sigismond de Bourgogne ;* mais, malgré les éloquentes diatribes de M. Berryer, et les spirituels feuilletons de M. Janin, l'une n'en est pas moins fille de Henri IV, et l'autre de Shakspeare. Toutes deux règnent de fait et de droit : l'une au Louvre, l'autre au théâtre ; et Charles X aura beau dater ses ordonnances de Prague, et M. Viennet ses tragédies du palais Mazarin, ils auront grand'peine à obtenir de l'histoire qu'elle ne constate pas au moins un interrègne. Quoi qu'on ait fait pour cela, il y a peu de personnes en France qui croient sérieusement que Bonaparte n'ait été que le général de Louis XVIII.

Or, la différence qu'il y a entre les deux dynasties, dont l'une a livré force batailles, tandis que l'autre a évité jusqu'aux moindres escarmouches, c'est que la dynastie bourbonienne a pour ses représentations royales le Louvre, les Tuileries, le Palais-Royal, Neuilly, Fontainebleau et Compiègne ; pour sa mise en scène, une liste civile de douze millions, et pour ses frais de costumes, une fortune particulière d'un demi-milliard ; tandis que la dynastie shakspearienne ne possède en propre ni la scène française, que lui interdit l'Académie, ni le théâtre de la Porte-Saint-Martin, que lui disputent les Bédouins; il y a bien, à titre de subvention, ce qui, théâtralement parlant, peut se traduire par le mot de *liste civile*, quelque chose comme deux cent mille francs alloués à la Comédie-Française; mais ces deux cent mille francs servent à payer les pensions de MM. Saint-Prix, Saint-Fal, Damas et Lafon, qui sont morts, je crois, et à compléter les parts de MM. Saint-Aulaire, Desmousseaux, Perrier, David, etc.; parts qui, de quinze mille francs, sont tombées à onze cents francs, au dire de M. Fulchiron lui-même. Quant à la fortune particulière de Nos Altesses dramatiques, chacun la connaît, et je doute que beaucoup de notaires, de commerçants ou d'agents de change consentissent à la troquer contre la leur.

Or, on le comprendra, ce provisoire dramatique ne peut durer, et, au nom de dix ans de travaux, de luttes et, disons-le, de succès, nous avons le droit de demander au ministère des explications, et à celui-ci plus qu'à tout autre ; car, formé d'hommes d'intelligence qui ont lutté et souffert, il doit y avoir en lui quelque sympathie pour ceux qui luttent et qui souffrent, martyrs de la même religion littéraire qui les a portés où ils sont.

Le Théâtre-Français est un débouché complétement illusoire, non-seulement pour les jeunes gens qui commencent, mais encore pour les hommes qui sont arrivés. — Tout entier sous la main du ministère, qui l'étouffe ou lui donne de l'air à son gré, il faut que son directeur adopte les sympathies et les haines bureaucratiques d'un chef de division ou d'un secrétaire particulier. L'opinion sur les hommes et les choses arrive en notes officielles de la rue de Grenelle au cabinet de l'administration; et, comme la subvention, seule source d'eau qui désaltère les comités, peut tarir aux mains de MM. Cavé ou de Vailly, l'art a beau se cacher et vouloir marcher dans une large route, il faut qu'il obéisse au frein d'or que lui met son cavalier ministériel, et qu'il passe par le chemin de traverse des coteries ou des intérêts. Ce serait un tableau curieux à faire que celui des opinions littéraires des différents ministères qui se sont succédé; et, si curieuses qu'aient été parfois leurs opinions politiques, je crois, Dieu me pardonne, que les autres l'emportaient encore en originalité sur celles-ci.

On nous objectera peut-être que le Théâtre-Français est plus encore destiné à conserver nos vieilles gloires qu'à fonder des gloires nouvelles, que c'est un théâtre qu'il faut ouvrir à des talents mûrs et non à de jeunes essais; et à ceci nous n'avons rien à répondre, car c'est notre avis à nous-même. Nulle part l'ancien répertoire ne sera joué comme sur la scène de la Comédie-Française. Les planches de la rue de Richelieu sont bonnes conservatrices des traditions : c'est la véritable patrie de Molière. Mais, partout aussi, et dans des conditions à peu près pareilles, le drame moderne sera aussi bien et même mieux joué. Il en est des rois de théâtre comme des rois réels, ils acceptent difficilement les constitutions qu'on leur impose, et c'est toujours avec l'arrière-pensée de les trahir qu'ils prêtent serment aux révolutions.

Il est donc de toute nécessité, non-seulement pour le bien-être de l'art dramatique, mais encore pour son progrès, qu'un second Théâtre-Français soit ouvert, qui contre-balance le pouvoir du premier, et que la littérature ait ses deux chambres, dont la seconde casse ou confirme les arrêts de la première. Cette nécessité admise, une autre nécessité non moins grande, c'est que ce second Théâtre-Français ne s'ouvre point au faubourg Saint-Germain ; car, après la condition d'existence, vient la condition de vitalité : et nous allons tâcher, puisque nous avons les ferments en main, que le ministère accouche d'un enfant viable et non d'un avorton mort-né.

Que les trois maires des trois arrondissements qui environnent le Luxembourg réclament l'ouverture de l'Odéon, c'est concevable : ceci est pour eux une affaire de boutique, et non une affaire d'art; il s'agit de rendre la vie à un côté paralysé du grand corps parisien, et peu importe à MM. Demonts, Bessas-Lameygie, Lanneau (ce sont, je crois, les noms de ces trois fonctionnaires), que le sang qu'ils veulent injecter aux artères de leur vieillard soit tiré de nos veines, pourvu que l'opération magendique se fasse et que leur malade reprenne à nos dépens l'apparence de la santé. Nous l'avons dit, ce ne sont point les Muses qui pleurent au péristyle de leur temple fermé, c'est le commerce qui frappe en murmurant aux portes des trois mairies. Or, il y a mille moyens de faire revivre le commerce sans qu'il soit pour cela nécessaire de vampiriser l'art.

Et cette boutade nous vient à cause d'un projet étrange qui aurait été, nous assure-t-on, inspiré à ces messieurs par le refus positif d'une subvention ministérielle. Si nous sommes bien informé, ce projet consistait à créer treize cents actions de 250 francs l'une; ce qui devait produire, je crois, quelque chose comme 325 000 francs, moyennant laquelle somme de 325,000 francs le directeur du théâtre de l'Odéon s'engagerait à donner treize cents entrées aux treize cents actionnaires, et à leur jouer de la tragédie, de la comédie, du drame, de l'opéra-comique et du vaudeville. Je conçois que ceux qui ne fournissent que l'argent trouvent ces conditions bonnes; mais, nous qui fournissons les œuvres, on nous permettra de les trouver mauvaises et de prouver qu'elles le sont.

D'abord, ces 325,000 francs qui constituent une recette et non une subvention, puisqu'ils se prélèvent sur la bourse des spectateurs, et non sur le budget du ministère. seront, grâce à ce titre de subvention, soustraits à la dîme des auteurs, et, en conséquence, 32,500 francs qui devraient appartenir de droit aux hommes de lettres dont les œuvres seraient représentées dans le courant de l'année, se tromperont de caisse et entreront dans celle du directeur. De plus, tous les jours, treize cents personnes qui auront payé d'avance leur entrée à toutes places, moyennant la somme de quatorze ou quinze sous, encombreront la salle, qui contient dix-neuf cents places à peu près, au détriment des spectateurs payant à la porte ces mêmes places quatre ou cinq francs. Je sais bien que, de cette manière, il y aura tous les jours neuf cents francs de recette assurés avant l'ouverture des bureaux, lesquels, de leur côté, peuvent en produire cinq cents par soirée; mais, sur ce total de quatorze cents francs qui, selon notre expérience, est le maximum auquel on puisse atteindre, nous le répétons, les auteurs qui ont droit au dixième, au lieu de cent quarante francs, ne toucheront que cinquante francs. D'où il suit que, lorsqu'on jouera un drame en cinq actes, un opéra-comique en trois actes, et une comédie ou un vaudeville en un acte, l'auteur du drame percevra vingt-cinq francs, l'auteur de l'opéra seize francs, et l'auteur de la comédie ou du vaudeville cinq francs; ce qui, en supposant des collaborations triples, portera la journée du poëte dramatique à un taux un peu au-dessous de celle du machiniste qui lui apporte des bouquets et du garçon de théâtre qui lui fait ses commissions. Ce sont là des bagatelles auxquelles MM. les maires des trois arrondissements n'ont pas songé, tant les préoccupent avant tout les intérêts et les plaisirs de leurs administrés, mais auxquels ils permettront que notre dignité compromise songe sérieusement pour eux.

Maintenant, puisqu'on nous force, malgré notre répugnance pour toute espèce de calcul, à tripoter des chiffres, que l'on nous permette d'examiner, arithmétiquement parlant, la possibilité de l'existence d'un théâtre jouant la tragédie, la comédie, le drame, l'opéra-comique, le vaudeville, et tout cela moyennant une subvention de 325.000 francs par an.

Le moins que l'on puisse admettre, comme nécessité absolue et pour l'exécution supportable de cinq genres différents, c'est la réunion de deux troupes, l'une de drame, l'autre d'opéra-comique. Or, pour combattre la situation topographique du théâtre de l'Odéon, il faut que ces deux troupes puissent rivaliser, l'une avec le théâtre de la rue de Richelieu, l'autre avec le théâtre de la place Favart. Ce principe de rigueur admis, la troupe de drame coûtera cent soixante mille francs; c'est quarante mille francs de moins que ne coûtait la troupe de M. Harel en 1830; ci............ 160,000 fr.

La troupe de l'opéra-comique absorbera deux cent cinquante mille francs, et nous la cotons à dix mille francs de moins que celle de M. Crosnier; ci................ 250,000

On n'aura point de chœurs tolérables à moins de trente mille francs; ci.......... 30,000

Pour l'orchestre..................... 70,000
Mise en scène...................... 80,000
Copie de musique................... 10,000
Éclairage.......................... 38,000
Gardes et pompiers................. 18,000
Machinistes........................ 12,000
Pose des affiches.................. 6,000
Chauffage.......................... 6,000
Réparations aux machines........... 3,000
Id. aux pompes.............. 2,000
Balayage et frottage............... 2,000
Patente et impôts.................. 2,000
Assurances mobilières.............. 2,000
Renouvellement des cartons, impressions de feuilles de répertoire, etc., etc... 1,000

Passons à l'administration et ajoutons encore :

Pour le contrôle................... 6,000
Pour le personnel administratif........ 28,000

Et nous aurons un total de..... 726,000 fr.

Lequel passif annuel nécessite comme balance, si l'on veut que le directeur puisse tenir, une recette journalière de 2,000 francs, y compris la subvention, ou de 1,100 francs, non compris la subvention ; ce qui est matériellement impossible, surtout en extrayant du quartier les treize cents actionnaires, qui enlèvent, comme nous l'avons dit, treize cents spectateurs payant au bureau.

La réouverture de l'Odéon, à des conditions pareilles, serait donc illusoire, puisque la vie qu'on aurait cru lui rendre, pour une époque donnée, l'abandonnerait au tiers à peine du temps désiré : ce ne serait pas une résurrection, ce serait un galvanisme ; or, que le médecin qui se chargera de l'expérience tâche d'emprunter à d'autres que nous ses piles voltaïques.

Nous sommes entré dans tous ces détails, dont nous demandons humblement pardon à nos lecteurs, parce que nous avons l'espoir que cet article tombera entre les mains de quelque familier de l'hôtel de Grenelle, qui, s'il n'a rien de mieux à faire, le mettra peut-être, par hasard, sous les yeux du ministre. Alors, et dans cet espoir toujours, nous ajouterons ce que nous avons dit : Que, si l'on veut qu'il existe un second Théâtre-Français, la première condition de cette existence est de l'ouvrir avec des chances de durée. Or, afin qu'il s'ouvre fructueusement pour l'art, afin qu'il rende quelque courage aux auteurs, quelque confiance aux comédiens, quelque émulation à son confrère, il faut que ce théâtre soit placé dans une situation équivalente à celle du théâtre de la rue de Richelieu ; il faut qu'on lui donne 150,000 francs de subvention ; il faut enfin, et ce sera une grande innovation sans doute, que le privilége en soit accordé à des hommes d'art, qui aient une réputation à perdre, et non à des spéculateurs qui aient une fortune à gagner. C'est un rival que nous demandons pour le Théâtre-Français, et non une victime que nous lui votons : on a fait jusqu'à présent, aux vieilles divinités de la rue de Richelieu, assez de sacrifices humains. Nous demandons l'abolition de ce culte druidique, surtout si ses prêtres s'obstinent à ne pas nous faire d'autres miracles que ceux que nous connaissons.

Quant à la Comédie-Française, il faut la laisser aller comme elle va, car elle marche dans une bonne route; son directeur en fait habilement tout ce qu'il en peut faire. Un peu plus de luxe de décorations, un peu plus de vérité de costumes, et elle offrira encore, malgré la décadence de l'école, une belle galerie de nos anciens maîtres, où l'on ira dévotement et pieusement adorer Molière, Corneille et Racine, comme on va au Louvre étudier le Titien, Michel-Ange et Raphaël.

La probabilité de l'ouverture d'un second Théâtre-Français est devenue à cette heure presqu'une certitude, et, pour la première fois, depuis six ans, les réclamations de la littérature ont trouvé un accueil bienveillant, sinon sympathique, dans le ministère : cela ne nous étonne pas de la part d'hommes dont les plumes ont signé des livres d'archéologie et d'histoire avant de signer des ordonnances et des circulaires. Producteurs eux-mêmes, ils ont compris combien était mauvaise et mesquine cette haine improductrice, qui, se créant effrontément mandataire du bon goût, essaye au nom de Molière, de Corneille et de Racine, de réveiller contre des hommes qui, à tout prendre, sont la seule richesse du présent et le seul espoir de l'avenir, les proscriptions dont ces grands maîtres eux-mêmes ont été victimes pendant leur vie. Félicitons le ministère d'avoir pensé que ce n'était point assez d'honorer les morts, mais qu'il fallait encore ne pas laisser mourir de faim les vivants, et espérons que quelques pauvres intrigues de coteries et quelques petites oppositions de bureaux, qui peuvent seules s'opposer à un acte tout national, resteront sans crédit et sans puissance en face d'un intérêt aussi élevé que celui de l'art dramatique.

Au reste, pour répondre aux bruits de monopole déjà répandus, et à ceux qu'on ne manquera pas de répandre encore, nous mettons sous les yeux de nos lecteurs la pétition adressée à M. de Gasparin par MM. Casimir Delavigne, Alexandre Dumas et Victor Hugo. Nous avons déjà dit que MM. Scribe, Lemercier et les autres membres de la commission dramatique, avaient fait une démarche dans les mêmes intérêts, et adressé une demande dans le même but.

A Monsieur le Ministre de l'intérieur,

« Monsieur le ministre.

» Le Théâtre-Français tel qu'il est constitué actuellement, avec son ancien et admirable répertoire qui, au grand applaudissement du public et des amis de l'art, occupe la scène pendant six mois de l'année; obligé, en outre, d'employer trois autres mois environ à la reprise d'ouvrages modernes dont le succès explique cette faveur, se trouve dans l'impossibilité de consacrer plus de trois mois chaque année à la représentation des ouvrages nouveaux.

» Or, tandis que le mélodrame et le vaudeville ont dix théâtres, et nous ne comptons ici que les principaux, la tragédie, la comédie et le drame n'ont qu'un seul théâtre, ou plutôt, comme nous venons de le démontrer, trois mois de l'année dans un théâtre ; c'est-à-dire, à proprement parler, le quart d'un théâtre. De là résulte un encombrement dont souffrent également la littérature dramatique d'une part, et la Comédie-Française de l'autre.

» C'est donc un vœu général, un vœu fondé en droit et en raison, un vœu ressortant de la nécessité même, que l'ouverture d'une seconde scène réservée à la littérature sérieuse.

» Les auteurs, la commission qui les représente, la presse unanime réclament de toutes parts et depuis longtemps ce second Théâtre-Français, toujours promis par le pouvoir, toujours attendu par le public.

» Nous croyons, monsieur le ministre, qu'il est temps enfin de satisfaire à des réclamations si universelles ; les besoins littéraires sont en France, et à Paris surtout, des besoins populaires ; la sympathie des classes lettrées importe à un gouvernement éclairé.

» Nous appelons donc votre attention sur l'urgente nécessité d'établir un second Théâtre-Français et de l'établir avec de certaines conditions d'existence durable et de vitalité robuste, qui puissent le maintenir dans une attitude toujours digne et littéraire. Ce théâtre pour lequel nous réclamerions une localité favorable et l'aide effectif du pouvoir, ferait, nous l'espérons, rejaillir quelque lustre sur la littérature qui le soutiendrait et sur le gouvernement qui l'aurait fondé.

» Nous avons l'honneur d'être, monsieur le ministre, avec une haute considération, vos très-humbles et obéissants serviteurs.

» Alexandre Dumas; Casimir Delavigne; Victor Hugo. »

II

Lorsque tout le monde réclamait l'ouverture du théâtre de l'Odéon, seul nous protestâmes contre cette demi-mesure littéraire, qui, en paraissant accorder tout, n'aurait, de fait, accordé rien; nous dîmes assez haut à cette époque pour que notre voix parvînt au ministère et fût entendue des ministres, qu'il ne fallait pas confondre les réclamations du commerce avec les vœux de l'art; nous accusâmes MM. les maires députés qui retrouvaient, en faveur de l'art dramatique dans le cabinet de M. Thiers, la voix qu'ils avaient perdue à la Chambre lors de la dicussion subventionnelle, d'agir bien plutôt en faveur de leurs commettants que dans les intérêts de la littérature ; et c'était tout simple, parmi les deux mille électeurs du faubourg Saint-Germain, il y a six cents industriels et pas un homme de lettres.

A cette époque, malheureusement, notre voix s'adressait à des hommes qui à toutes les réclamations de ce genre avaient fait vœu de se boucher les oreilles : il y avait des engagements pris avec l'Académie, des engagements pris avec la Chambre, des engagements pris avec M. Harel; — engagements négatifs, qui flattaient plus d'amours-propres qu'ils ne servaient d'intérêts. A cette époque, on employait, au nom de la gloire militaire et de la gloire civile, cent quinze millions à entasser des pierres les unes sur les autres, et à les tailler tant bien que mal pour faire des palais, des arcs de triomphe et des statues, et l'on n'osait donner gratis une signature en faveur de la gloire dramatique, tant ces antipathies personnelles était corroborées de haines politico-académiques. A cette époque, enfin, un article du *Constitutionnel* suffisait pour faire disparaître de l'affiche d'un théâtre royal une pièce pour laquelle le ministre avait déjà loué sa loge, et à toutes les réclamations de l'auteur, qui n'était pas venu offrir son œuvre, mais auquel on était allé la demander, on répondait qu'on ne connaissait pas la pièce défendue, que, par conséquent, on n'avait rien contre elle, mais qu'on ne pouvait, sous peine de perdre soixante voix à la Chambre, se brouiller avec MM. Viennet, Fulchiron et Étienne.

C'était, littérairement parlant, car nous ne voulons pas nous occuper de sa politique, un charmant ministère, un peu moins progressif que celui de M. de Montbel, et un peu plus arbitraire que celui de M. de Polignac, toujours littérairement parlant. Nous ne rappellerons pas ici sa moralité, et nous attendrons son retour et sa puissance pour fouiller, sous ses yeux, le cloaque des subventions et l'égout des pots-de-vin;

et cependant, nous ne demandions pas mieux que de vivre insoucieux de ses actes ; il nous a poussé dans la voie politique, en nous fermant la voie littéraire ; nous sommes descendu, grâce à lui, du théâtre dans le cirque; nous ne voulions être que poëte ; il nous a fait athlète et gladiateur ; qu'il vienne donc, et il nous trouvera prêt à la lutte et au combat.

Un autre ministère a surgi qui, sous le rapport littéraire au moins, a manifesté son indépendance, et qui n'a pas craint, si peu populaire qu'il soit, de perdre, lorsqu'il s'est agi de faire une bonne et loyale chose, les soixante voix de MM. Fulchiron, Étienne et Viennet. Nous l'en remercions pour notre compte, quoique, si l'on veut examiner notre position personnelle aux différents théâtres de Paris, nous soyons un de ceux qui pouvaient à la rigueur se passer de l'ouverture de cette nouvelle scène ; mais, en cette occasion comme en quelques autres, nous avons travaillé pour nos jeunes amis plutôt encore que pour nous.

Tant il y a que l'ordonnance est signée; que, contre l'ordinaire, la signature a été donnée gratuitement à un homme honorable, à un homme d'opposition, et qu'on ne lui a demandé, chose bizarre, en échange de cette signature, ni promesse ni engagement. Les employés inamovibles doivent vraiment ne plus savoir à quoi s'en tenir; aussi la mesure a-t-elle déjà été commentée, attaquée et calomniée par les journaux qui n'ont pas compris que quelque chose se fît sans leur influence.

L'un, que nous remercions de sa bienveillance et dans lequel nous avons reconnu un ami, avoue la nécessité de l'ouverture d'un second Théâtre-Français, félicite le ministère de l'avoir comprise, et s'adresse à nous pour savoir dans quel but ce nouveau théâtre a été ouvert, et dans quelle direction il marchera.

L'autre, dans lequel il nous a bien fallu reconnaître un ennemi, nie l'opportunité de la mesure ministérielle, déclare que les auteurs de comédie et de drame avaient tout autant qu'il leur fallait, ayant le théâtre de la rue de Richelieu et celui de la Porte-Saint-Martin, se place en Aristarque sur la plus boursouflée de ses théories psychologiques, et déclare qu'il n'accordera qu'à bon escient son approbation à une entreprise faite dans le but de populariser le ministère, en l'étayant des noms de MM. Casimir Delavigne, Victor Hugo et Alexandre Dumas.

Au premier, nous répondrons que nous ne croyons nullement que le nouveau théâtre ait été ouvert dans un autre but que celui de favoriser la littérature contemporaine, sans acception aucune de partis ou d'école ; que, quant à la route dans laquelle il marchera, nous ne sommes appelé en rien à la rectifier ou à la fausser, autrement que par nos œuvres, et que c'est à M. Anténor Joly, et non à nous, de l'éclairer sur ce point.

Au second, nous rappellerons qu'il manque de mémoire ou de suite dans ses opinions, lorsqu'il dit que les auteurs qui se plaignent d'être à l'étroit à la Porte-Saint-Martin et à la rue de Richelieu, ressemblent à des hommes qui demanderaient de l'air au milieu de la plaine Saint-Denis ; il sait très-bien ce que c'est que cette machine pneumatique qu'on appelle un théâtre, et comment le directeur, qui en tient la clef, donne ou ôte de l'air à son gré aux auteurs qu'il veut étouffer ou faire vivre. Nous l'avons entendu plus d'une fois déplorer avec nous que l'art fût soumis si arbitrairement à des caprices de bureau ou à des influences de couchette, et, s'il était nécessaire d'appeler des faits au secours de ses souvenirs si singulièrement fugitifs, nous lui mettrions sous les yeux, près des cadavres refroidis d'*Antony* et du *Roi s'amuse*, le corps palpitant de *Jaffier*, et nous lui expliquerions comment les premiers ont été étranglés en une heure, et comment le second a été étouffé en huit jours. Quant à la popularité qu'il suppose que le ministère a voulu tirer de nos trois noms, l'assertion a du moins le mérite d'être nouvelle, si elle n'est bienveillante ni juste ; il est vraiment triste et malheureux, qu'une petite haine de journal entraîne des hommes, sinon supérieurs, du moins honorables, à de tels oublis d'amitié et à de telles capitulations de conscience.

Comme c'était à nous que ces questions avaient été adressées, c'était à nous d'y répondre, et nous venons de le faire ; mais nous ajoutons ici que le second Théâtre-Français n'a pas été plus donné à MM. Victor Hugo, Casimir Delavigne et Alexandre Dumas, qu'à MM. Lemercier, Scribe et Rougemont, président et membres de la commission dramatique, qui ont fait une demande de vive voix à M. Thiers, si notre mémoire est bonne, et l'ont renouvelée par écrit à M. de Montalivet, si nous sommes bien informé. Maintenant, tout en niant notre participation comme directeurs, nous donnerons nos avis comme journaliste, avis que, du reste, nous laissons M. Anténor Joly parfaitement libre de suivre ou de ne pas suivre.

Le premier, c'est de ne point établir le siége de son exploitation place Ventadour. L'influence du ministère, dans cette circonstance, ne peut être qu'officieuse et jamais officielle ; on comprend très-bien que le gouvernument qui a choisi si judicieusement la place où il voulait enterrer sept millions, tienne à ce que le monument qu'il a élevé dans son enthousiasme lyrique devienne autre chose qu'un magasin à fourrage; on comprend encore que les actionnaires qui lui ont acheté ce monument cinq millions, et qui, depuis sept ans, n'en ont recueilli que soixante et dix mille francs en tout, soient désireux de se tirer du pire, ne fût-ce que pour tomber dans le médiocre. Mais, en conscience, cela ne doit pas être aux dépens d'une jeune exploitation qui sort de la rue de Grenelle comme le premier homme sortit de la main de Dieu, seule, pauvre et nue ; qui a besoin, pour respirer, se développer et grandir, d'une atmosphère populeuse pleine de bruit et de lumière, et non d'un quartier infréquenté vers lequel aucun intérêt matériel n'attire, auquel aucun besoin vital ne conduit, dont un passage rival digère la substance, où l'on ne peut arriver sans s'enquérir de sa latitude, et dans les déserts duquel les commissionnaires et les cochers de fiacre, ces Cook et ces Bougainville de la capitale, s'égarent eux-mêmes. Ce serait transporter l'Odéon sur la rive droite de la Seine avec une chance de vitalité de moins, puisque le second Théâtre n'a pas même de subvention. Nous ne savons pas jusqu'à quel point M. Anténor Joly est engagé sur ce point avec MM. Cavé et Boursaut; mais nous formulons ce jugement, qui est celui de l'expérience, afin qu'au besoin il s'en fasse une arme offensive ou défensive, une lance ou un bouclier.

Le second avis, c'est de ne jouer les pièces nouvelles que de deux jours l'un ; les intérêts des auteurs en souffriront peut-être, mais les intérêts de l'art s'en trouveront au mieux : il est impossible que des artistes forcés de jouer tous les soirs, et souvent de répéter dans la journée, n'interrompent pas l'étude de leurs rôles à la première représentation. Or, la première représentation n'est que l'enfantement scénique. L'enfant est mis au jour et baptisé, voilà tout. Il lui faut encore les soins continuels de ses parents pour qu'il parvienne à toute sa virilité. L'âge d'un drame est en harmonie avec l'âge de l'homme ; l'homme vit de soixante à quatre-vingts ans, le drame atteint de soixante à quatre-vingts représentations. Il y a bien par-ci par-là quelques exceptions, des enfants condamnés qui ne se lèvent pas de leur berceau, comme *Clovis* et *Sigismond de Bourgogne*, des hommes phthisiques qui meurent à la fleur de leur âge, comme *l'Ambitieux* et *Charles VII*, enfin des vieillards entêtés qui ne veulent pas descendre dans la tombe, comme *Marino Faliero* et *la Tour de Nesle;* mais ces cas sont des exceptions et non des preuves, et la mercuriale dramatique est, comme nous l'avons dit, de soixante à quatre-vingts représentations. Or, voyez à tout théâtre quotidien un ouvrage à sa trentième soirée, c'est-à-dire à l'âge où il devrait être dans toute sa force et vous le trouverez essoufflé, chancelant et décrépit comme un vieillard, tandis que, sur un théâtre rival et alternant, son contemporain vous apparaîtra valide, robuste et vigoureux comme un jeune homme. Le secret du génie toujours croissant de Talma et de mademoiselle Mars est là peut-être ; s'ils avaient été forcés de jouer *Sylla* ou *Valérie* tous les jours, nous ne les aurions pas vus, à chaque représentation nouvelle, trouver des effets nouveaux : c'est la fatigue et la satiété chez les acteurs qui amènent la fatigue et la satiété dans le public.

Le troisième avis, et celui-là, nous le hasardons plutôt comme une proposition à étudier que comme un conseil à suivre, serait de consacrer une soirée de chaque semaine, celle du vendredi par exemple, qui, à tort où à raison, est, par les directeurs, considérée comme néfaste, à des représentations extraordinaires, à l'instar de celles que Gœthe et Schlegel établirent au théâtre de Weymar. Ces soirées seraient remplies par les représentations des chefs-d'œuvres des théâtres grecs, latins, espagnols, anglais et allemands. Il y a aujourd'hui assez d'esprits sérieux, même parmi les femmes, pour qu'on puisse espérer de réunir quatre fois par mois un auditoire tout artistique qui viendrait étudier, sur la nature même, l'histoire de l'esprit humain depuis les Athéniens jusqu'à nous. Une fois qu'il serait bien arrêté que les œuvres mises sous les yeux du spectateur ne lui sont point présentées comme des modèles d'actualité, mais comme des exemples de progrès dans lesquels il doit chercher lui-même les variations que le temps, le pays et la civilisation ont amenées dans l'art ; ce serait, ce nous semble, une étude qui emporterait les yeux et l'esprit du spectateur au-delà des horizons et des hauteurs ordinaires d'un spectacle, que celle qui lui ferait remonter depuis Corneille jusqu'à Eschyle, depuis Racine jusqu'à Euripide, depuis Molière jusqu'à Aristophane, cette échelle magnifique qui, semblable à celle de Jacob, conduit de la terre au ciel, et dont les degrés sont remplis par Rotrou, Shakspeare, Calderon, Lopez de Vega, Guilhem de Castro, Sénèque, Plaute, Térence et Sophocle ! Ce serait montrer, aux lueurs changeantes du flambeau du génie, le cœur humain toujours pareil; ce serait prouver que le fond est réservé à Dieu, et que, depuis deux mille cinq cents ans, l'homme n'a rien inventé que des détails; puis, passant de ces questions élevées à des considérations secondaires, ce serait un grand enseignement pour la critique, qui va toujours crachant à la figure du présent avec la bouche du passé, que de lui prouver qu'aussi loin que la vue peut atteindre, c'est-à-dire jusqu'à Homère dans le monde profane, et jusqu'à Moïse dans le monde chrétien, chaque génie, quoiqu'il ait allumé sa flamme au foyer mourant de son prédécesseur, a brillé de sa propre lumière, et que cette lumière, les envieux de tous les temps ont constamment tenté de l'obscurcir du moment qu'ils ont désespéré de l'éteindre.

Tout le monde gagnerait, nous le croyons, à un pareil spectacle : les gens du monde, qui viendraient faire, en s'amusant, un cours de littérature de trente siècles; les jeunes auteurs, auxquels on montrerait vivante sur la scène la nature morte des livres ; les peintres, qui retrouveraient des costumes si longtemps altérés par les fantaisies des maîtres ou les caprices des écoles; enfin, les acteurs qui, n'ayant à jouer dans l'année que trois ou quatre fois le même rôle, l'étudieraient sur toutes ses faces, le suivraient dans tous ses détours, le creuseraient dans toute sa profondeur. Nous savons plusieurs de ces ouvrages, déjà faits par des gens de conscience et d'étude ; nous savons des hommes de talent qui se feraient une gloire de traduire ceux qu'ils cherchent à imiter ; enfin, nous savons aussi bon nombre de spectateurs qui ne demandent pour souscrire que l'ouverture de la souscription.

Nous sommes dans une époque où se calment les haines politiques et les querelles littéraires, où chacun, poursuivant le beau et cherchant le bon, s'engage consciencieusement dans la route où il croit le rencontrer; de ce désordre apparent naîtra, nous en sommes certain, un ordre social robuste ; de cette anarchie momentanée jaillira sans aucun doute une paix féconde; car des voies qui, au départ, semblent divergentes, aboutissent parfois au même but ; car beaucoup qui sont partis en se tournant le dos, après avoir parcouru la moitié du chemin, se retrouveront face à face : gouvernement et littérature sont en travail, et les enfants qu'ils mettront au jour seront certainement l'industrie et l'intelligence, ces deux sœurs aînées de la liberté.

III

A l'époque où il fut question d'ouvrir le théâtre de l'Odéon, et où les concurrents se pressaient pour en obtenir le privilége, nos lecteurs se rappelleront peut-être que nous proclamâmes l'impossibilité de cette exploitation, si elle n'était soutenue par une subvention

e deux cent mille francs. En effet, les demandes du
uartier, qui alors ne réclamait pas moins que trois
oupes, c'est-à-dire une troupe de drame, une troupe
e comédie et une troupe d'opéra-comique, exigeaient
u spéculateur qui tenterait de les satisfaire une dé-
ense de sept cent mille francs par an, c'est-à-dire dix-
euf cents francs par jour ; car il fallait que la troupe
e drame et de comédie pût lutter avec celle de la rue
e Richelieu, et la troupe d'opéra-comique avec celle
e la place Favart. Hors de cette lutte, il n'y avait
 s de rivalité, et, par conséquent, pas de chances. Les
oques heureuses et florissantes de l'Odéon furent
lles de Picard, de Bernard et d'Harel; Picard jouait
e la comédie, Bernard de l'opéra, Harel de la tragédie
t du drame ; les deux premiers n'étaient point sou-
nus par le gouvernement, Harel seul avait une sub-
ention de 175,000 francs.

Examinons comment ils réussirent et quelles furent
s causes de leur réussite.

Picard arrivait dans un moment où il y avait peu de
médies, peu de tragédies et pas du tout de drames : il
tait l'un des auteurs les plus distingués de son époque;
avait en lui la ressource de son propre talent, il compta
essus et il fit bien. Les théâtres se ruinent non point
arce qu'une pièce tombe, mais parce qu'ils n'ont pres-
e jamais une pièce nouvelle à mettre à la place de la
ièce tombée. Picard n'avait point cela à craindre; il
availlait vite, et, pendant qu'il faisait répéter une co-
édie, il en écrivait une autre ; il se trouvait donc,
ute proportion gardée, dans la situation de Shak-
peare et de Molière, auteur, acteur et directeur, et pi-

quant doublement la curiosité du public en jouа
dans les pièces qu'ils avaient composées.

Malgré ces conditions de succès, Picard fit d'asse
minces affaires; sa troupe était médiocre, et ses ou
vrages, si fins et si spirituels qu'ils fussent, n'en étaie
pas moins des comédies de second ordre. L'art ne souffri
ni ne gagna à cette direction; le directeur vécut, voi
tout. C'est la première période du théâtre de l'Odéon

La deuxième fut celle de Bernard : celui-ci n'était pa
un auteur, mais un homme de spéculation; à l'époqu
où il se mit à la tête de. son entreprise, grâce à la qua
lité des œuvres que l'on jouait depuis quelques années
on ne savait pas encore ce qu'on voulait, mais on sava
déjà ce qu'on ne voulait plus. Il comprit avec beaucou
d'intelligence que toute cette friperie moderne, qu'o
essayait de faire passer sous le patronage de Corneille
de Molière et de Racine, n'était plus de mise; il relé
gua toges et perruques, faisceaux de licteurs et verge
d'huissiers, dans le magasin classique; engagea de
chanteurs, parmi lesquels Duprez, qui, à cette époque
n'était qu'un enfant, et fit passer sur notre scène le
chefs-d'œuvre de Weber, de Rossini et Meyerbeer
Chacun s'empressa à *Robin des bois*, à *la Dame du lac* e
à *Marguerite d'Anjou*; Bernard fit fortune : le public
qui ne connaissait que la musique de Grétry et de Ni
colo, prit goût à cette mélodie étrangère et neuve; i
appela à grands cris les auteurs dont il avait applaud
les œuvres, et, à cette seconde période, l'art s'enrichi
d'une vérité : c'est que le génie est cosmopolite, que l'uni
vers est sa patrie, qu'il naît sur un point du globe, mai
que, comme le soleil, il s'élève et brille sur le monde

La troisième fut celle de M. Harel. Directeur privilégié, il obtint l'Odéon avec une subvention de 175,000 francs; il arrivait avec un fonds de troupe provinciale, à la tête de laquelle se trouvait un talent européen, mademoiselle Georges; homme d'esprit, il comprit la révolution littéraire qui s'opérait; il engagea toutes les réputations qui commençaient à se faire jour : Bocage, Frédérick, Ligier, Lockroy, mademoiselle Noblet, passèrent les uns du Théâtre-Français, les autres, de la Porte-Saint-Martin, les autres enfin, du Conservatoire au théâtre de l'Odéon. Ils y trouvèrent Duparay, Vizentini, Stockleit, et ces talents, réunis sous le ministère de M. Harel et la royauté de mademoiselle Georges, formèrent une troupe tout à fait supérieure — mademoiselle Mars exceptée — à celle du Théâtre-Français; aussi le drame et la tragédie passèrent-ils la Seine, et l'Odéon vit-il revenir à lui, non-seulement la foule qui l'avoisine, mais encore cette société du faubourg Saint-Honoré et de la Chaussée-d'Antin avec laquelle il avait fait connaissance pendant la direction de Bernard, et qu'il avait perdue de vue pendant les directions intermédiaires.

Aujourd'hui, la situation est tout à fait changée. D'abord, Picard est mort et n'a point d'équivalent dans notre littérature; d'ailleurs, je doute que son Ménechme excitât aujourd'hui une curiosité soutenue, même avec des comédies de la valeur de *la Petite Ville* et des *Deux Philibert*, et nous citons ici les chefs-d'œuvre de Picard; ensuite, grâce à la direction de MM. Robert et Severini, les Italiens nous ont familiarisés avec le répertoire de Naples, de Venise et de Milan et, par les soins de MM. Subert et Véron, Rossini et Meyerbeer, appelés en France, ont enrichi notre grand Opéra, l'un du *Siége de Corinthe*, de *Guillaume Tell* et du *Comte Ory;* l'autre, de *Robert le Diable* et des *Huguenots.* Il n'y a donc plus de *pasticci* musicaux possibles parmi nous ; d'ailleurs, par qui seraient-ils exécutés, et quels chanteurs l'Odéon irait-il opposer à Rubini, à Duprez et à madame Damoreau? Enfin, une troupe de drame et de comédie pareille à celle que dirigeait M. Harel en 1830 n'est plus composable (qu'on me pardonne le mot); Ligier, Lockroy, Duparay et mademoiselle Noblet sont liés à la rue de Richelieu, Frédérick a des engagements pris avec le directeur du second Théâtre-Français, et mademoiselle Georges est à la Porte-Saint-Martin, où elle soutient à elle seule le fardeau d'un répertoire vieilli et d'un théâtre chancelant. D'ailleurs, cette troupe pût-elle être réformée, il faudrait encore que son directeur, comme l'avait obtenue M. Harel, obtînt une subvention sans laquelle nous croyons toute exploitation impossible.

Dans cette conjecture, pressé qu'il est par les maires des arrondissements d'outre-Seine, et mis à sec par les subventions qu'il accorde aux autres théâtres, le ministère, pris entre l'instance et l'impossibilité, n'a qu'un moyen, à notre avis, de se tirer d'affaire et de répondre à l'art, qui, lorsqu'il cesse d'être son protégé, devient son juge : c'est de donner momentanément, e en attendant un surcroît de subvention, le privilége provisoire de l'Odéon au directeur du Théâtre-Français en lui imposant certaines conditions qui assureraient au quartier huit bons spectacles par mois. De cette manière, l'Odéon ne serait pas une affaire de fortune comme l'Opéra, ou les Bouffes, mais il parviendrait à se frayer, ce qui présenterait, à tout prendre, le résultat désiré par les auteurs et par les artistes.

Voici comment nous croyons la chose possible.

La troupe de la rue de Richelieu, qui se compose de soixante-six personnes, engagées les unes pour leur talent, les autres pour leur crédit, est, à cette heure, trop considérable pour un seul théâtre, qui peut, dans tous les cas donnés, et en jouant un jour le drame et l'autre jour la comédie, fonctionner largement avec quarante-cinq sujets; il lui reste, en conséquence, une vingtaine d'artistes dont il peut parfaitement disposer, concurremment avec les quarante-cinq que son rouage quotidien met en mouvement. M. Vedel n'aura donc à engager que huit ou dix acteurs, en supposant qu'on traite avec eux moyennant 5,000 francs l'un dans l'autre, ils présentent par an une dépense de cinquante mille francs; ci.............................. 50,000 fr.

Supposons que le contrôle et l'administration, depuis l'inspecteur jusqu'au portier, lui coûtent vingt mille francs; ci.... 20,000

Et ajoutons à ces vingt mille francs :

L'éclairage, qui doit être de trente-huit mille; ci............................... 38,000

La mise en scène, de trente-cinq mille; ci. 35,000

L'orchestre, de dix-huit mille; ci...... 18,000

Les gardes et pompiers, qui peuvent en coûter quinze mille; ci................. 15,000

A reporter..... 176,000

Report....	176,000
Les machinistes, huit mille; ci........	8,000
Les affiches, six mille; ci......... ...	6,000
Les réparations aux machines, quatre mille ; ci.............................	4,000
Le balayage et le frottage, quinze cents francs; ci.............................	1,500
Les impôts, mille francs; ci...........	1,000
Et le renouvellement des cartons, lettres, mille autres francs; ci.................	1,000
Les appointements des tailleurs, des perruquiers et des couturières, qui doivent s'élever à trois mille francs; ci..........	3,000
Puis ajoutez à cela dix mille francs de frais imprévus; ci....................	10,000
Et le directeur aura un total de dépenses qui montera, par année, à la somme de deux cent dix mille cinq cents francs; ci............................	210,500 fr.

C'est-à-dire environ 600 francs de frais par jour

Maintenant, il y a une chose connue de tous ceux qui ont exploité le théâtre de l'Odéon, c'est que le dimanche y est sûr. Pour peu que le spectacle y soit choisi, la recette doit toujours s'élever à 1,800 francs. Or, comme il y a cinquante-quatre dimanches dans l'année, grâce aux moyens que le futur directeur aura à sa disposition, il peut compter, rien que pour ce jour, sur une rentrée de quatre-vingt-dix-sept mille deux cents francs ; ci.................. 97,200

Un autre spectacle bien fait, le jeudi, et mis sous la protection de mademoiselle Mars ou de Ligier, doit produire quinze cents francs, terme moyen, été et hiver combinés, c'est-à-dire quatre-vingt-un mille francs par an ; ci................ 81,000

Total.......... 178,200

Il ne restera donc à réaliser, pendant les deux cent cinquante-sept jours qui se présentent en dehors de ceux que nous venons de porter en compte, que soixante ou soixante et dix mille francs pour que les frais de l'Odéon soient couverts et qu'il reste à son directeur une vingtaine de mille francs de bénéfice, ce qui n'est assurément pas trop pour la peine et le travail que nécessiterait cette double exploitation.

Il ressortira de cette combinaison, non point un résultat parfait, mais au moins un provisoire tolérable. Le faubourg Saint-Germain aura un spectacle supérieur à celui que pourrait lui donner une direction particulière ; les ouvrages d'un ordre secondaire, et les acteurs qui auront besoin de se produire, trouveront un débouché suffisant ; les amateurs de bonne comédie, qui ne voudront point l'aller chercher à la rue de Richelieu, la rencontreront deux fois par semaine au Luxembourg ; le monument mort reprendra vie, et toute cette colonie d'ouvriers, de machinistes, d'ouvreuses et de comparses, qui se monte à plus de quatre cents personnes, recommencera de bourdonner autour de cette immense ruche qu'on appelle un théâtre.

L'ULYSSE DE PONSARD

Il y avait autrefois une critique française qui procédait minutieusement par le détail; son règne a duré depuis Pradon jusqu'à la fondation du *Globe*, en 1826. *Le Globe* arbora le drapeau de la synthèse; il fit la guerre à l'ensemble et laissa vivre en paix le détail.

Cette critique du premier âge avait du bon; elle est morte, ne la réveillons pas; consacrons-lui pourtant un souvenir, dédié à la jeunesse d'à présent.

Pradon, qui était beaucoup moins Pradon qu'on ne croit, a publié une série d'articles sur les œuvres de Boileau.

Lorsque le célèbre législateur du Parnasse appelait Virgile *un auteur plein d'adresse*, à cause de la rime *promesse*, Pradon trouvait que Virgile était mal défini.

Lorsque Boileau écrivait ces vers :

> Revel le suit de près ; sous ce chef redouté,
> Marche des cuirassiers l'escadron indompté,

Pradon disait qu'on pouvait aisément intervertir les

deux rimes, dans ces vers qui rimaient quatre fois. Il critiquait aussi *l'urne penchante* du Rhin et l'abus excessif des rimes en épithètes, telles que celles-ci :

> Mais la nuit, cependant, de ses ailes affreuses,
> Couvrait des Bourguignons les campagnes vineuses.

Puis il s'écriait : « Les ailes de la nuit ne sont pas affreuses. » Un peu plus tard, Fontenelle disait : *Le jour est une beauté blonde et la nuit une beauté brune.* On voit que Boileau avait des raisons secrètes pour ne pas être un amant de la nuit.

Aussi, Pradon, après une foule de critiques de détail, porta un coup terrible à Boileau. Le poëte avait écrit ces deux vers sur Alexandre le Grand :

> Heureux si, de son temps, pour cent bonnes raisons,
> La Macédoine eût eu des Petites-Maisons !

et celui-ci, qui veut désigner un *héros accompli* :

> Qu'il soit tel que César, Alexandre ou Louis !

« Ah ! ah ! quel étourdi vous êtes, monsieur Despréaux ! s'écria Pradon ; vous faites d'Alexandre un fou, et plus bas un sage, comme Louis ! Lequel des deux devons-nous accepter ? »

Boileau, sans nommer Pradon cette fois, avoue que la critique qui le surveille *l'empêche de broncher au bout du vers.* Hommage rendu à la critique de détail.

L'abbé d'Olivet et la Beaumelle ont perfectionné la critique de détail : le premier s'est exercé sur Racine, le second sur Voltaire.

Au-dessus de leur gloire un naufrage élevé,
Que Rome et quarante ans ont à peine achevé.

« Je ne comprends pas, dit d'Olivet, un *naufrage élevé au-dessus d'une gloire*, et un naufrage *que quarante ans n'ont pas achevé.* »

Les cinq rimes consécutives d'*Andromaque* : *voix, choix, joye, Troye, exploits,* donnaient des crises nerveuses à d'Olivet, ainsi que le récit monorime de Mithridate. Le critique citait aussi ce passage de *Phèdre :*

HIPPOLYTE.
Et tu fuiras ces lieux que je ne puis plus voir.
THÉRAMÈNE.
Et depuis quand, seigneur, craignez-vous la présence
De ces aimables lieux si chers à votre enfance,
Et dont je vous ai vu préférer le séjour
Au tumulte pompeux d'Athène et de la cour ?

Ces aimables lieux dont on préférait le séjour, déplaisaient fort à d'Olivet. Il en voulait aussi à ce vers d'Œnone :

Votre flamme devient une flamme ordinaire ;

et il découvrait dans Racine une foule de vers qui ne riment pas, tels que ceux-ci :

Depuis que sur ces bords les dieux m'ont envoyé
La fille de Minos et de Pasiphaë.
. . . . , . . .
Lorsque d'Ochosias, le trépas imprévu
Dispersa tout son camp à l'aspect de Jéhu.
. . . .

> J'ai vu, Seigneur, j'ai vu votre malheureux fils
> Trainé par les chevaux que sa main a nourris.

Etc., etc.

La Beaumelle a disséqué ainsi toute *la Henriade*.

« Je connais un Grec, disait-il, qui s'est écrié, en lisant le début de *la Henriade : Je suis du pays d'Homère; il ne commençait jamais ses poëmes par une énigme !* »

En effet, *la Henriade* commence par une énigme :

> Je chante ce héros qui régna sur la France,
> Et par droit de conquête et par droit de naissance
> Qui, par le malheur même, apprit à gouverner ;
> Persécuté longtemps, sut vaincre et pardonner,
> Confondit et Mayenne et la Ligue et l'Ibère,
> Et fut de ses sujets le vainqueur et le père.

Pour donner une idée de toutes les critiques de détail faites par la Beaumelle, nous citerons celle-ci :

« L'*Amour*, dit Voltaire, *s'envole sur les ailes du Zéphir !* » — *Qu'avait-il fait des siennes ?* remarque le critique en riant aux éclats.

Le grand poëte Gilbert résume ainsi toutes ses critiques de détail sur les tragédies de Voltaire :

> Ces vers sans art,
> D'une moitié de rime habillés au hasard.

Au commencement de ce siècle, la critique de détail exagéra l'œuvre des siècles derniers; elle donna de si grands accès de colère à Chateaubriand, qu'un jour l'illustre écrivain, poussé à bout, s'écria (*voir* le *Génie du Christianisme*) : « Si mes critiques m'y obligent, je descendrai dans la lice avec des armes qu'on ne me soupçonne pas ! »

L'abbé Féletz, Duvicquet, Morellet, Hoffmann, tous

les redresseurs du *Journal des Débats* riaient à gorge déployée d'Atala et de Chactas. On éleva des colonnes de plaisanteries sur le nez du père Aubry, ce fameux nez, qui avait *quelque chose d'aspirant vers la tombe.* Le *Journal des Débats* a vécu six mois sur ce *nez.*

« *Je répandis la terre antique sur un front de dix-huit printemps!* dit Chactas. Et Morellet rit beaucoup et rirait encore, s'il n'était pas mort.

Les petits crocodiles qui s'embarquent passagers sur des vaisseaux de fleurs donnaient une hilarité sans fin à Duvicquet. *Orages du cœur, est-ce une goutte de votre pluie?* faisait pleurer de joie l'abbé Féletz.

Un peu plus tard, Hoffmann prenait Victor Hugo, dans le *Journal des Débats,* et lui niait tout avenir poétique à cause de cet hémistiche :

<blockquote>Il traîne son corps bleu!</blockquote>

« *Corbleu!* s'écrie Hoffmann, ceci est trop fort! M. Victor Hugo n'ira pas loin! »

Il faut conclure de ceci que la critique de détail a son bon et son mauvais côté, comme tous les genres de critique, exercée avec goût et discernement, elle peut rendre un immense service aux lettres et aux lettrés.

Nous faisions ces réflexions l'autre jour, à propos du retour d'*Ulysse* dans les foyers du Théâtre-Français, et nous disions que personne plus que M. Ponsard n'a gagné à la révolution opérée par *le Globe* en 1826.

Nous allons donc essayer de faire de la critique rétrospective, non point pour donner une leçon pédantesque à un poëte d'un grand talent, mais pour montrer ce qui aurait été dit, à tort ou à raison, sur les vers d'*Ulysse* en 1825.

M. Ponsard a un talent incontestable et un bonheur aussi incontestable que le talent ; il lui a été donné, dans le plus laborieux des siècles littéraires, de conquérir une belle illustration avec deux succès dramatiques et sa place est déjà si éminente, qu'au premier fauteuil académique vacant, il est menacé du voisinage de M. Brifaut, auteur de la tragédie de *Ninus II*, la *Lucrèce* de 1812. En tout temps, une tragédie a fait un académicien : *Quæ cum ita sint*, cela étant ainsi, la critique de détail ne peut porter aucun dommage aux voiles du navire d'*Ulysse ;* il est arrivé au port...

*_**

Nous voulions faire une série d'études sur les œuvres de Ponsard ; nous avions même ajouté que nous ferions ces études au point de vue de la *critique de détail ;* et, à l'allure qu'avait prise notre premier article, on pouvait croire que ce serait avec la légèreté ordinaire de ce genre de critique que nous commencerions, poursuivrions et accomplirions cette tâche. C'était, en effet, notre intention ; nous sommes parti, le chapeau sur l'oreille, le lorgnon à l'œil, les mains dans les poches, pour examiner superficiellement l'auteur d'*Ulysse*, de *l'Honneur et l'Argent*, de *Charlotte Corday*, d'*Agnès de Méranie* et de *Lucrèce*. Mais, arrivé en face de lui, après en avoir fait le tour, après l'avoir mesuré au moment de prendre la plume, nous avons laissé tomber notre lorgnon et nous avons levé notre chapeau en disant : « Salut, poëte ! »

En effet, M. Ponsard est de cette grande famille des poëtes qui à tout poëte inspire un certain respect; on peut ne pas aimer sa forme; on peut lui nier l'invention; on peut lui contester le génie; mais, malgré la haine, malgré la raillerie, malgré même l'impartialité, il est et restera poëte; défense est faite aux hommes de détruire l'œuvre de Dieu.

Reste à savoir, si nous avions encore un Parnasse comme au temps de M. Titon du Tillet, à quelle hauteur de la montagne sacrée prendrait place M. Ponsard.

Nous allons donc aujourd'hui étudier M. Ponsard, non pas comme l'abbé Féletz étudiait Chateaubriand, non pas comme Duvicquet étudiait Lamartine, non pas comme Hoffmann étudiait Victor Hugo, mais comme un poëte doit étudier un poëte.

Bien entendu que tout ce que nous allons dire de M. Ponsard est au point de vue de notre appréciation personnelle, de notre sympathie littéraire, de notre tempérament physique et moral, que nous ne demandons pas, que nous ne désirons pas que notre opinion influe le moins du monde sur l'opinion des autres.

Et même nous ajoutons :

Chers lecteurs, défiez-vous de cette opinion; nous ne sommes pas un critique jugeant froidement un poëte nous sommes un poëte jugeant son rival, c'est-à-dire le jugeant, malgré nous peut-être, avec cette partialité dont ne se dépouille jamais entièrement l'orgueil froissé.

Maintenant, notre orgueil a-t-il jamais été froissé par les succès de M. Ponsard?

Non, sur l'honneur; il y a entre M. Ponsard et nous une telle différence d'invention, de forme et d'exécution, que, de même qu'il serait impossible à M. Ponsard de faire *Antony* et *Mademoiselle de Belle-Isle*, il nous serait impossible à nous de faire *Lucrèce* et *l'Honneur et l'Argent*.

En admettant que nous soyons placés sur la même ligne, nous sommes du moins placés chacun à l'une de ses limites, et nous avons entre nous un abîme que M. Ponsard ne franchira jamais pour venir à nous, que nous ne franchirons jamais pour aller à lui; cet abîme, c'est le génie de Shakspeare, dont toute l'ambition de l'auteur de *Lucrèce* est de s'écarter, dont toute la nôtre est de nous rapprocher.

Prenons donc *Ulysse* au point de vue de *l'étude sérieuse* et non de *la critique légère;* nous en serons moins amusant, mais nous en serons plus consciencieux.

Puis, quand nous l'aurons étudié comme Alexandre Dumas doit étudier M. Ponsard, peut-être nous amuserons-nous — mais nous demandons à ce que cela soit sans conséquence aucune — à le critiquer comme Hoffmann critiquait Victor Hugo; Duvicquet, Lamartine, et l'abbé Féletz, Chateaubriand.

Le choix du sujet est pour beaucoup dans une œuvre dramatique; dans le choix même du sujet se révèle déjà le génie du poëte. Si le poëte sent sa force, il s'isole; s'il craint sa faiblesse, il s'appuie.

Prendre un sujet dans Homère, c'est emprunter, pour soutenir ses pas chancelants, le bâton du divin aveugle.

Puis il y a encore deux façons de choisir son sujet dans Homère :

Celle de Luce de Lancival choisissant Hector ;
Celle de M. Ponsard choisissant Ulysse.

Luce de Lancival choisissant Hector avait encore l'orgueil de se faire créateur à côté du père de toutes les créations.

M. Ponsard choisissant Ulysse a l'humilité de se faire purement et simplement copiste, pas même traducteur, car, nous en appelons à sa propre conscience, M. Ponsard est comme nous, il ne sait pas ou sait mal le grec. En tout cas, il ne le sait pas assez pour lire l'*Odyssée* dans l'original.

Si la chose méritait d'être prouvée, nous la prouverions.

Prendre le sujet d'*Ulysse* dans madame Dacier ou dans M. Giguet, ce n'est donc pas même traduire du grec en français ; c'est traduire de la prose française en vers français, ou plutôt, c'est copier et non traduire.

C'est d'autant mieux copier, que, dans le prologue et les trois actes de la tragédie de M. Ponsard, lesquels embrassent dix chants de l'*Odyssée*, M. Ponsard n'invente absolument rien.

Peut-être me dira-t-on que c'est par modestie ; que ce serait un sacrilége que d'essayer d'inventer après Homère et près d'Homère. Ce à quoi je répondrai :

Quand on ne veut rien inventer, il ne faut pas faire une tragédie, c'est-à-dire une œuvre dont le principal mérite est dans l'invention.

Quand on ne veut pas inventer, il faut se résoudre à être traducteur ; et, quand on n'est pas assez familier avec la langue où l'on puise son sujet pour boire à la mamelle même de l'original, il faut se décider à être copiste.

Or, cela vaut-il la peine de copier Homère d'après une traduction ; et cela ne ressemble-t-il pas fort à un peintre qui fait un portrait d'après un portrait ?

C'est donc déjà, à notre avis, une chose fatale pour un poëte d'avoir choisi un sujet comme Ulysse.

Voyons maintenant, le sujet choisi, de quelle façon le poëte l'a mis en œuvre.

La scène s'ouvre au milieu du treizième chant d'Homère, au moment où le divin Ulysse, abandonné par les Phéaciens, se réveille couché au bord de la mer, dans le port même de Phorcys.

Suivons la marche de l'action ; elle sera bien simple ; si simple, qu'il faut tout le luxe de l'imagination de détail qui abonde dans Homère pour en faire dix chants de l'*Odyssée*, et non pas une ou deux pages de simple récit.

Nous allons faire l'analyse de l'œuvre de M. Ponsard. Et, comme M. Ponsard n'invente pas, mais intervertit parfois, voilà tout, on verra dans le prologue et les trois actes d'*Ulysse* les dix chants de l'*Odyssée* au daguerréotype.

Ulysse, abandonné par les Phéaciens, se réveille. Il ne reconnaît pas cette terre sur laquelle il est abandonné. Il ignore quels peuples l'habitent. Par bonheur, les Phéaciens, qui l'ont jeté sur cette côte ignorée, ont déposé près de lui ses trésors.

Minerve paraît sous la figure d'un jeune berger vêtu d'une riche tunique et d'un manteau fait de la peau d'une panthère ; elle tient à la main un long javelot.

Elle s'approche d'Ulysse pour lui demander s'il n'a pas rencontré un de ses chevreaux perdus. Ulysse n'a pas vu un seul chevreau et lui demande de son côté si elle peut lui dire dans quel lieu du monde il se trouve.

Minerve alors lui apprend qu'il est à Ithaque.

Le premier mouvement d'Ulysse est d'embrasser les rochers de son île bien-aimée, qui si longtemps a semblé fuir devant lui ; mais il comprend que le premier mouvement de joie peut le trahir, et il essaye de tromper Minerve.

Minerve se fait reconnaître à lui, se nomme, lui fait reconnaître et lui nomme les lieux au milieu desquels il se trouve.

Ainsi la pièce commence par une immense invraisemblance.

Ulysse était né à Ithaque ; Ulysse y avait été élevé ; Ulysse s'y était marié, y avait régné ; Ulysse adorait tellement son Ithaque, qu'il feignit la folie pour ne pas la quitter et pour ne pas suivre les Grecs au siége de Troie ; et voilà Ulysse qui, en se réveillant, ne reconnaît pas son île, une île où il est resté trente ans, dont il n'a été absent que pendant douze ans ; une île qui a sept lieues de long et deux de large ; voilà qu'il ne reconnaît pas le port de Phorcys, le seul de l'île ; voilà qu'il ne reconnaît pas l'olivier

> Où souvent, vers midi, vient s'asseoir le bouvier,
> Où lui-même, souvent, il venait chercher l'ombre.

Cela n'est pas possible.

Mais, me direz-vous, dans Homère, Ulysse ne reconnaît pas plus Ithaque que dans M. Ponsard.

Oh ! oui ; mais Homère prend une petite précaution, une précaution qui, pour n'occuper que dix vers, mérite cependant de ne pas être oubliée :

Mais le divin Ulysse, couché sur la terre paternelle, rouvre les yeux, et il ne la reconnaît pas, d'abord à cause de sa longue absence, et ensuite parce que la déesse Pallas Athénè, fille de Jupiter, a répandu autour de lui un nuage, afin de le rendre inconnu, de peur que sa femme, ses concitoyens, ses amis ne le reconnussent, avant que ceux qui lui avaient fait outrage ne l'eussent expié; c'est pourquoi tous les objets apparaissaient au roi sous une autre forme, et les longues routes, et les ports ouverts aux stations des navires, et les rochers ardus, et les arbres verdoyants.

Vous le voyez, le grand poëte, le poëte sublime, éternel, prend les mêmes précautions, pour expliquer l'erreur d'Ulysse, que prennent Scribe et Mélesville pour nous apprendre que Valérie est aveugle.

Que nous soyons poëte épique, poëte tragique, poëte comique ou même singe montrant la lanterne magique, éclairons d'abord notre lanterne, c'est de toute nécessité pour que le spectateur y voie quelque chose.

Et le vieil Homère juge la chose si nécessaire, qu'il y revient à deux fois.

— Maintenant, dit Minerve à Ulysse, je vais te montrer les sites d'Ithaque, et tes doutes s'effaceront. Voici le port de Phorcys, vieillard de la mer; voici, à l'extrémité du port, l'olivier touffu, et sous son ombrage une grotte délicieuse, séjour sombre et sacré des naïades; c'est cette large et vaste grotte où souvent tu sacrifias aux nymphes d'entières hécatombes; voici le mont Nérite ombragé par les forêts.

En disant ces mots, la déesse dissipe le brouillard, et la terre apparaît sous son véritable aspect; le divin et patient Ulysse est pénétré de joie. Il contemple avec transport le sol de sa patrie; il baise les sillons fertiles, et soudain, les mains étendues, il adresse ces vœux aux nymphes :

— Naïades, filles de Jupiter ! hélas ! je n'espérais plus vous revoir ; je vous salue ; agréez ma joyeuse prière ; je vous offrirai, comme jadis, de nobles présents, si la fille de Jupiter veut que je conserve la vie et que mon fils croisse en âge.

ULYSSE.

Au nom de Jupiter, roi des dieux immortels,
Dites-moi si je suis dans les champs paternels.
Ce qu'on désire tant, on ose à peine y croire ;
Ne me flattez-vous pas d'un espoir illusoire ;
Est-ce vraiment Ithaque ?

MINERVE.

Oui, mortel soupçonneux,
C'est Ithaque.

ULYSSE.

O patrie ! ô soleil lumineux !

MINERVE.

Cette rade profonde est le port de Phorcyne.

ULYSSE.

O port trois fois heureux !

MINERVE.

Sur la roche voisine,
Cet arbre aux longs rameaux, c'est l'antique olivier
Où souvent vers midi vient s'asseoir le bouvier.

ULYSSE.

Où moi-même, souvent, je venais chercher l'ombre.

MINERVE.

Voici le mont Nérite ; et cette grotte sombre
Est l'asile sacré des déesses des eaux ;
Là, les nymphes, teignant en pourpre leurs fuseaux,
Se plaisent à tisser leurs belles robes neuves ;
Là, tu sacrifiais aux naïades des fleuves.

ULYSSE.

O montagnes ! forêts ! rochers ! antre sacré !
Je vous retrouve donc, vous que j'ai tant pleuré.

. . . . ,
Salut, terre d'Ithaque, ô ma bonne nourrice!
Salut, vieil olivier, c'est vous, c'est votre Ulysse.
(Allant vers la grotte.)
Et vous, nymphes des eaux, filles de Jupiter!
Autant qu'aux jours passés votre asile m'est cher;
Contentez-vous d'abord d'une simple prière.
Mais, si, par le secours de Minerve guerrière,
Je recouvre mes biens et rentre en ma maison,
Le sang de mes chevreaux teindra votre gazon.

Jusqu'ici, excepté au moment où il oublie de prévenir le spectateur que Minerve a troublé la vue d'Ulysse, M. Ponsard a suivi à peu près textuellement la même traduction à laquelle nous empruntons les citations que nous venons de faire, se contenant d'ébrancher ce chêne touffu qu'on appelle Homère; mais, en échange de ce qu'il lui a ôté, il ajoute une scène.

Les nymphes invoquées par Ulysse sortent de la grotte et chantent les vers suivants.

Nous ne nous plaindrons pas de cette apparition. Les vers sont charmants.

DEMI-CHOEUR DE NAÏADES A MINERVE.
Déesse qui portes l'égide,
Toi qui de l'Olympe splendide
Descends vers ma retraite humide,
Sois bienvenue en mon séjour.

DEMI-CHOEUR A ULYSSE.
Salut, ô magnanime Ulysse,
Que défend Minerve propice.
Toi qui m'offris maint sacrifice,
Je m'applaudis de ton retour.

DEMI-CHOEUR.
Pour couronner ma chevelure blonde,
J'entrelaçais les joncs et tressais les roseaux.

DEMI-CHOEUR.
Je travaillais dans la grotte profonde,
Et sous mes doigts tournaient les rapides fuseaux.

DEMI-CHOEUR.
J'ai laissé tomber ma couronne
Et mes roseaux éparpillés.

DEMI-CHOEUR.
Aux quenouilles que j'abandonne
Pendent mes fuseaux embrouillés.

LE CHOEUR.
J'ai quitté l'œuvre commencée ;
Et suis accourue, empressée
De revoir un ancien ami.
Ta voix est douce à mon oreille,
Ulysse, ta voix qui réveille
Mon écho longtemps endormi.
Nul depuis toi, fils de Laërte,
Dans ma grotte, aujourd'hui déserte,
N'immola le chevreau naissant ;
Mais tu reviens, je puis attendre
Et des fruits et le chevreau tendre
Sur mon autel reconnaissant.

ULYSSE.
Nymphes, sur votre autel, je jure de répandre
Le sang quotidien d'un chevreau bondissant.

Ce devoir accompli, Ulysse demande des nouvelles de son fils et de sa femme.

Minerve, dans Homère, apprend à l'instant même à Ulysse la poursuite des prétendants, et les dangers que court Télémaque.

Minerve, dans M. Ponsard, renvoie Ulysse au fidèle Eumée, le chef de ses porchers. — C'est lui ! dit-elle,

C'est lui qui te dira ce que tu veux apprendre.

Mais, dans l'*Odyssée* comme dans la tragédie, Minerve prend la précaution de déguiser Ulysse.

— Oui, continue Minerve dans le poëme, oui, je serai près de toi, et tu n'échapperas point à mes regards lorsque nous exécuterons le grand dessein. Je le prévois, plus d'un de ces prétendants qui dévorent tes richesses souillera de son sang et de sa cervelle le vaste pavé de ton palais. Mais il faut que je te rende méconnaissable à tous les mortels. Je vais rider ta peau délicate sur tes membres courbés ; je vais détruire la chevelure blonde qui orne ta tête ; je vais te revêtir de ces lambeaux qui rendent odieux l'aspect de l'homme qui les porte ; je vais ternir l'éclat de tes yeux si brillants et si beaux, et alors tu apparaîtras comme un vil mendiant aux prétendants, à ta femme, au fils que tu as laissé dans ton palais.

— Et maintenant, dit Minerve dans la tragédie :

Et maintenant, je vais éteindre ton regard
Et dessécher tes traits comme ceux d'un vieillard.
Tes beaux cheveux bouclés vont choir de ton front chauve,
Et, vêtu de haillons et d'un vieux manteau fauve,
Un bâton à la main, une besace au dos,
Serrée autour du corps par de méchants cordeaux,
Tu paraîtras à tous un mendiant vulgaire,
Et tromperas ainsi ceux qui te font la guerre,
Car tu seras difforme et misérable, au point
Que tes meilleurs amis ne te connaîtront point.

Cette tranformation accomplie, Minerve, dans le poëme, vole vers la grande Lacédémone, près du fils d'Ulysse, tandis que, dans la tragédie, elle accompagne son héros.

Suivons-les tous deux chez Eumée ; le chien Argos nous attend à la porte.

Nous avons dit qu'un prologue et trois actes étaient

insuffisants, non-seulement à rendre, mais à faire entrevoir même les beautés d'Homère. Nous rencontrons sur notre chemin, et à la porte des étables que le porcher Eumée *s'est bâties avec des pierres brutes, qu'il a encloses de haies d'épine et qu'il a fortifiées à l'aide de palissades de cœur de chêne,* — nous rencontrons la preuve de ce que nous avançons.

Le chien Argos, qui depuis vingt ans, dans le poëme, attend à la porte du palais le maître qui l'a élevé; le chien Argos, dans la tragédie, a été recueilli vaguant par Eumée, qui lui a donné l'hospitalité.

Cette différence dans le sort du chien, dont la mort fait un des épisodes les plus touchants de l'*Odyssée*, n'est qu'un détail; mais ce détail ne fait honneur ni aux regrets conjugaux de Pénélope, ni à la religion filiale de Télémaque.

Un chef de porchers a recueilli le chien élevé par Ulysse, ce chien qui eût dû être un souvenir vivant, pour Télémaque et Pénélope, d'un fils et d'un époux.

Il a senti si bien cette nuance, le vieil Homère, que, pour excuser la mère et le fils de laisser ainsi le chien négligé et couché à la porte du palais sur un tas de fumier, il dit : « Les femmes insouciantes le laissent là sans soin. » Donc, Pénélope avait confié Argos aux femmes; donc, ce n'est point la faute de Pénélope, mais des femmes, si Argos est à la porte du palais, couché sur un tas de fumier et dévoré par la vermine.

Voilà le malheur des traductions; il est impossible que le traducteur entre assez profondément dans le génie, et surtout dans le cœur du poëte qu'il traduit, pour en rendre, ou toutes les beautés, ou toutes les tendresses.

Homère n'eut pas mis le chien d'Ulysse à la porte d'Eumée ; M. Ponsard s'est dit : « Une porte est une porte, et, pourvu qu'Argos soit sur un tas de fumier, rongé par la vermine, à une porte où puisse le rencontrer le divin voyageur, comme l'appelle Homère, c'est tout ce qu'il me faut. »

C'était, en effet, tout ce qu'il fallait à M. Ponsard ; mais ce n'était point tout ce qu'il fallait à Homère.

Maintenant, comparons le récit du poëte, à propos de ce même chien, au récit de son traducteur, et voyons si cet admirable épisode, réduit aux proportions que lui donne M. Ponsard, eût traversé les siècles et fût venu jusqu'à nous.

Nous ne le croyons pas.

Voici le récit d'Homère, traduit cette fois non pas d'après madame Dacier, non pas d'après M. Bitaubé, non pas d'après M. Giguet, mais du grec même :

C'est ainsi qu'ils parlaient entre eux, et Argos, le chien d'Ulysse à l'âme audacieuse, releva la tête et les oreilles. Ulysse l'avait autrefois nourri et n'avait pas eu le temps de s'en servir, car auparavant il était parti pour la sainte Ilion. Les jeunes gens avaient coutume de conduire Argos à la chasse, lorsqu'ils poursuivaient les chèvres sauvages, les cerfs et les lièvres ; mais maintenant, abandonné, il demeurait, en l'absence du prince, gisant sur un tas de fumier répandu abondamment devant les portes des étables des bœufs et des mules, et qui devait être enlevé de là plus tard par les serviteurs d'Ulysse, pour engraisser ses vastes domaines. Là donc était couché Argos, tout rongé de vermine ; mais, dès qu'il reconnut Ulysse debout près de lui, il commença de le flatter en remuant la queue et en inclinant les deux oreilles. Mais il ne put se rapprocher davantage de son maître.

Ulysse, alors, tournant son regard vers Eumée, essuya furtivement une larme et l'interrogea en ces termes :

— Eumée, chose vraiment extraordinaire, ce chien est là sur le fumier, et cependant, il est beau de corps; il est vrai que peut-être à cette beauté ne réunissait-il pas la rapidité, et qu'il ressemblait à ces chiens qui rôdent autour des tables des hommes riches, et que leurs maîtres nourrissent seulement pour le plaisir de la vue.

Et toi, Eumée, en lui répondant, tu parlas ainsi :

— Ce chien appartient à un homme mort loin de cette île. Si maintenant il eût conservé les formes et les qualités qu'il avait lorsqu'Ulysse le laissa à son départ pour Troie, tu l'admirerais bien vite en voyant son énergie et sa rapidité, car jamais la bête fauve qu'il avait lancée ne parvenait à lui échapper dans les profondeurs de l'épaisse forêt, car il connaissait toutes les pistes. Maintenant, il est dévoré par la maladie, et son maître a succombé lui-même loin de la patrie. *Les femmes négligentes n'ont aucun soin du pauvre animal*, car, dès que les maîtres ne commandent plus, les esclaves cessent de faire leur devoir. Jupiter, qui tonne aux horizons, enlève à l'homme esclave la moitié de sa vertu.

Et, ayant ainsi parlé, il entra dans le spacieux palais, et il alla droit à travers la maison, vers les illustres prétendants, et, pendant ce temps, la noire mort s'emparait d'Argos, expirant dès qu'il eut revu son maître, après vingt ans d'absence.

Voyons maintenant la version de M. Ponsard.

SCÈNE PREMIÈRE

EUMÉE, UN SERVITEUR D'EUMÉE.

LE SERVITEUR.
J'aperçois un vieillard qui vers vous s'achemine.

EUMÉE.
Il s'arrête, pourquoi? *qu'est-ce* qu'il examine?
LE SERVITEUR.
Je crois qu'il n'ose pas entrer pour mendier.
EUMÉE.
Non, je crois qu'il regarde Argos, le vieux limier.
LE SERVITEUR.
Voyez donc, on dirait que le chien lui fait fête;
Il incline l'oreille; il redresse la tête;
Il agite la queue; il voudrait s'approcher. (*De qui? de quoi?*)
Il tombe.
EUMÉE.
Il est si vieux, qu'il ne peut plus marcher.
LE SERVITEUR.
Quel est ce mendiant? le connaissez-vous, maître?
C'est étrange qu'Argos ait l'air de le connaître.
EUMÉE.
Bah! l'on sait que le chien radote en vieillissant.

M. Ponsard le sait; mais Homère ne le savait pas. On était si barbare du temps d'Homère! on est tellement civilisé du nôtre, qu'on peut bien accuser de *radotage* un chien qui va mourir de joie en revoyant son maître.

Oh! je l'ai toujours dit, à l'encontre des physiologistes et des phrénologistes, le génie est dans le cœur, l'esprit et le talent seuls sont dans le cerveau.

ULYSSE, entrant.
Il est mort, mort de joie en me reconnaissant!

Hélas! je m'aperçois que c'est le besoin de la rime qui a fait faire à M. Ponsard le vers qui précède celui-ci. Détestable rime! Boileau avait bien raison de déplorer tes exigences.

Ah! Minerve a bien pu me changer pour les hommes,
Mais non pour mon vieux chien, meilleur que nous ne
[sommes.

Pauvre Argos, je n'ai pu, j'en ai comme un remord,
Te faire une caresse avant que tu sois mort.

(Il essuie une larme.)

Pauvre Argos!

(A Eumée.)

Mon ami, tu dois aimer la chasse,
Car j'ai vu sur ton seuil un chien de noble race.
J'ai vu d'autres limiers, et je suis connaisseur,
Mais celui-là surtout m'a paru fin chasseur.

EUMÉE.

Oui, oui, vraiment! c'était un chien de noble race,
Qui lançait bien un cerf et suivait bien sa trace.
Je voudrais voir autant d'urnes dans mes celliers
Que ce chien a lancé de cerfs dans les halliers.

ULYSSE.

Est-il à toi?

EUMÉE.

Son maître ayant quitté cette île,
J'ai recueilli son chien qui n'avait plus d'asile.
Mais toi, vieillard, etc.

Et Eumée en revient à Ulysse, qui, ne voulant être à ses yeux qu'un mendiant, lui demande l'hospitalité.

Cette hospitalité est accordée de grand cœur à Ulysse par le vieux porcher.

Alors, en mangeant

Les restes froids du dîner de la veille,
Et les morceaux de pain du fond de la corbeille

Ulysse s'informe à qui les troupeaux, à qui les terres.
— A un maître parfait, dit Eumée.

Mais il est mort. Plutôt fût morte cette Hélène,
Pour qui tant de héros sont couchés dans la plaine!
Notre maître a suivi tous ces guerriers fameux,

Et sur des bords lointains il a péri comme eux.

Alors, les porchers chantent ces belles strophes, imitation de l'ode d'Horace :

LE CHOEUR.

> Que de sang a rougi la terre,
> Versé par l'homicide Mars,
> Depuis qu'un berger adultère
> Ravit Hélène aux doux regards!
> Combien d'épouses [1] t'ont maudite,
> Funeste présent d'Aphrodite,
> Hélène, fille de Léda!
> Depuis qu'emportant son amante,
> Pâris fendit l'onde écumante,
> Sur le sapin du mont Ida.
>
> Pour venger l'affront des Atrides,
> La Grèce arma mille vaisseaux.
> O Grèce! tes fils intrépides
> Sont morts dans les sanglants assauts.
> Tes fils ont péri devant Troie,
> Et leurs corps ont été la proie
> Du chien immonde et du vautour;
> D'autres, plus malheureux encore,
> Ne connaîtront pas le retour.
>
> Ah! plût au ciel que la tempête,
> A la voix d'un dieu punisseur,
> Eût noyé dans la mer de Crête
> Et l'amante et le ravisseur!
> La jeune épouse abandonnée,
> Foulant sa robe d'hyménée,
> Ne pleurerait pas son mari.
> Et le vieillard, d'un œil inerte,

---

[1] J'eusse mis *de mères*.

> N'eût pas vu sa maison déserte,
> Où son premier-né fut nourri.

Je le répète, ces vers sont très-beaux; ils ont l'allure antique, — plus latine que grecque, peut-être, mais peu importe.

J'ai salué M. Ponsard comme *poëte*, et l'on voit que, loin de m'en dédire, je persiste, en citant ce que je trouve de vraiment beau, au fur et à mesure que j'entre dans son œuvre; mais je ne l'ai pas salué comme *poëte dramatique*. Ceci est une autre affaire, et je préviens d'avance l'auteur de *Lucrèce* que c'est sur ce point surtout que nous aurons maille à partir.

Ulysse demande quel est ce maître, et, à la douleur d'Eumée, à cette idée qu'il ne reverra jamais Ulysse, reconnaît la fidélité du bon porcher.

Alors, il le console ou essaye de le consoler, en lui disant qu'Ulysse n'est pas mort et qu'il reverra Ulysse.

Mais Eumée secoue la tête.

— O malheureux hôte! dit-il, certes, tu m'as ému l'âme en me disant ces choses étranges, et combien tu as souffert, et combien tu as erré! Mais je ne regarde pas ton récit comme véritable, et tu ne me persuaderas pas à l'égard d'Ulysse.

Et Eumée, en vingt-six vers, donne toutes les raisons qu'il a de croire à la mort de son maître.

Là, comme toujours, l'espace manque à M. Ponsard. Les trente vers d'Homère se résument en deux vers de découragement dits par lui, en deux vers de consolation dits par les porchers.

EUMÉE.
J'ai vu tant d'étrangers qui nous parlaient ainsi.

LE SERVITEUR.

D'autres ont pu mentir, mais non pas celui-ci.

EUMÉE.

L'espoir toujours déçu renouvelle la peine.

LE CHŒUR.

Pourtant l'espoir vaut mieux qu'une douleur certaine !

Dans Homère, Ulysse répond ainsi aux doutes d'Eumée :

Alors, répondit ainsi l'ingénieux Ulysse :
— Certes, un cœur incrédule bat dans ta poitrine, puisque je ne puis, même par les serments, t'amener à croire et te persuader. Eh bien, maintenant, faisons un accord, et qu'au-dessus de nous soient nos témoins les dieux qui habitent l'Olympe; si ton maître revient dans cette maison, tu me donneras des vêtements et une tunique de laine et tu me conduiras à Dulichios, afin que j'aille où m'appelle le désir de mon âme; si, au contraire, ton maître ne revient pas comme je le prédis, excite contre moi tes serviteurs et fais-moi précipiter de la grande roche, afin qu'un autre mendiant prenne garde désormais de te tromper.

Mais le divin pasteur répondit :
— O mon hôte! quelle bonne renommée et quelle nom vertueux laisserais-je donc parmi mes contemporains et dans l'avenir si, après t'avoir conduit dans ma maison et t'avoir donné l'hospitalité, je te tuais néanmoins et t'arrachais la vie bien-aimée? Crois-tu donc que, désormais, d'un cœur tranquille, j'oserais supplier Jupiter, fils de Saturne? Non, c'est l'heure du repas; mes compagnons vont arriver, afin que nous préparions dans la maison un copieux repas.

Nous le disons hardiment, et ceci est encore un des dangers de l'imitation, si faible que soit la traduction que nous venons de faire en prose, la traduction en vers de M. Ponsard sera plus faible encore. La voici :

ULYSSE.

Ta méfiance est grande, ami; mais, si tu veux,
Nous ferons un marché, que nous tiendrons tous deux.
Si j'ai dit vrai tantôt, et qu'Ulysse revienne,
Je veux une tunique en place de la mienne;
J'en aurais grand besoin, car je vais presque nu :
Mais je ne la veux pas qu'il ne soit revenu ;
Que si je t'ai menti, disant qu'Ulysse est proche,
Fais-moi précipiter du sommet d'une roche,
Afin qu'à l'avenir les autres indigents
Craignent de mal parler et de tromper les gens.

EUMÉE.

Je ferais là vraiment une action louable
De tuer un vieillard qui s'assit à ma table.

Voyons, franchement, j'en appelle à vous-même, monsieur Ponsard, croyez-vous que ces deux vers demi-ironiques rendent le sentiment profond qu'Homère a enfermés dans ces quelques lignes que nous ne craignons pas de répéter :

— O mon hôte, quelle bonne renommée et quel nom vertueux laisserais-je donc parmi mes contemporains et dans l'avenir si, après t'avoir conduit dans ma maison et t'avoir donné l'hospitalité, je t'arrachais la vie bien-aimée ! Crois-tu donc que désormais, d'un cœur tranquille, j'oserais invoquer Jupiter, fils de Saturne !

Voyons, si vous n'inventez pas, si, vous contentant de traduire en vers, vous restez si fort au-dessous de la traduction en prose, — n'est-ce pas, vous poëte, un métier de dupe que vous faites là ?

Or, si vous faites un métier de dupe, quel sera celui des spectateurs, qui payeront six francs au balcon ou même quarante sous au parterre pour aller écouter dix chants d'Homère réduits dans un prologue et trois actes, dont les vers sont inférieurs et comme pensée et comme couleur à une traduction en prose, faite pour le besoin du moment, sur le coin de la table?

Continuons.

On apporte du vin; on fait des libations aux dieux; on boit *un coup* en l'honneur du vieillard, lequel, n'insistant pas davantage sur Ulysse, demande des nouvelles de Laerte, de Pénélope et de Télémaque.

Laerte vit toujours; Pénélope est restée fidèle; Télémaque grandit sous la protection de Minerve.

Puis on chante un hymne à Bacchus.

A la fin de l'hymne, Ulysse se retourne et dit, s'adressant à Eumée :

J'entends des pas, mon hôte ; on approche sans doute;
C'est quelqu'un des pasteurs attardés sur la route;
Car les chiens n'aboient pas, mais *tournent* vers le seuil

Tournent quoi ?

En remuant la queue et lui faisant accueil.

LES MÊMES. — TÉLÉMAQUE.

LE CHOEUR.

C'est Télémaque ! Entrez, prince, dans la chaumière.

EUMÉE, embrassant Télémaque.

Vous voilà, Télémaque! Oh ! ma douce lumière !
Ah! je n'espérais plus vous embrasser encor
Quand vous êtes allé chez le vieux roi Nestor.
Entrez donc, mon cher fils, que je me rassasie
Du plaisir de vous voir tout à ma fantaisie.

Voici de l'Homère maintenant :

— Eumée, s'écrie Ulysse, sans doute il t'arrive à cette heure un de tes compagnons..., ou quelque autre bien connu..., puisque les chiens n'aboient pas, et au contraire flattent le nouveau venu en tournant ? Et, en effet, j'entends le bruit d'un pas.

Ce discours n'était point encore achevé quand son fils bien-aimé s'arrêta dans le vestibule. A sa vue, le porcher bondit d'étonnement et il laissa tomber de ses mains le vase où il avait coutume de mêler le vin noir. Alors, il s'élança au-devant de son jeune maître, lui baisant la tête, et, l'un après l'autre, ses deux beaux yeux, et ses deux mains. Cependant, ses larmes coulaient, comme il fût arrivé à un véritable père embrassant son enfant de retour depuis dix ans d'une terre lointaine, — enfant unique, engendré dans sa vieillesse, — et pour lequel il eût souffert beaucoup de douleurs. Et c'est ainsi que le divin Eumée embrasse et enveloppe de caresses, comme s'il venait d'échapper à la mort, Télémaque, semblable à un dieu. Puis il lui adresse ces paroles, rapides comme si elles avaient des ailes :

— Voilà Télémaque, douce lumière ! Je n'espérais plus te voir après le jour où tu t'embarquas sur le vaisseau qui t'emmenait à Pylos ; mais viens maintenant ; entre, cher fils, afin que mon âme revive en te regardant, toi qui arrives d'ailleurs. Tu ne viens plus, comme autrefois, visiter tes champs et inspecter tes pasteurs ; tu préfères demeurer à la ville, car il plaît mieux à ton cœur de ne pas perdre de vue l'odieuse troupe des prétendants !

O cher, bon, vieil et sublime Homère, il me prend parfois des velléités de tout quitter pour te traduire, moi qui ne sais pas le grec, tant je trouve tristes et vides les traductions que l'on fait de toi, soit en prose, soit en vers !...

Après vingt ans d'absence, Ulysse et Télémaque se retrouvent donc en face l'un de l'autre. En supposant deux ans à Télémaque lors du départ de son père, Télémaque est à cette heure un beau jeune homme de vingt-deux ans.

Plus tard, nous dirons pourquoi nous constatons son âge avec tant de précision.

Ulysse, prévenu, regarde son fils avec amour ; quant à Télémaque, il n'a que de la curiosité pour cet étranger assis à la table d'Eumée.

Ici, M. Ponsard reste fidèle à Homère et demeure pour ainsi dire à l'ombre du grand vieillard.

Quoique son absence ait été moins longue que celle d'Ulysse, Télémaque ignore ce qui s'est passé en son absence. Il y a dans le grec quelque chose de profondément touchant dans ce fils qui répète, sur sa mère et devant son père, les mêmes questions inquiètes que le mari vient d'adresser à Eumée sur son épouse.

M. Ponsard a craint la répétition ; à notre avis, en ce cas, la répétition était une beauté ; elle devait servir, s'il était possible, à augmenter encore la tendresse d'Ulysse pour son fils.

Alors, le prudent Télémaque répondit :
— Il en sera ainsi, mon père, et véritablement tu es la cause de ma venue ici. Je voulais te voir de mes yeux et apprendre de ta bouche si ma mère habite encore nos foyers, ou si quelqu'un de ces hommes l'a déjà emmenée ailleurs ; mais, hélas ! le lit d'Ulysse gît, sans couvertures, abandonné aux impures araignées.

Mais le porcher, le meilleur des hommes, répondit :
— Non, elle continue, avec un cœur patient, de demeurer dans le palais, et ses nuits continuent d'être des nuits de deuil, et ses jours des jours de larmes.

Donc, ayant parlé ainsi, il prend des mains du jeune homme la lance d'airain, etc.

M. Ponsard remplace cette demande et cette réponse par ces deux vers :

EUMÉE.
Quoi ! mon fils, sous mon toit ne dormirez-vous pas?
TÉLÉMAQUE.
Non : je veux voir ma mère, et j'y vais de ce pas.

On voit que la comparaison continue à ne pas être à l'avantage du poëte moderne.

Mais, comme il faut laisser seuls Ulysse et Télémaque, afin que le père puisse se faire reconnaître au fils, Eumée dit :

Au moins attendez-nous, mon fils ; la nuit est sombre.
Quelqu'un des prétendants peut s'embusquer dans l'om-
Nous allons visiter le bétail dans l'enclos, [bre ;
Et puis nous vous suivrons armés de javelots.

Dans Homère, c'est Télémaque qui éloigne Eumée en l'envoyant auprès *de la prudente Pénélope*.

— Père, dit-il, va au plus vite, dis à la prudente Pénélope que je suis sain et sauf, et arrivé de Pylos. Moi, je resterai ici; toi, tu y reviendras. Soyez seuls quand tu annonceras cette nouvelle, et qu'aucun autre des Achéens ne vous entende, car beaucoup de malheurs me sont promis par eux.

Et Eumée saisit les sandales, les attache à ses pieds t part pour la ville.

Ici, M. Ponsard s'écarte d'Homère.

Voici ce qui se passe dans Homère.

Cependant, Minerve était cachée : elle voit sortir le porcher umée de l'étable, et alors elle y vient elle-même ; par l'aparence, elle est semblable à une grande et belle femme, vante aux ouvrages splendides. Elle s'arrête cependant sur seuil de la maison, visible à Ulysse ; mais Télémaque ne la voit, ni même ne la soupçonne présente, car les dieux ne se manifestent point à tous. Mais Ulysse la vit, mais les chiens la virent, et, sans aboyer, tout frissonnants, ils se retirèrent en gémissssant dans l'étable. Elle, cependant, fit signe du sourcil, et, par ce signe, avertit le divin Ulysse. Il sortit donc de la maison, et, arrivé près du grand mur de la cour, s'arrêta devant la déesse ; là, Minerve lui parla ainsi :

— Fils de Laerte, race de Jupiter, adroit Ulysse, il est temps de parler à ton fils. Ne te cache donc pas plus longtemps, afin que vous alliez vers la ville illustre, où vous arrêterez le destin et la mort des prétendants ; et moi-même, je ne demeurerai jamais loin de vous, toujours prête à combattre.

Minerve dit, et le toucha de sa verge d'or ; elle drapa autour de sa poitrine un ample manteau et une tunique, et accrut son corps et sa vigueur. Son teint reprit la brune couleur de la jeunesse ; les rides disparurent de ses joues, et sa barbe bleuit autour de son menton ; et elle, ayant fait tout cela, se retira.

Alors, Ulysse alla dans la maison, et son fils bien-aimé demeura à son aspect dans un respectueux étonnement, et, plein de crainte, jeta les yeux d'un autre côté, craignant que ce ne fût un dieu, et, l'interpellant avec des paroles ailées lui parla ainsi :

— Tu viens de m'apparaître, tout différent de ce que tu étais tout à l'heure ; tu portes d'autres vêtements, et ton corps n'est plus le même. Certes, tu es vraiment quelqu'un des dieux qui règnent dans l'immensité du ciel ; sois-moi propice, afin que tu aies pour agréables les dons sacrés et riches et artistement travaillés que nous t'offrirons ; mais épargne-nous.

Alors, l'audacieux et divin Ulysse répondit :

— Non, je ne suis pas un dieu ; pourquoi m'assimiles-tu aux immortels ? mais je suis ton père, pour l'amour de qui tu supportes en soupirant nombre de douleurs, en proie aux injustices des hommes.

Ayant ainsi parlé, il baisa son fils, et laissa de ses joues tomber des larmes jusqu'à terre ; mais, auparavant, il s'était contenu jusque-là ; mais Télémaque, car il ne pouvait cro-

ncore que ce fût son père, de nouveau lui répondant, lui
arla en ces termes :

— Non, tu n'es pas Ulysse, mon père ; mais un dieu me
rompe, pour redoubler mes larmes et mes soupirs, car jamais aucun homme mortel, réduit aux seules ressources de son esprit, n'a pu accomplir un tel prodige, si ce n'est quand un dieu, venant lui-même à son aide, en fait à sa volonté, tantôt un jeune homme, tantôt un vieillard ; tout à l'heure tu étais un vieillard sordidement vêtu, et voilà que tu ressembles aux dieux qui habitent le large ciel.

Mais l'ingénieux Ulysse lui répondant :

— Télémaque, dit-il, il ne te convient pas de regarder ainsi ton père bien-aimé, et de t'étonner outre mesure, lorsqu'il est devant toi. Jamais, en effet, un autre Ulysse ne viendra ici. Je suis cet Ulysse qui a tant souffert, qui a tant supporté de malheurs et qui a tant erré. La vingtième année, j'arrive sur la terre paternelle, et ce qui vient de se passer est vraiment l'ouvrage de Minerve, qui m'a fait à sa volonté, car elle en a le pouvoir, tantôt semblable à un mendiant, et tantôt à un homme jeune, ayant autour de lui de beaux vêtemens ; il est facile aux dieux qui occupent le vaste ciel d'élever l'homme mortel ou de l'abaisser.

Ayant ainsi parlé, il s'assit.

Et Télémaque, jetant ses bras autour de son bon père, pleurait, laissant tomber ses larmes, et dans leurs deux cœurs s'éleva le désir de pleurer, et ils gémissaient avec des cris plus plaintifs et plus redoublés que les oiseaux, les aigles et les vautours aux ongles recourbés, à qui les campagnards ont enlevé leurs petits, avant qu'ils puissent voler.

Ainsi se répandaient les larmes entre leurs paupières, et le soleil se fût couché avant la fin de leurs gémissements, si Télémaque n'eût ainsi tout à coup parlé à son père.

M. Ponsard n'a point procédé ainsi, il profite du déguisement d'Ulysse pour *filer* une scène. Vous allez voir ce qu'il y gagne. Je vous ferai voir après ce qu'il y perd.

SCENE V.

ULYSSE, TÉLÉMAQUE.

TÉLÉMAQUE.

Bon vieillard, toi qui connus mon père.
Je t'accorde en son nom un vœu que tu peux faire.
Parle.

ULYSSE, le regardant avec émotion.

O mon fils !

TÉLÉMAQUE.

Pourquoi parais-tu si troublé ?

ULYSSE.

Vous n'oubliez donc pas votre père exilé ?

TÉLÉMAQUE.

Moi? J'y songe sans cesse, et je brûle d'envie
De voir ce chef illustre à qui je dois la vie.
Je me le représente éclatant, radieux,
L'œil fier, le front serein, enfin semblable aux dieux.
Que je voudrais toucher cette main redoutée,
Entendre cette voix des sages écoutée,
Pratiquer ses leçons, et, digne de mon sang,
Exercer devant lui mon courage naissant.
— Je viens de le chercher; des bords du Cyparisse
Aux bords de l'Eurotas, je demandais Ulysse;
Mais, hélas ! vainement j'ai traversé les flots.
Et vu Lacédémone et visité Pylos.

ULYSSE.

Vous l'aimez donc beaucoup ?

TÉLÉMAQUE.

Tu ne réfléchis guère,
Vieillard. Est-ce qu'un fils peut n'aimer pas un père?

ULYSSE.

Vous ne l'avez pas vu, vous étiez si petit,
Si je calcule bien, quand Ulysse partit.

TÉLÉMAQUE.

Je ne le connais pas ; mais je connais sa gloire.
Le monde a retenti du bruit de son histoire.

ULYSSE.

Seriez-vous bien content de l'embrasser ?

TÉLÉMAQUE.

Ah ! dieux !

ULYSSE.

Embrasse-le, mon fils, il est devant tes yeux.

TÉLÉMAQUE, reculant.

Vous, mon père ! Qui, vous, pauvre et courbé par l'âge !

ULYSSSE.

Minerve a transformé mon port et mon visage.

TÉLÉMAQUE.

Que dis-tu là, vieillard ?

ULYSSE.

Que Minerve a permis
Que ce déguisement trompât mes ennemis.

TÉLÉMAQUE.

Mais qui m'assurera que vous êtes Ulysse ?

ULYSSE.

Oh ! divine Pallas ! C'est un trop grand supplice.
Voir mon fils et ne pas le serrer dans mes bras !
Ou rends-moi ma figure, ou parle-lui, Pallas !

(Musique douce annonçant la présence de Minerve.)

Je suis ton père.

TÉLÉMAQUE.

Dieux ! cet œil qui s'illumine !...

ULYSSE.

Mon fils!

TÉLÉMAQUE.

Ce front brillant d'une clarté divine !...

ULYSSE.

Que te dirai-je, enfin ? Par le grand Jupiter,
Je suis ton père.

TÉLÉMAQUE.

Il semble un dieu tant il est fier.

(Musique.)

Je ne sais quelle voix mystérieuse et douce
Me dit que c'est mon père, et dans ses bras me pousse
ULYSSE.
Si tu ne veux pas croire aux serments solennels,
Vois mes larmes couler ; crois aux pleurs paternels.
TÉLÉMAQUE, se jetant dans les bras d'Ulysse.
Mon père !
ULYSSE, le tenant embrassé.
Reste là, mon fils, que je te voie !
Ah ! depuis bien longtemps, c'est ma première joie !

Aviez-vous bien Homère sous les yeux, monsieur Ponsard quand vous avez substitué cette scène aux détails puérils, à ce large et splendide tableau que nous avons mis sous les yeux du lecteur ?

Puis, comme pour le pauvre chien Argos, nous sommes désespéré de vous le dire, monsieur Ponsard, vous n'avez compris ni le cœur du poëte ni le génie du peuple, dont la devise était *le beau et le bon* (το καλον και το αγαθον).

Écoutez ceci : Jamais Homère n'aurait permis que Télémaque retrouvât son père, vêtu en mendiant, sale et vieux. Il savait trop bien ce qu'il y avait de répugnant pour l'orgueil paternel à se montrer ainsi abaissé aux yeux de son fils, qui, toutes les fois que désormais il eût songé à son père, l'eût vu se dresser, non pas sous sa forme véritable, mais avec le déguisement hideux sous lequel il lui était apparu. — Non, dans Homère, Minerve rend à Ulysse toute sa jeunesse, toute sa beauté ; elle y ajoute même encore, et, si Télémaque refuse de reconnaître Ulysse, c'est parce qu'il le prend pour un habitant du large ciel, et non parce qu'il ne voit en lui qu'un des déshérités de notre misérable terre.

Parfois, on nous accuse, nous autres romanciers, de ne point admirer suffisamment Homère. — Dis-moi, sublime aveugle, qui te respecte le plus et qui t'adore le mieux, à ton avis, de celui qui se tient à distance de toi, n'osant te toucher, ou de celui qui, tout en essayant de populariser ton œuvre immortelle, froisse d'une main rude les suprêmes délicatesses de ton génie?

Il y a plus; chez vous, monsieur Ponsard, à peine le fils a-t-il revu le père absent depuis vingt ans, à peine l'a-t-il embrassé, qu'il le quitte, après lui avoir dit ces vers assez froids :

> Qu'il est beau, qu'il est grand! c'est un homme achevé!
> Je le trouve plus beau que je ne l'ai rêvé.
> Je ne puis m'arracher à ce baiser si tendre;
> Il le faut, cependant, on pourrait nous surprendre.
> Écoute et souviens-toi! nous devons nous cacher
> Même de Pénélope et même du porcher.
> Nous nous verrons demain dans mon palais d'Ithaque;
> Là, nous concerterons notre projet d'attaque.
> Si je suis outragé, tolère ces affronts
> Jusqu'au moment, mon fils, où nous nous vengerons.
> Adieu.   (Il sort.)

O grand et saint amour paternel, le plus profond de tous les amours, reconnais-tu là cet Ulysse et ce Télémaque que nous venons de voir enlacés aux bras l'un de l'autre, *dans le cœur desquels* s'élève le désir de pleurer, *à qui l'excès de la joie fait pousser des gémissements qui ressemblent tellement à des cris de douleur, que les aigles et les vautours, ces oiseaux aux ongles recourbés, n'en poussent point de si redoutables et de si plaintifs quand un campagnard leur enlève leurs petits aux ailes trop faibles pour voler encore ?*

Et sont-ils si prompts à se quitter, ces hommes *dont les larmes coulent si abondamment entre leurs paupières, que le soleil se fût couché avant la fin de leurs gémissements,* si Télémaque, ardent à savoir ce qui est arrivé pendant ces vingt années à son père bien-aimé, *n'eût ainsi parlé tout à coup, demandant à Ulysse le récit de ses aventures.*

Non, ils restent pendant toute la soirée, pendant toute la nuit côte à côte et la main dans la main, ne se décidant à se quitter qu'à l'aurore suivante, et en se donnant rendez-vous le même jour à Ithaque.

Au lever du rideau (deuxième acte), nous entrons dans l'appartement de Pénélope; un chœur de suivantes infidèles chantent des strophes qui, si par hasard elle les entend, doivent légèrement blesser l'oreille de la chaste épouse d'Ulysse.

Voici ce chœur, qui rappelle le *Nunc est bibendum, nunc pede libero pulsanda tellus,* d'Horace. Les chœurs, nous l'avons déjà dit, sont plutôt latins que grecs :

> Voici l'heure ténébreuse ;
> Sortons, réjouissons-nous ;
> Voici la nuit amoureuse,
> Complice des rendez-vous.
> La nuit nous ramène
> Les joyeux loisirs,
> Et cache à la reine
> Nos secrets plaisirs.
>
> Allons, déjà s'illumine
> Le festin des prétendants ;

Dans la coupe purpurine
Coulent les vins abondants.
   La lyre qui vibre
   Attend les danseurs ;
   Allons, d'un pied libre,
   Danser dans les chœurs.

Quand s'éteint du luth sonore
Le dernier frémissement,
Je vais attendre l'aurore
Dans les bras de mon amant.
   La nuit nous ramène
   Les joyeux loisirs,
   Et cache à la reine
   Nos secrets plaisirs.

Comme on le voit, habité par la foule des prétendants et égayé par les chants des servantes infidèles, le palais d'Ulysse, chez M. Ponsard, ressemble assez à autre chose.

Ce qui se chante, par bonheur, n'a aucune importance; sans quoi, cette jeune suivante, qui se vante naïvement *d'attendre l'aurore dans les bras de son amant*, pourrait bien choquer quelque peu la pudeur des spectatrices un peu gourmées du Théâtre-Français.

Aussi Euryclée, la vieille nourrice d'Ulysse, qui entre à temps pour entendre cette confession, en est-elle choquée, et, quoiqu'elle doive le deviner, elle s'écrie :

Où courez-vous si tard, ô femme sans vergogne,
Au lieu de terminer ici votre besogne ?
Une bonne servante alimente le feu,
Arrange chaque chose et la met en son lieu.
Et, quand l'ordre est partout, grâce à sa vigilance,
Elle prend la quenouille et travaille en silence.
Voici comme on agit et de quelle façon

On sert les intérêts des chefs de la maison.
Mais vous aimez bien mieux, négligeant le service,
Rire avec un jeune homme et vous livrer au vice.
Pénélope saura tous vos débordements,
Et vous fera périr au milieu des tourments.

MÉLANTHO.

Tais-toi, les prétendants sont plus forts que la reine,
Et nous garantiront de sa colère vaine.

EURYCLÉE.

Ulysse n'est pas mort, Ulysse reviendra.

MÉLANTHO.

Non, non.

EURYCLÉE.

Et vous verrez comme il vous châtira.

Mélantho, à cette menace, hausse les épaules et répond :

Tais-toi, tais-toi, nourrice;
Le cadavre d'Ulysse
A nourri les vautours.
Des maîtres plus traitables
M'appellent à leur table,
Où l'on chante toujours.
Moi, je suis jeune et belle.
Aux fatigues rebelle,
Et docile aux amours.

EURYCLÉE.

Paix, voilà la maîtresse. Allons, que l'on travaille.

MÉLANTHO.

Attendons pour sortir que la reine s'en aille.

Je défie qu'on me dise à quoi sert ce second vers, si ce n'est à faire rimer *s'en aille* avec *travaille*.

Alors, s'adressant à la reine, qui n'est pas près de s'en aller, puisqu'elle ne fait que d'entrer, Euryclée lui dit :

O ma fille, les chefs viendront chez vous ce soir ;
Par un de leurs hérauts, ils vous l'ont fait savoir ;
Voulez-vous pas d'abord vous peindre la figure;
La femme la plus belle a besoin de parure,
Et la plus vertueuse a toujours un désir
De plaire même à ceux qu'elle voit sans plaisir.

Le conseil est assez étrange dans la bouche de la nourrice d'Ulysse, et je ne suis plus étonné que les suivantes infidèles ne se gênent pas devant la vieille créature.

Maintenant, savez-vous pourquoi M. Ponsard a été entraîné à cette faute? Vous allez le voir.

Dans Homère, Télémaque, en rentrant au palais, est salué par sa mère, qui lui demande s'il n'a rien appris sur Ulysse.

Télémaque lui répond :

— Ma mère, n'excite pas mes larmes, n'ébranle pas mon cœur dans ma poitrine ; j'ai échappé au danger suprême ; mais, toi, purifiée et revêtant ton corps de beaux vêtements, dans la chambre où tu monteras avec les femmes qui te servent, voue à tous les dieux de complets hécatombes que tu sacrifieras, si Jupiter accomplit l'œuvre de ma vengeance.

C'est étrange que M. Ponsard se trompe ainsi, à chaque intention du poëte, et fasse d'une purification pieuse conseillée par un fils, qui sait que son père le suit, une excitation à une parure adultère.

Aussi Pénélope répond-elle :

Ne me conseille pas de me parer, nourrice ;
Je ne désire pas plaire à d'autre qu'Ulysse.
Je voudrais enlaidir du jour au lendemain
Pour éloigner de moi ceux qui cherchent ma main.

Ces vers de M. Ponsard conduisent naturellement notre esprit à une réflexion qui, venue à d'autres que nous, bien certainement a dû nuire à l'intérêt de l'ouvrage.

La naïveté primitive de l'*Odyssée* a un si grand charme, qu'elle fait adopter au lecteur cette étrange invraisemblance, de voir toute l'aristocratie de l'archipel Ionien amoureuse d'une femme qui, selon le calcul le moins rigoureux, doit avoir quelque chose comme quarante ou quarante-cinq ans.

Il est dur de céder une pareille femme,

s'écriera plus tard un des prétendants, tandis que, de son côté, Télémaque fera cette réclame à sa mère en disant à ses amants réunis :

Dans Pylos, dans Argos et dans toute la Grèce,
Vous ne trouverez pas une telle princesse.

A cette époque, monsieur Ponsard, Télémaque, songez-y, est un grand garçon, qui a vu le monde et voyagé beaucoup, *multorum vidit et urbes*. Il a même, s'il faut en croire Fénelon, filé une intrigue assez compliquée avec une dame d'honneur de Calypso ; tout cela ne rajeunit pas Pénélope, songez-y, poëte, surtout dans le climat de la molle Ionie, *mollis Ioniæ*, où le soleil, la poussière et le vent marin vieillissent les femmes avant l'âge, et, quoi qu'en dise Télémaque, qui voit sa mère avec les yeux d'un fils, les jeunes princes grecs pourraient trouver mieux qu'une femme qui va au reste leur échapper tout à l'heure, en les faisant tuer par un fils de vingt-deux ans et un mari de cinquante.

Tout ceci veut dire seulement que les exigences d'une tragédie sont tout autres que celles du poëme.

D'ailleurs, voyez comme Homère va au-devant de l'objection que nous vous faisons à vous, et comme, par l'intervention de Minerve, il a soin de rajeunir la vieille femme :

Alors, Minerve prit une autre résolution ; elle ferme les yeux de la fille d'Icare, épanche sur elle le doux sommeil, et Pénélope s'endort, tous ses membres s'engourdissent sur le long siége où elle repose ; alors, la plus noble des déesses répand sur la dormeuse les dons immortels, afin que les Achéens l'admirent.

Au reste, voyons comment le fils et la mère s'abordent dans M. Ponsard ; nous verrons ensuite comment ils s'abordent dans Homère.

TÉLÉMAQUE, à Ulysse, en lui montrant Pénélope.

La voyez-vous auprès de la muraille
Assise ; elle a baissé la tête ; elle travaille.

Télémaque, vous le voyez, nous donne raison lui-même ; il faut que Pénélope soit bien changée, pour qu'il ait besoin, afin qu'elle soit reconnue de son époux, de la lui détailler si minutieusement.

ULYSSE.

Dieux puissants ! si près d'elle, après un si long temps !
Pénélope ! Attendons, mon fils, quelques instants,
Je ne suis plus à moi ; l'émotion me gagne.

EURYCLÉE, à Pénélope.

J'aperçois Télémaque. Un vieillard l'accompagne.

ULYSSE, à Télémaque.

Soyons prudents.

TÉLÉMAQUE, à Pénélope.

Voici l'hôte dont nous parlions,
Ma mère; quoique pauvre et vêtu de haillons,
Vous devez cependant lui faire bon visage,
Car il paraît instruit et parle en homme sage,
Il a connu mon père en pays étranger,
Ma mère; et, s'il vous plaît, on peut l'interroger.
Veuillez donc le traiter honnêtement, ma mère. »

Cette petite leçon, tant soit peu outrecuidante, blesse Pénélope, qui répond :

Vous ne m'apprendrez pas ce qu'il convient de faire,
Mon fils!

Est-ce bien là le dialogue d'une mère et d'un fils qui se sont abordés ainsi :

Cependant, la prudente Pénélope sortait du lit, semblable à Diane et à Vénus la blonde, jetant en pleurant ses bras autour de son fils chéri, baisant son front et ses deux beaux yeux, et, ne pouvant retenir le flot de ses paroles, elle lui parla ainsi : « Télémaque, ma douce lumière, etc., etc. »

Suit entre Pénélope et Ulysse une scène à peu près pareille à celle qui a eu lieu dans l'acte précédent entre Ulysse et Télémaque.

Pénélope demande à l'étranger qui il est.

Le prudent Ulysse la trompe comme il a trompé Eumée; seulement, il lui fait un récit différent.

Dites-moi cependant quels lieux vous ont vu naître?

demande Pénélope.

ULYSSE.

Je suis né fils de roi; vous connaissez peut-être
La Crète, *une grande île au milieu de la mer,*

Où commandait Minos, issu de Jupiter ;
Son fils Deucalion, d'un premier hyménée,
Eut deux enfants, dont l'un se nomme Idoménée;
Je suis son autre fils, et me nomme Aëton,
Nous étions tous deux beaux et vaillants, disait-on.
— Or, Ulysse, voguant vers Troie, une tempête
ontraignit les vaisseaux à relâcher en Crète.
J'accueillis de mon mieux Ulysse en ma maison ;
Il y resta dix jours, ayant tout à foison,
Et, le onzième jour, la tempête calmée
Lui permit de partir suivi de son armée.

a scène tout entière est prise dans Homère ; nous ne pouvons donc l'apprécier que par comparaison.

Voici comment, dans le poëte grec, Ulysse raconte son origine :

Alors, répondant, ainsi parla l'ingénieux Ulysse :
— O vénérable épouse d'Ulysse, fils de Laerte, tu ne renonces pas à m'interroger sur mon origine. Eh bien, je vais te la dire; certes, aux douleurs que j'éprouve déjà, tu auras ajouté d'autres douleurs, mais c'est la coutume, quand de sa patrie un homme demeure aussi longtemps éloigné que je l'ai été de la mienne, souffrant toute sorte de maux, errant par les villes des hommes ; mais je n'en parlerai pas moins, puisque tu m'interroges.

La Crète est une *terre* qui s'élève au milieu de la mer sombre, *terre* belle, riante et grasse; elle est habitée par des hommes nombreux, ou plutôt innombrables ; elle a quatre-vingt-dix villes, où se mêlent différentes langues. Là sont des Achéens; là sont des Crétois autochtones, grands de cœur; là sont les Cydones, les Doriens, divisés en trois tribus, les divins Pelasges. Entre les villes s'élève Gnossos, cité superbe où régna neuf ans Minos, qui s'entretenait familièrement avec le grand Jupiter, Minos, père de mon père, du magnanime Deucalion. Or, Deucalion m'engendra, moi et le roi Idoménée; lui, partit pour Ilion avec les Atrides sur les navires aux poupes recourbées; mon nom est Aëton; je suis le dernier-né; mon frère était l'aîné et le meilleur. Là, je vis Ulysse, et je lui donnai l'hospitalité, car, pendant qu'il se rendait à Troie, la force des vents l'avait conduit en Crète, l'ayant repoussé du cap Malée; il jeta l'ancre devant Amnise, où est la grotte des Ilithies, dans des ports si difficiles, qu'à peine échappa-t-il aux tempêtes. Montant aussitôt vers la ville, il demandait Idoménée, disant qu'Idoménée était son hôte vénérable et bien-aimé; mais déjà l'aurore s'était levée dix ou onze fois depuis que, sur ses navires aux poupes recourbées, Idoménée était parti pour Ilion; alors, le conduisant vers ma maison, je le reçus de ma meilleure hospitalité, le traitant avec un soin amical, aidé par tous mes serviteurs, et, à lui et à ses compagnons, je donnai la farine du grenier public, les vins noirs, depuis longtemps amassés, et des bœufs à sacrifier, de manière à satisfaire à tous les désirs de leur cœur. Là, pendant douze jours, les Achéens, fils des dieux, restèrent près de moi, car le puissant vent Borée les y forçait, en ne s'apaisant pas; sans doute quelque dieu contraire l'excitait. Enfin, le treizième jour, le vent tomba, et ils partirent.

Qu'avez-vous fait, poëte dramatique, de ce récit si chaud, si coloré, et, nous pouvons le dire, si plein de science géographique, à cette époque où la géographie est encore dans son enfance? Cette *terre*, qui s'élève au milieu des flots sombres, est naïvement devenue sous votre plume *une île* au milieu de la mer; mais ces quatre-vingt-dix villes, ces Achéens, ces Crétois autochtones, au cœur altier, ces Cydones, ces Doriens, divisés en trois tribus, et ces Pélasges issus des dieux, qu'en avez-vous fait? Où est Minos, *qui s'entretient familièrement* avec le grand Jupiter sur le mont Ida, comme parle Moïse avec Jehovah sur le Sinaï! Où est Amnise aux ports difficiles? Où est Borée au souffle puissant, excité sans doute par quelque dieu ennemi? Tout cela, c'est-à-dire tout ce qui est science, richesse, abondance, poésie, tout cela a disparu.

Continuons et suivons la scène chez Homère et chez vous.

Ainsi dissimulait Ulysse, disant beaucoup de mensonges pareils à des choses vraies; et, en l'écoutant, les larmes de Pénélope coulaient inondant son visage. Ainsi se fond au sommet des montagnes, sous l'haleine d'Eurus, la neige que Zéphir a répandue, et va en ruisseaux gonfler le cours des fleuves, ainsi coulaient et trempaient ses belles joues les larmes de Pénélope pleurant son époux.

Acceptez-vous ceci comme équivalant? Vous en êtes les maîtres, chers lecteurs :

PÉNÉLOPE.
Quoi! vraiment, c'était bien Ulysse mon époux?
ULYSSE.
Oui, reine, c'était lui.
PÉNÉLOPE.
Vous l'avez eu chez vous?
ULYSSE.
Je fus son hôte, reine.
PÉNÉLOPE.
Approchez, que je puisse
Serrer aussi la main que serra mon Ulysse.
(Elle lui prend la main en pleurant.)
O souvenir mêlé de peine et de douleur!
ULYSSE, à part.
Grands dieux! que je voudrais l'attirer sur mon cœur.
(A Pénélope, en retirant sa main.)
Reine, laissez ma main trop rude pour les vôtres.
PÉNÉLOPE.
Toute rude qu'elle est, je la préfère à d'autres.
— Parlez d'Ulysse encor.

Revenons à Homère.

Mais Ulysse, quoique plaignant au fond de l'âme son épouse tout éplorée, Ulysse gardait sous ses paupières ses yeux aussi immobiles et aussi secs que s'ils eussent été de corne ou de fer; mais véritablement la prudence seule lui donnait la force de cacher ses larmes; mais celle-ci, après qu'elle fût rassasiée de pleurs et de gémissements, reprit :

— Et maintenant, mon hôte, je veux m'assurer si, parti d'ici avec ses divins compagnons, mon époux a, ainsi que tu le dis, reçu l'hospitalité dans ta demeure; dis-moi quels étaient les vêtements qui le couvraient, quel il était lui-même, quels étaient ses amis et ceux qui l'accompagnaient ?

Et l'ingénieux Ulysse répondit ainsi :

— O femme! il est difficile après un si long temps, car déjà vingt années sont écoulées depuis que ton époux a quitté d'ici, est venu dans ma demeure et s'est éloigné de ma patrie; et cependant, je vais te raconter la chose comme me la rappelle mon cœur. Le divin Ulysse portait, teint en pourpre, un vêtement de laine double, retenu par une agrafe d'or à deux tuyaux; le travail en était magnifique; entre ses pattes de devant un chien tenait un faon et le regardait palpiter, et tous admiraient, car, quoique ces deux animaux fussent d'or, l'un étouffait le daim, le paralysait de son regard; l'autre, désirant fuir, palpitait entre ses pattes; en outre, je remarquai sur le corps du héros une splendide tunique, aussi molle et aussi transparente que la tunique de l'oignon; ainsi était ce doux tissu, brillant au reste comme le soleil, et les femmes en foule se pressaient pour l'admirer. Que te dirai-je de plus? recueille-toi dans ton âme. Je ne sais si dans cette maison Ulysse revêtit jamais ce manteau et cette tunique avec lesquels je l'ai vu, ou s'il les avait reçus de quelqu'un de ses compagnons en montant sur ses navires, ou, enfin, si quelque hôte les lui avait donnés, car Ulysse était aimé d'un grand nombre de mortels, attendu que peu d'Achéens étaient semblables à lui; et, moi-même, je lui fis présent d'un glaive d'airain, d'un double manteau de pourpre, d'une splendide tunique, et je ne le quittai que bien établi sur son vaisseau. Un héraut l'accompagnait, son aîné à peine ; je puis aussi te dire comment il était : bossu, noir de peau et avec des cheveux crépus ; son nom était Eurybate, et Ulysse l'honorait par-dessus tous les autres, parce qu'il le sentait presque aussi prudent que lui.

PÉNÉLOPE.

Je vais voir, maintenant que j'y songe,
Si vous êtes sincère ou faites un mensonge.
Lorsqu'en votre palais Ulysse fut admis,
Quelle robe avait-il ? quels étaient ses amis ?

ULYSSE.

Autant qu'il m'en souvient encore, ô grande reine !
Il avait un manteau de pourpre en double laine.

PÉNÉLOPE.

C'est vrai.

ULYSSE.

Qui s'attachait par une agrafe d'or.

PÉNÉLOPE.

C'est moi qui l'ai posée.

ULYSSE.

Et brodé sur le bord.

PÉNÉLOPE.

Comment ?

ULYSSE.

La gueule ardente et les yeux écarlates,
Un chien tenait un faon palpitant sous ses pattes ;

PÉNÉLOPE.

Le chien mordait le faon qu'il venait *d'attraper ;*

ULYSSE.

Et le faon *agitait les pieds* pour s'échapper.

Il est bien entendu qu'*attraper* est mis là pour *forcer,* et c'était grâce à un ressort caché derrière le manteau que le faon *agitait les pieds.*

On se rappelle que ceci n'est pas dans Homère.

PÉNÉLOPE, à Télémaque.

Oh! c'est vrai, c'est bien vrai!

ULYSSE.

Si j'ai bonne mémoire,
L'un des amis d'Ulysse avait la peau très-noire,
Les cheveux très-crépus et le dos contrefait.
Il se nommait, je crois, Eurybate.

PÉNÉLOPE.

En effet,
Je n'ai plus aucun doute après un tel indice,
Et vous avez chez vous accueilli mon Ulysse.
— Ah! cher hôte, j'avais pour vous de la pitié :
Je vous aime à présent d'une grande amitié.

O mon hôte, — dit Homère par la bouche de Pénélope, et par ma mauvaise traduction, — toi que je ne regardais que comme un malheureux digne d'être plaint, tu seras désormais cher et honoré dans ma maison. Oui, c'est bien moi qui ai tiré de la chambre nuptiale et donné à mon époux les vêtements que tu décris; c'est bien moi qui ai cousu l'agrafe splendide qui en faisait l'ornement. Hélas! je ne le reverrai jamais revenant à la maison, sur la terre bien-aimée de la patrie. Ce fut un mauvais destin qui enleva Ulysse sur son navire aux flancs profonds, pour lui faire voir cette Ilion maudite que je ne veux plus même entendre nommer.

Et Pénélope donne l'ordre à Euryclée, la nourrice d'Ulysse, de laver les pieds du mendiant royal dans un bassin d'or.

Il fallait au grand poëte un pendant à son épisode du chien Argos; la nourrice Euryclée va nous le fournir.

Au moment où Pénélope ordonne à Euryclée de laver les pieds du voyageur, on entend un grand tumulte dans le vestibule : c'est la troupe des prétendants qui arrive, poussant des cris et poursuivant les servantes fidèles qui ne veulent pas se conformer à la morale prêchée par Mélantho.

Les servantes fidèles viennent chercher un refuge dans la chambre de Pénélope, et elles y sont relancées par les prétendants.

Parmi ces prétendants, trois seulement sont des acteurs parlants, Antinoüs, Amphinome et Eurymaque.'

Le théâtre est occupé d'un côté par Pénélope, Télémaque, les suivantes fidèles; de l'autre, par Ulysse, à qui Euryclée s'apprête à laver les pieds, et, au milieu, par les prétendants.

Ici, il y a encore transposition.

Au lieu que ce soit, comme dans Homère, Pénélope qui raconte à Ulysse, qu'elle ne connaît pas, la ruse de la toile, tissée le jour et défaite la nuit, c'est Antinoüs qui reproche cette ruse à la reine.

Or, la toile est tissée en dépit de vous-même,

dit Antinoüs,

> Et vous cherchez en vain un nouveau stratagème;
> Je vous avertis donc, reine, que, dès demain,
> Il faut vous résigner à conclure l'hymen.
> Choisissez qui vous plaît; prenez celui des nôtres
> Qui fera des cadeaux plus riches que les autres.
> Aussitôt mariée à l'un de nous, celui
> Dont vous aurez fait choix vous mènera chez lui;
> Les autres s'en iront; si bien que Télémaque
> Pourra jouir en paix de ses biens dans Ithaque.
> Mais, si vous prétendez *nous amuser encor*,
> Nous resterons ici, dévorant son trésor,
> Vous acquerrez par là plus qu'une gloire humaine;
> Mais aussi votre fils y perdra son domaine,

Car, j'en fais le serment, *nous n'irons pas chez nous*
Que vous n'ayez d'abord fait choix d'un autre époux.

PÉNÉLOPE.

Perfide Antinoüs! ô langue envenimée!
Toi, qui d'un homme sage avais la renommée,
Ah! qu'on te jugeait mal! Réponds, cruel : pourquoi
Es-tu si méchamment acharné contre moi?
Tu parles de mon fils. Crois-tu donc que j'ignore
Ce que tu méditais et médites encore.
Hier même, barbare, embusqué vers le port,
Ne l'attendais-tu pas pour lui donner la mort?
Ulysse cependant fut l'hôte de ton père;
De l'hospitalité voilà donc le salaire!
Tu pilles sa maison, *déshonores ses lits*,
Persécutes sa femme et veux tuer son fils!

Antinoüs comprend qu'il n'y a pas grand'chose à répondre à cela; aussi laisse-t-il parler Amphinome; d'alleurs, les exigences de la scène veulent que chacun parle à son tour.

— Non, reine, dit Amphinome,

Non, reine. On n'en veut pas aux jours de Télémaque,
Et je le défendrai, moi, si quelqu'un l'attaque;
Mais, pour vous délivrer de tout sujet d'ennui,
Que ne consentez-vous à choisir un appui?

PÉNÉLOPE, doucement.

Je ne repousse pas un second hyménée,
Amphinome. Chacun subit sa destinée.
— J'envie une autre veuve : heureuse en ses douleurs,
On lui laisse du moins la liberté des pleurs;
Après avoir perdu l'époux qui fit sa gloire,
Elle peut d'un long deuil honorer sa mémoire;
Nul regard n'épira ses souvenirs secrets;
Elle pourra dormir seule avec ses regrets,
Moi, traînée aux autels, comme on l'est au supplice,

Je dois voir un autre homme en la couche d'Ulysse ;
— Et, pour accroître encore ma tristesse, je vois
Que l'on met en oubli toutes les vieilles lois.
Quand on veut épouser une femme, l'usage
N'est pas de l'aborder avec un dur visage ;
On craint de lui tenir de trop rudes propos ;
On ne consomme pas ses vins et ses troupeaux ;
Mais, chacun d'un présent appuyant sa demande,
C'est à qui peut lui faire une plus riche offrande.

ANTINOÜS.

Pénélope, c'est bien. Nous enverrons chez vous
Toute sorte d'habits, d'urnes et de bijoux ;
Et vous verrez alors, sage fille d'Icare,
Qui de nous vous fera le cadeau le plus rare.
Mais je le dis encore, — c'est un point résolu ! —
Il faudra que demain cet hymen soit conclu.

(Les prétendants sortent après avoir salué Pénélope.)

Ulysse a entendu tout cela : la position, on en conviendra, est assez difficile pour un mari ; aussi Homère la lui a-t-il épargnée.

Au commencement de la scène, il s'est contenté de dire :

Oh ! tais-toi, cœur grondant.
Ne rugis pas, tais-toi, comme chez le Cyclope.

(Et il se retire dans un coin où il reste inaperçu.)

Pendant tout le reste de la scène, il ne dit pas un mot ; seulement, comme nous le verrons tout à l'heure, en entendant Pénélope dire aux prétendants de lui envoyer leurs cadeaux de noces, le doute lui revient.

Les prétendants partis, Pénélope s'adresse au chœur.

PÉNÉLOPE, au chœur.

Gémissez avec moi, pleurez sur ma détresse.

LE CHOEUR.
Je gémis avec vous, ô ma chère maîtresse !
PÉNÉLOPE.
Si je tarde, bientôt mon fils n'aura plus rien.
LE CHOEUR.
Ils ont déjà mangé la moitié de son bien.
PÉNÉLOPE.
Ils le tueront, peut-être.
LE CHOEUR.
Oui, c'est ce dont j'ai crainte.
PÉNÉLOPE.
Que dois-je faire ?
LE CHOEUR.
Il faut céder à la contrainte.
Vous sauverez les jours de votre fils chéri.
PÉNÉLOPE.
Je ne puis me résoudre à trahir mon mari.
LE CHOEUR.
Il n'est plus ! Vous pouvez, sans encourir de blâme,
Vous soumettre au destin, plus puissant qu'une femme.
MÉLANTHO, dans les groupes des femmes infidèles.
Pénélope, pourquoi pleurez-vous sans raison ?
Votre époux sera jeune et de bonne maison ;
Et vous, vous n'aurez pas été la seule veuve
Qui de l'hymen ait fait une seconde épreuve.
On parle, en soupirant, de son deuil immortel ;
On se laisse traîner en victime à l'autel ;
Puis le deuil s'adoucit ; l'époux, moins haïssable,
Finit par consoler la veuve inconsolable.
(Rires parmi les femmes infidèles.)
PÉNÉLOPE.
Méchante !...

Méchante est bien faible ; c'est *drôlesse* qu'il faudrait. Remarquez qu'Ulysse écoute tout cela en silence, et en attendant que sa nourrice, qui fait chauffer de l'eau, lui lave les pieds; Ulysse, qui dans Homère n'a rien vu et rien entendu de tout cela, et, qui cependant, vous allez le voir, est tout près d'éclater.

Cependant, le divin Ulysse se couchait dans le vestibule, étendant sur lui la peau non assouplie d'une génisse, et pardessus cette peau les toisons des nombreuses brebis que les Achéens ont sacrifiées. Lorsqu'il s'est apprêté pour le sommeil, Eurinome jette sur lui la laine. Alors, veillant au lieu de dormir, le héros méditait dans son âme tous les maux qu'il voulait faire subir aux prétendants; mais il vit passer, allant hors de la maison, riantes et joyeuses, des femmes qui allaient retrouver les prétendants; et alors, son cœur était violemment agité dans sa poitrine, et il délibérait dans son esprit et dans son cœur lequel valait mieux de donner à l'instant même la mort à chacune d'elles, ou bien de permettre que, dans un dernier et suprême embrassement, elles se mêlassent aux prétendants superbes; car son cœur hurlait (ὑλακτεῖ), au fond de sa poitrine, de même qu'une chienne, tournant autour de ses petits, aboie contre un homme inconnu et désire le combattre. Ainsi grondait le cœur du héros, supportant difficilement tous les outrages, et, frappant sa poitrine, il gourmanda son cœur par ces paroles :

—Aie patience, mon cœur, car tu as souffert plus que cela, quand, invaincu jusqu'alors à cause de sa force, le Cyclope dévorait mes vaillants compagnons.

Vous le voyez, je cherche de bonne foi, et avec l'ardent désir de le trouver, un endroit où le copiste soit, non pas supérieur au maître, soit, non pas son égal, mais au moins paraisse s'en rapprocher.

Ce n'est point ma faute si je ne le trouve pas, et je doute que beaucoup de *princes de la critique*, comme on appelle MM. les hebdomadaires, se soient jamais livrés à un travail aussi consciencieux que celui que j'accomplis en ce moment.

Arrivons à la scène entre Ulysse et Euryclée.

Après que Pénélope a appelé Mélantho *méchante*, elle se tourne vers Euryclée :

> Il ne faut pas que nos propres soucis
> Nous fassent oublier l'hôte au foyer assis.
> Va lui laver les pieds, nourrice.
>
> EURYCLÉE, à Ulysse.
> C'est la reine
> Qui l'ordonne, vieillard, et j'obéis sans peine ;
> Je me rappelle Ulysse, en vous considérant.
>
> ULYSSE.
> Oui, je lui ressemblais ; mais il était plus grand
>
> (Euryclée lave les pieds d'Ulysse.)

Pendant ce temps, Pénélope s'entretient avec le chœur.

> PÉNÉLOPE
> Malheur à moi !
>
> LE CHOEUR.
> Malheur ! malheur !
>
> PÉNÉLOPE.
> Pleurez sans cesse !
> Pleurez et gémissez.
>
> LE CHOEUR, sensible au reproche.
> Nous gémissons, princesse.

Et, comme Pénélope trouve que le chœur ne gémit point suffisamment :

Lamentez-vous !

dit-elle. Et le chœur se lamente.

> LE CHOEUR.
> O destin rigoureux !

PÉNÉLOPE.

Redoublez vos sanglots et vos cris douloureux.

Alors, le chœur chante, et la poésie s'élève comme il arrive chaque fois que M. Ponsard substitue la strophe au dialogue.

LE CHŒUR.

Je vous plains! je vous plains! ô veuve désolée!
Vous aviez un mari vaillant dans la mêlée,
  Sage dans le conseil.
Celui qui doit entrer dans la couche déserte
Ne t'égalera pas, noble fils de Laerte,
  Ulysse, aux dieux pareil!

PÉNÉLOPE.

O songe évanoui! lamentable réveil.

Euryclée, qui lavait les pieds d'Ulysse, laisse aller la jambe qu'elle tenait, et le pied d'Ulysse retombe dans le bassin, qui est renversé.

EURYCLÉE.

Ah! je vous reconnais à cette cicatrice.
Oh! ciel!... ah! mon cher fils! ah! vous êtes Ulysse!...

Ulysse, lui fermant la bouche de la main droite, et de la main gauche l'attirant à lui :

Chut! ne me perds pas, toi qui m'as donné ton lait!
Ne dis rien, laisse agir les dieux comme il leur plaît.

Euryclée lui baise les mains sans rien dire, lui essuie les pieds et les parfume avec des essences.

LE CHŒUR, à Pénélope.

Vous quitterez Ithaque et ses fertiles plaines,
Et cette chambre antique où vous filez vos laines
  Pour un foyer lointain.

Votre nouvel époux *sera méchant*, peut-être ;
Il va vous maltraiter et vous traiter en maître
　　D'un ton dur et hautain.
　　　　　　PÉNÉLOPE.
Plutôt, plutôt la mort que cet affreux destin

La seconde strophe ne vaut pas la première; mais, dans l'une comme dans l'autre, le dernier vers de douze pieds, rimant avec celui de six, est admirable de tristesse, de lamentation, de désespoir.

Le défaut de cette scène, c'est que l'épisode de la nourrice m'y paraît étranglé.

Le voici tel qu'il est dans Homère :

Alors, la prudente Pénélope répondit :

— Cher hôte, jamais homme aussi sage que toi n'est venu dans cette maison, qui a reçu tant d'hôtes lointains et bien-aimés. Aujourd'hui, tous les discours que j'ai entendu sortir de ta bouche sont remplis de prudence. J'ai près de moi une vieille femme dont l'esprit est plein de bons conseils, qui a bien nourri, bien élevé le malheureux Ulysse; c'est elle qui le reçut entre ses bras quand sa mère le mit au jour. Si faible qu'elle soit, c'est elle qui te lavera les pieds. — Et maintenant, dit-elle, lève-toi, prudente Euryclée, lave l'égal de ton maître; car peut-être qu'à cette heure, Ulysse a de tels pieds et de telles mains..., car les hommes vieillissent vite dans le malheur.

Pénélope parla ainsi, et la vieille couvrit son visage de ses deux mains; et, laissant couler de chaudes larmes, elle prononça ces paroles de deuil :

— O mon fils! je ne puis plus rien pour te servir. Certes, il faut que Jupiter, malgré ton cœur pieux, t'ait pris en haine parmi les hommes ; et cependant, quel mortel plus que toi a brûlé de grasses génisses et sacrifié de somptueuses hécatombes à Jupiter, qui se plaît au bruit de la foudre, le suppliant de te laisser parvenir à une tranquille vieillesse, et de te donner le temps d'élever ton splendide enfant... Et maintenant, à toi seul, Jupiter refuse le moment du retour. Peut-être aussi des femmes, sous les palais où pénètrent les hôtes lointains, te maudissent-elles, ô mon Ulysse ! comme te maudissent ces chiennes..., toi, vieillard ; et, pour éviter leurs injures et leurs affronts, tu ne permets pas qu'elles te lavent. Mais la prudente Pénélope, fille d'Icare, m'ordonne, à moi..., de te laver les pieds !... Je les laverai donc, et ceux de Pénélope elle-même, et cela pour l'amour de toi ; car mon âme est émue jusqu'au fond de tes douleurs. Écoute donc cette parole que je vais dire : Beaucoup d'hôtes sont venus de loin, sont entrés dans ce palais ; mais je déclare que je n'en ai vu aucun aussi semblable à Ulysse que tu l'es toi-même par la voix, par le corps et par les pieds.

Vous le voyez, j'avais bien raison de dire que cette scène était le pendant de celle d'Argos. Que manque-t-il à la nourrice pour qu'elle reconnaisse Ulysse tout à fait ?

L'instinct du chien.

Mais elle a le souvenir, et, à défaut de l'instinct, le souvenir va s'éveiller en elle.

Elle prend un bassin ; elle y mêle l'eau froide et l'eau chaude, et, tandis qu'elle accomplit ce soin, le poëte, avec son langage coloré, raconte une chasse chez Antolycos, qui a vu naître Ulysse et qui lui a donné ce nom qui veut dire « en colère »[1], en invitant l'enfant à venir voir son aïeul quand il sera jeune homme.

A cette chasse, Ulysse a été blessé au genou par la *blanche* défense d'un sanglier, et la cicatrice de la blessure est toujours restée visible.

---

[1] Ulysse, en grec Ὀδυσσεύς, du verbe Ὀδύσσω, se fâcher, se mettre en colère.

Or, en changeant d'aspect le corps d'Ulysse, soit par oubli, soit à dessein, Minerve n'a point effacé la trace de cette blessure.

Or,

La vieille nourrice, les mains penchées, reconnut cette cicatrice en la touchant, et elle lâcha le pied, et la jambe retomba dans le bassin qui fut renversé avec un bruit sonore, de sorte que l'eau se répandit sur la terre, et, en même temps, son esprit fut envahi par la joie et la douleur, ses yeux se remplirent de larmes, sa voix s'arrêta dans sa gorge, et, lui prenant le menton, elle balbutia ces paroles :

— Tu es Ulysse, cher fils. Oh! je ne t'ai pas reconnu avant que mes mains te touchent tout entier!

Elle dit et regarda Pénélope d'un œil qui annonçait que son époux bien-aimé était de retour dans le palais; mais d'où elle était; la reine ne put la voir ni la comprendre. D'ailleurs, Minerve elle-même éloignait son esprit de ce qui se passait; mais Ulysse, serrant la gorge de sa nourrice d'une main, et de l'autre l'attirant vers lui :

— Nourrice, lui dit-il, pourquoi donc me veux-tu perdre, toi qui m'as nourri de ta propre mamelle, maintenant que, frappé de maux de toute sorte, je retrouve après vingt ans la terre de la patrie? Mais, puisque tu m'as reconnu et qu'un dieu a éclairé ton âme, tais-toi, afin que personne autre dans la maison ne sache ce que tu sais; car je te prédis, et la prédiction est vraie, et elle s'accomplira, si un dieu permet que je dompte ces illustres prétendants, je n'épargnerais pas même la nourrice qui m'aurait trahi lorsque je tuerai les autres femmes dans mon palais.

Et alors, la prudente Euryclée répondit : — Quelle parole vient donc de se glisser entre la haie de tes dents? N'as-tu pas éprouvé combien mon âme est ferme et inébranlable? Je tiendrai ton secret comme si je fusse de granit ou de fer, et à mon tour je te dirai, et enferme mes paroles dans ton esprit, si par tes mains un dieu dompte les illustres prétendants, je te ferai connaître quelles sont, dans ta maison, les femmes qui sont restées pures et celles qui sont criminelles.

Mais l'ingénieux Ulysse répondit :

— Pourquoi me les indiquerais-tu, nourrice ? Cela ne te regarde aucunement. J'observerai, et je reconnaîtrai bien chacune ; mais retiens tes paroles et confie la chose aux dieux.

Et la nourrice se tait, achève de baigner les pieds de son maître, les parfume, rapproche le siége d'Ulysse du feu, comme elle faisait quand il était enfant, pour qu'il se réchauffe, et cache la cicatrice avec les haillons qui le couvrent.

Alors, dans Homère, entre Pénélope, restée seule, et Ulysse assis devant le feu, s'établit le dialogue suivant :

PÉNÉLOPE.

O mon hôte ! je continuerai de t'interroger encore un peu ; car bientôt viendra l'heure du coucher, l'heure où commence, même pour les souffrants, le doux sommeil. Quant à moi, un dieu m'a fait une immense affliction ; pendant tout le jour, au moins, je m'occupe, pleurant et gémissant, à inspecter les travaux de la maison et à donner des ordres aux serviteurs ; mais, quand la nuit arrive et que le repos descend pour tout le monde, je m'étends sur mon lit, et alors, tout autour de mon cœur endolori, passe le cortége des sombres douleurs et des soins amers, de même que Philomèle au plumage verdâtre, quand elle chante si harmonieusement le nouveau retour du printemps, cachée au milieu des feuilles épaisses, jetant l'abondance de sa voix aux milles notes, pleure son cher Hulos, fils du roi Zethos, qu'autrefois elle tua par inadvertance, de même s'agite dans mon âme ce double dessein de savoir si je resterai près de mon fils, et si je conserverai toutes choses intactes, et mes biens, et mes serviteurs, et la grande maison, et le respect de la couche nuptiale, et la vénération de mon peuple, ou si je suivrai le moins mauvais de ces Achéens, celui qui m'offrira les plus beaux présents de noces. Tant que mon fils fut un enfant faible de corps et impuissant d'esprit, il ne m'était point permis de me donner à un mari, en abandonnant la maison; mais, à cette heure, il est grand, il est parvenu à l'âge de la puberté, et il me conseille de quitter la maison, s'indignant de ce que les Achéens dévorent les richesses. Maintenant, écoute ce songe et explique-le-moi :

» Des oies, au nombre de vingt, sortent de l'eau pour manger le grain dans ma cour, et je m'amuse à les regarder. Mais voilà que, dans mon rêve, un grand aigle, au bec recourbé, s'élance de la cime de la montagne, leur brise le crâne et les tue. Eux, cependant, gisaient amoncelés, et l'aigle reprit son vol dans le divin éther, et, moi, je pleurais et criais tout endormie. Alors, les Achéennes aux beaux cheveux se pressent autour de moi, pleurant amèrement mes pauvres oies tuées par l'aigle, quand tout à coup l'aigle revenant se percher sur le toit élevé prit une voix d'homme et me dit :

» — Aie confiance, fille d'Icare au loin et largement illustre, ceci n'est pas un songe, mais une image de la vérité qui est sur le point de s'accomplir. Les oies, ce sont les prétendants, et moi qui ai pris la forme de l'oiseau aigle, je suis ton époux, qui arrive, et qui vais frapper tous les prétendants d'une mort cruelle.

» Il dit, et le doux sommeil s'éloigne, et, jetant mes regards dans la cour, j'y retrouve mes oies mangeant le froment près du bassin. »

— O femme! répondit le prudent Ulysse, quelle autre interprétation voudrais-tu donner à ce songe que celle qu'Ulysse lui-même lui a sagement donnée? La perte des prétendants apparaît imminente à tous, et pas un seul n'échappera à la mort et ne fuira son destin.

— O mon hôte! reprend la prudente Pénélope, les songes sont parfois inexplicables ou parlent obscurément, et tous ne s'accomplissent pas avec certitude. En effet, deux portes sont ouvertes aux songes légers, l'une est faite de corne et l'autre d'ivoire. Ceux qui viennent par la porte d'ivoire trompent et ne portent que des paroles vaines ; ceux, au contraire, qui s'échappent par la corne polie, ceux-là sont accomplis. Je n'ose croire que mon songe soit un songe sérieux ; et, dans ce cas, il serait bien heureux pour moi et pour mon fils. Au reste, je te dirai, — et enferme dans ton esprit ce que je vais te dire, — déjà s'approche l'aurore néfaste qui doit m'éloigner de la maison d'Ulysse. — Eh bien je vais proposer un combat : *Ulysse avait l'habitude de ranger dans la cour, sur une seule ligne, comme des mâts de navires, douze haches, et, à une grande distance, il les traversait toutes d'une flèche.* Je proposerai la même épreuve aux prétendants, et celui qui de ses mains aura tendu facilement son arc, celui qui *aura fait passer les douze flèches dans les douze haches*, celui-là, je le suivrai, quittant cette maison de ma jeunesse, — maison splendide et pleine d'abondance, et dont je jure de me souvenir toujours, même dans mes songes.

— Oh ! vénérable épouse d'Ulysse, fils de Laerte, répondit le héros, ne tarde pas à offrir le combat dans ta maison, et l'ingénieux Ulysse sera ici avant que les prétendants aient fait plier l'arc poli, aient tendu la corde et aient fait passer la flèche à travers le fer.

Voyons comment M. Ponsard a traduit cette scène, et s'il l'a sentie comme délicatesse et comprise comme sens :

ULYSSE.

Noble femme, vraiment j'aime à vous regarder !
C'est beau de vous voir, faible, à vous-même réduite,
De cent chefs réunis éludant la poursuite,
Apaisant leur colère, amusant leur ardeur,
Victorieuse enfin par la seule pudeur !

PÉNÉLOPE.

Hélas ! je suis au bout de tous mes stratagèmes.

ULYSSE.

J'en trouve un que les dieux me suggèrent eux-mêmes.
Ulysse, ce propos me revient aujourd'hui,
M'a parlé d'un grand arc qu'il a laissé chez lui,

Lequel était si roide et difficile à tendre,
Que nul autre que lui ne pouvait y prétendre.
PÉNÉLOPE.
Je sais.
ULYSSE.
Il alignait souvent sur le terrain
Douze anneaux suspendus à des piliers d'airain,
Puis sa flèche lancée, adresse peu commune,
Passait *dans chaque bague* et n'en touchait aucune.
PÉNÉLOPE.
C'est vrai.
ULYSSE.
Présentez-vous aux prétendants demain,
Grande reine, tenant l'arc d'Ulysse à la main,
Et dites : « Prétendants, je vous ouvre la lice ;
Disputez-moi ; celui qui tendra l'arc d'Ulysse
Et qui fera passer un trait bien décoché
A travers douze anneaux sans qu'aucun soit touché,
Celui-là deviendra mon mari ; pour le suivre,
Je quitterai ce toit où j'aurais voulu vivre.
Mais je ne puis sans honte, après Ulysse mort,
Choisir un autre époux moins adroit et moins fort. »
PÉNÉLOPE.
Et si l'un des rivaux sort vainqueur de l'épreuve?
ULYSSE.
Ulysse, auparavant, reviendrait vers sa veuve.
Personne, m'a-t-il dit, ne peut faire plier
La corne de son arc, à lui seul familier.
PÉNÉLOPE.
Merci ; la ruse est bonne et vient d'un esprit sage.
ULYSSE.
Surtout ne manquez pas, demain, d'en faire usage.
PÉNÉLOPE.
Je n'y manquerai pas, mon cher hôte.
ULYSSE.
C'est bien.
Dormez en paix.

Sur quoi, les deux époux se séparent.

Pardonnez-moi, monsieur Ponsard, de revenir toujours sur un même point. Voilà trois fois que vous vous écartez d'Homère, et, chaque fois, le sentiment est faussé, la pensée du cœur est incomprise.

Lecteur, reportez les yeux sur notre traduction d'Homère, et vous y trouverez une chose ravissante de tendresse conjugale. Dans le poëte grec, c'est Pénélope qui se souvient de cette force d'Ulysse qui *tendait l'arc e corne*, de cette adresse de son époux qui traversait *douze haches de fer* alignées comme des mâts de vaisseau ; elle se rappelle l'avoir vu robuste comme Hercule, roidissant ses muscles et forçant l'arc à se courber. Elle se rappelle l'avoir vu beau et fier comme Apollon, rejetant, divin archer, la tête en arrière, et traversant de sa flèche les *douze haches de fer*. C'est parce qu'elle l'a vu ainsi, plus beau qu'un mortel, égal à un dieu, non-seulement dans ses souvenirs, mais peut-être même dans la chasteté conjugale de ses songes amoureux, qu'elle se dit à elle-même : « Oui, je puis proposer cette épreuve à ces jeunes efféminés, car aucun n'est fort et beau comme mon amant, comme mon époux, comme mon Ulysse, et aucun ne fera, en employant toutes ses forces, ce que faisait en se jouant le bien-aimé de mon cœur, l'époux de mon amour. »

Eh bien, monsieur Ponsard, tout cela disparaît quand c'est Ulysse qui le propose. Cet orgueil sublime de la femme devient, dans la bouche du mari, une vanterie vulgaire, et, d'un trait de sentiment presque divin, vous faites une gasconnade digne de la Calprenède et de Cyrano de Bergerac.

Vous n'avez donc pas compris le sentiment de cette scène? Eh bien, je vais vous prouver que vous n'en avez pas mieux compris le sens matériel.

Homère dit :

Il alignait douze haches comme des mâts de navire, et à une grande distance il les traversait avec une flèche.

Oh! il y a bien *hache*; le grec dit πελεκεον.

Vous l'avez bien lu ainsi; mais vous vous êtes demandé :

— *Comment peut-on traverser douze haches avec une flèche ?* Il faut qu'il y ait altération dans le texte, erreur dans la traduction.

Vous vous êtes lassé de chercher, et vous avez mis *douze bagues suspendues à des piliers d'airain* à la place de *douze haches.*

Il fallait faire comme moi, monsieur Ponsard, il fallait chercher plus longtemps, et vous eussiez comme moi trouvé le secret de cette énigme, dont, au reste, aucun traducteur, à ma connaissance, ne donne le mot.

Les haches grecques étaient des armes de trois pieds et demi de longueur à peu près, terminées d'un bout par une pointe et un tranchant; de l'autre par un anneau de fer qui servait à les suspendre, non-seulement à la muraille pendant la paix, mais à un crochet de fer adhérant au char pendant le combat. Eh bien, Ulysse plantait ces haches en terre par la pointe, les alignait comme des mâts de vaisseau, — voyez comme Homère est toujours juste dans ses images, — et faisait passer sa flèche par les douze anneaux de fer qui terminaient le manche.

En grec, πελεχεον δυοχαιδεχα παντον,
Comprenez-vous maintenant?

   CHOEUR DES SERVANTES.
   Promenons encore,
   Promenons nos doigts
   Sur la peau sonore
   Du tambour crétois.
   Célébrez l'orgie,
   Flûtes de Phrygie,
   Roseaux à sept voix.

   Il faut, pour bien vivre,
   Consacrer le jour
   Au dieu qui s'enivre,
   La nuit à l'amour.
   Comme la bacchante,
   Je danse et je chante
   Au bruit du tambour.

   La jeune cavale,
   Errante à son gré,
   Du zéphir rivale
   Bondit dans les prés;
   Ainsi court et vole
   La bacchante folle
   Sur le mont sacré.

De temps en temps, quand ma course m'a emporté à travers l'aride champ de la critique, si j'aperçois une oasis, je m'y arrête et m'y désaltère. Si je vois une fleur, je cours à elle et je la cueille.

Merci de vos charmantes strophes, ô poëte mon frère; elles me rendent la tâche facile, et je voudrais les citer toutes, ne fût-ce que pour prouver que, lorsque vous êtes inférieur, je ne dirai pas à Homère, — qui n'est pas inférieur à Homère, si ce n'est Dante et

Shakspeare?— mais à vous-même, c'est que vous vous trompez de route et que vous voulez être Euripide ou Sophocle, au lieu d'être Tibulle ou Horace.

Au reste, nous voici arrivés au dénoûment terrible.

Les prétendants sont réunis au banquet, se gorgent de viande, s'enivrent de vin, au bruit des chants des belles filles leurs courtisanes. Ulysse arrive en mendiant; il s'agit pour lui, s'il en est temps encore, de séparer les bons des mauvais. Il s'approche de la table, et, l'œil et la bouche affamés, demande à chacun l'aumône d'un repas.

D'abord, Ulysse a affaire aux serviteurs, chiens aboyants qui ne veulent pas même le laisser entrer dans la salle du festin.

Va-t'en donc! Veux-tu bien, vieux rustre,
Couvert de tes méchants lambeaux,
Te mêler, comme un hôte illustre,
A des seigneurs jeunes et beaux?

TÉLÉMAQUE.

Holà! quel est ce bruit?

MÉLANTHEIS.

C'est un pauvre qu'on chasse,
Maître, et qui ne veut pas s'en aller, quoi qu'on fasse.

TÉLÉMAQUE.

Pourquoi donc le chasser? Laissez; n'y touchez plus;
Malheur à la maison dont le pauvre est exclus.

Voilà donc Ulysse libre d'aller et de venir dans la salle du festin.

D'abord, il s'adresse à Ctésippe de Samos. Dans le drame, Ctésippe se contente de dire à Ulysse : « Arrière, vagabond! »

Dans le poëme, il lui jette un pied de bœuf à la tête.

Chez M. Ponsard, c'est Antinoüs qui se livre à cette brutalité.

— Paix! dit-il à Ulysse,

> Paix donc! éternel discoureur;
> Va servir, fainéant, chez quelque laboureur.
> Tu trouves plus aisé de vivre dans la rue
> Que de gagner ton pain en poussant la charrue.
> **ULYSSE.**
> Oh! si nous labourions tous deux au même endroit,
> Nous verrions qui ferait le sillon le plus droit.
> Non, allez, je ne suis ni fainéant ni lâche;
> Mais vous ne vous plaisez qu'à dire ce qui fâche.
> Moi, je suis un vieillard. Or, le lâche est celui
> Qui, jeune et vigoureux, vit aux dépens d'autrui.
> **ANTINOUS,** lui jetant un marchepied.
> Ah! tu m'insultes, tiens!
> **TÉLÉMAQUE,** tirant son épée.
> Par tous les dieux, je jure!
> Heureusement pour toi, mon hôte est sans blessure.
> Si tu l'avais atteint, il t'en eût coûté cher.

Voici Homère :

Ayant ainsi parlé, Ctésippe prit dans une corbeille un pied de bœuf, et, d'une main robuste, le lança à Ulysse. Ulysse inclina légèrement la tête et l'évita, et dans son âme sourit de mépris. Le pied cependant alla frapper la muraille solide. Mais Télémaque, s'adressant à Ctésippe, le réprimanda en ces termes :

— O Ctésippe, il a mieux valu pour ta vie que tu n'aies point frappé et que de lui-même il ait évité le trait, car certainement je t'eusse à l'instant même frappé en pleine poitrine avec ma lance aiguë, et ton père, au lieu de tes noces, eût célébré ici tes funérailles. Or, que personne ne se permette d'insolence dans ma maison, car maintenant je comprends et connais toute chose, les bonnes comme les mauvaises. Il y a peu de jours, je n'étais qu'un enfant, et je tolérais qu'à ma vue on égorgeât mes brebis, on mangeât mon blé, on bût mon vin. Il est difficile, en effet, qu'un seul résiste à tous. Mais prenez garde de me lasser davantage par vos actions hostiles. Voulez-vous absolument me tuer par le fer? Soit. J'aime mieux mourir que de toujours voir des actions infâmes : nos hôtes chassés et nos belles servantes indignement violées dans ma propre maison.

Comparez cette apostrophe du jeune lion, désireux d'essayer ses griffes et ses dents à ces deux vers :

Heureusement pour toi, mon hôte est sans blessure.
Si tu l'avais atteint, il t'en eût coûté cher.

Il y a quelque chose de fatal et de funèbre dans les premières menaces de Télémaque.

Aussi, tandis que Minerve trouble l'esprit des prétendants, les livre à un rire inextinguible et insensé, tandis qu'ils mangent les chairs saignantes, leurs yeux se remplissent de larmes, et leur âme triste éprouve un pressentiment de l'avenir ; alors, Théoclemène, parmi tous semblables à un dieu, leur parle ainsi :

— O malheureux! quelles calamités allez-vous donc souffrir? je vous vois environnés de ténèbres de la tête jusqu'au-dessous des genoux ; un hurlement s'élève, vos joues sont détrempées par les larmes, les murailles et ces belles colonnes suent le sang, le vestibule est plein de fantômes, la cour en est pleine, ils marchent vers le sombre Erèbe, le soleil pâlit au ciel, et une nuit terrible s'avance !

C'est peut-être un des passages les mieux rendus par M. Ponsard.

LE DEVIN THÉOCLEMÈNE.
Nos rires sont funèbres.

> Qu'avez-vous ? Je vous vois entourés de ténèbres ;
> Je vois couler vos pleurs ; j'entends pousser des cris ;
> Le sang couvre les murs et tombe des lambris ;
> Le portique et la cour sont pleins de pâles ombres,
> Dont le troupeau descend dans les royaumes sombres
> Sommes-nous envahis par la nuit des enfers ?
> Tout est noir ; le soleil s'est éteint dans les airs.

Et Théoclemène, qui, dans Homère, n'est pas un devin, mais seulement semblable à un dieu, fuit, et quitte la salle après une imprécation terrible.

Dans Homère, Pénélope, le coude appuyé sur un siége élégant, assiste à cette scène. Chez M. Ponsard, elle entre tenant l'arc d'Ulysse, et disant :

> Vous qui siégez, mangeant nos bœufs et nos moutons,
> Buvant le vin d'Ulysse et poursuivant sa veuve,
> Prétendants ! je vous viens proposer une épreuve !

Qui voudra voir, au lieu de cette entrée passablement grotesque, une description de la façon dont cet arc est tombé entre les mains d'Ulysse, un beau détail de l'intérieur d'un palais grec, suivra Pénélope quittant la table du festin, et montant dans les appartements chercher l'arc et les flèches d'Ulysse, reliques conjugales qu'elle garde au milieu de ses vêtements parfumés.

Les soixante-sept premiers vers du 21º chant sont consacrés à cette description.

Puis elle descend, s'arrête aux portes de l'appartement, ayant à ses côtés deux chastes suivantes, et, le visage voilé, parle ainsi aux prétendants :

— Écoutez-moi, prétendants illustres qui vous êtes, de force, pendant l'absence d'un homme, et depuis longtemps, établis dans cette maison où vous mangez et buvez sans relâche, et qui n'avez à cette invasion d'autre prétexte que celui de faire de moi votre femme. Eh bien, écoutez. Voici l'épreuve : Je dépose devant vous le grand arc du divin Ulysse. Celui qui le tendra facilement de ses mains et qui enverra une flèche à travers douze haches, celui-là, je le suivrai, et, pour lui, je quitterai cette maison de ma jeunesse, belle, abondante, et que je me rappellerai toujours, même dans mes songes.

Les prétendants acceptent l'épreuve.

Dans le drame, Télémaque s'avance vers Pénélope, et dit :

Ma mère, vous pouvez rester à mon foyer;
Je suis loin de m'en plaindre et de vous renvoyer.
Tous les honnêtes gens m'appelleraient impie,
Si je renvoyais celle à qui je dois la vie.
Vous pouvez donc rester ici comme chez vous.
S'il vous plaît, cependant, de suivre un autre époux,
Je ne puis m'opposer, ma mère, à votre idée ;
Car la saine raison vous a toujours guidée.
— Allez donc, prétendants, montrer votre vigueur.
Le prix est de nature à vous donner du cœur.

Oh! que dans le poëme, vous allez voir, Télémaque est bien autrement tendre et pieux !

— Dieux bons! s'écrie-t-il en écoutant sa mère, car il ignore qu'Ulysse a approuvé le stratagème, et il craint qu'à tout prendre un des prétendants ne tende l'arc et ne traverse les douze haches. Dieux bons ! Jupiter m'a-t-il rendu insensé? Ma mère bien-aimée, ma mère si prudente, propose, abandonnant cette maison, de suivre un étranger; et moi, entendant cela, je ris cependant, et me réjouis dans mon âme. Eh bien, soit, prétendants, tentez l'épreuve. Ah! certes, vous ne trouverez point, par toute la terre de l'Achaïe ni dans la sainte Pylos, ni à Argos ni à Mycène, ni dans Ithaque elle-même, ni sur le noir continent, une semblable femme ; mais vous connaissez ma mère ; qu'ai-je besoin de la louer ? Plus de prétextes donc. Ne tardez pas à essayer de tendre l'arc. *Seulement, moi aussi, je veux faire cette expérience; moi aussi, j'essayerai de le tendre; moi aussi, j'essayerai d'envoyer la flèche à travers les douze haches, et peut-être alors ma mère ne me laissera pas triste dans cette vénérable maison, partant avec un étranger, puisque moi-même, héritier de la force paternelle, j'aurai remporté le prix de ce beau combat.*

Pourquoi ne pas avoir conservé cela, monsieur Ponsard, pourquoi ne pas nous avoir montré ce fils voulant, si l'on peut s'exprimer ainsi, de peur qu'un autre ne la lui enlève, gagner sa mère au jeu de la force et de l'adresse; pourquoi ne pas nous montrer le pieux jeune homme alignant d'instinct ces haches comme s'il les eût vu aligner à Ulysse lui-même, faisant plier l'arc trois fois sans parvenir à le tendre, et y épuisant ses jeunes forces jusqu'à ce qu'Ulysse lui-même lui fasse signe de ne pas continuer.

Ah ! c'est que tout cela n'est pas du domaine du poëte lyrique, mais du poëte dramatique ; c'est qu'au poëte lyrique, il ne faut que des ailes, et qu'au poëte dramatique, il faut un cœur immense, un cœur qui permette de lui appliquer ce beau vers du vieux comique latin :

Homo sum, nil humani a me alienum puto.

Alors, les prétendants, chacun à son tour, essayent de tendre l'arc ; mais ils ont beau s'épuiser en efforts, Antinoüs a beau ordonner à Mélanthe, le gardien de chèvres, d'apporter le disque de graisse, de le déposer sur un large siège couvert d'une toison, d'allumer le feu, de le faire fondre pour en frotter l'arc rebelle et lui donner plus de souplesse, ils épuisent leur force à l'œuvre impossible ; l'arc résiste.

Alors, l'ingénieux Ulysse s'approche et leur dit :

— Écoutez-moi, prétendants de la belle reine, car il faut que je vous dise tout haut ce que tout bas me dit mon cœur : vous, grand Eurymaque, et vous, Antinoüs, qui êtes semblable à un dieu, je m'adresse à vous parce que vous avez sagement parlé ; laissez cet arc et confiez la chose aux dieux ; demain, ils accorderont la force à qui leur conviendra. Cependant, donnez-moi cet arc si bien poli, afin qu'au milieu de vous, je prouve si j'ai toujours dans les mains cette force qui autrefois coulait dans mes membres flexibles, ou si je l'ai perdue, accablé par l'exil errant et par le malheur.

A ces paroles, les sarcasmes des Grecs redoublent ; ils ne veulent pas permettre qu'un mendiant vagabond tente l'épreuve dans laquelle ils viennent d'échouer ; mais le sage Télémaque, qui comprend le projet d'Ulysse, s'écrie :

— Personne que moi parmi les Achéens n'a de droit sur ces armes ; c'est à moi de les donner ou refuser à qui me plait ; aucun de ceux qui dominent dans l'âpre Ithaque, aucun de ceux qui commandent aux îles proches de l'Élide, où paissent les chevaux, aucun de ceux-là ne m'empêchera, si c'est ma volonté, de donner cet arc à mon hôte. Mais, toi, ma mère, crois-moi, retourne dans ta chambre, occupe-toi de tes travaux, de tes fuseaux, de ta toile et des ordres que tu as à donner à tes femmes, afin qu'elles achèvent la besogne commencée ; c'est aux hommes, et particulièrement à moi, d'avoir souci de cet arc, car c'est moi qui suis le maître de la maison.

ULYSSE.

Cependant, prêtez-moi cet arc, je vous en prie.
Je veux voir si ma main est encore aguerrie,
Ou si ma vie errante et tant de maux soufferts
Ont ravi la souplesse et la force à mes nerfs.

EURYMAQUE.

Garde-toi d'y toucher, ou j'apprête un navire,
Vagabond, et t'envoie au puissant roi d'Epire.

Où diable avez-vous pris ces deux vers, monsieur Ponsard?

TÉLÉMAQUE.

Cet arc est à moi seul ; si j'en veux disposer,
Quel est le prétendant qui s'y peut opposer ?
Vous cependant, ma mère, allez avec vos filles,
Et leur distribuez la laine et les aiguilles,
Et surtout ayez soin qu'elles ne sortent pas ;
Car leur place est chez vous et non dans les repas.

PÉNÉLOPE.

C'est vrai, mon fils, un dieu vous dicte ce langage
Empreint d'une sagesse au-dessus de votre âge.
Je me retire donc. — Venez, femmes.

(Elle sort.)

Dans le poëme, comme dans le drame, Ulysse, Télémaque et ses proches restent donc seuls devant les prétendants. Les deux camps sont bien distincts, et l'on comprend qu'on va en venir aux mains.

Eumée remet l'arc à Ulysse.

Puis, l'arc remis, il dit tout bas à Euryclée:

— Prudente Euryclée, Télémaque t'ordonne de fermer, avec les barrières, les portes du palais ; et, si quelqu'une des servantes entend, soit du tumulte, soit des gémissements, qu'elle n'essaye pas d'entrer, mais continue tranquillement sa besogne.

On le voit, la terreur marche, et marche d'un pas plus rapide dans le poëme que dans le drame.

Ulysse tient l'arc, le tournant et le retournant en tous sens, tantôt d'un côté, tantôt de l'autre, examinant si, en l'absence du maître, les vers n'en n'ont pas rongé la corne.

Comme il retourne l'arc et comme il l'examine!
dit Eurimaque.

CTÉSIPPE.
Il ne le tendra pas.
ANTINOUS.
Que le ciel l'extermine.
Il l'a tendu.
CHOEUR DES PORCHERS.
Miracle, amis! l'arc est tendu.
DEMI-CHOEUR.
Le tonnerre a grondé, l'avez-vous entendu?
DEMI-CHOEUR.
La corde s'est roidie avec un son bizarre.
DEMI-CHOEUR.
Oui, c'était comme un cri plaintif.
LE CHOEUR.
Il se prépare
Quelque chose d'étrange et de mystérieux.

Ulysse prend une flèche dans le carquois, la pose sur l'arc et tire.

Tous se penchent pour regarder.

Quelle honte pour nous! il est victorieux.

Moment de stupeur. Antinoüs va voir dans la cour si sa flèche a réellement passé par les anneaux.

ULYSSE.
Vous ne vous plaindrez pas que je vous déshonore,
Télémaque; votre hôte est vigoureux encore.
Je viens de tendre l'arc sans m'efforcer beaucoup,
Et ma flèche a touché le but du premier coup.
— Il s'agit maintenant d'un tout autre exercice;
Voyons si Jupiter veut que je réussisse.

Il fait un signe à Télémaque, qui s'arme de l'épée, de

la pique et du bouclier suspendus au pilier; puis il tend l'arc de nouveau et perce Antinoüs d'une flèche au moment où celui-ci rentre dans la salle. — Tumulte.

EURYMAQUE, à Ulysse.
Malheureux, qu'as-tu fait? Qu'on le saisisse!

Télémaque menace de sa pique ceux qui veulent s'approcher d'Ulysse.

ULYSSE, versant les flèches à ses pieds et quittant ses haillons.
Ah chiens!
Vous ne m'attendiez pas quand vous pilliez mes biens!
Vous me croyiez encor sous les murs de Pergame,
Lorsque, de mon vivant, vous poursuiviez ma femme,
Sans pudeur, sans remords, sans avoir sous les yeux
Le blâme des humains ni le courroux des dieux.
Ah! vous ne saviez pas qu'au jour de la justice,
Terrible, armé du glaive, apparaîtrait Ulysse!

Il nous semble que c'est *armé de l'arc* qu'il eût fallu dire.

Le voilà! pâlissez, car la mort est sur vous.
EURYMAQUE.
Si vous êtes Ulysse, Ulysse, entendez-nous;
Vous ne vous plaignez pas sans griefs véritables.
Oui, l'on a dévasté vos champs et vos étables.
(Montrant le corps d'Antinoüs.)
Voilà l'auteur du mal; c'est lui dont les leçons
Nous poussaient aux excès que nous reconnaissons.
Il gît. Il a subi sa peine légitime;
Mais vous, contentez-vous d'une seule victime;
Et nous vous donnerons, pour ce qu'on vous a pris,
De l'airain et de l'or, et des bœufs d'un grand prix.
(Les prétendants, en posture de suppliants, tendent les mains vers Ulysse.)

ULYSSE.

Quand vous me donneriez tous vos biens, et les vôtres
Et ceux de vos parents, et même beaucoup d'autres,
Je ne cesserai pas de me venger avant
Que je n'aie immolé le dernier poursuivant.
— Eumée et vous, porchers, allez fermer la porte ;
Hormis les serviteurs, que personne ne sorte !

(Les serviteurs se précipitent vers la porte et fuient ; Eumée et les porchers gardent la porte, armés de leurs bâtons.)

Ne cherchez point à fuir, vous êtes tous perdus;
Je vous tiens sous ma flèche, ô troupeaux éperdus !

EURYMAQUE.

Aux armes, mes amis ! Cet homme est implacable.

AMPHINOME.

Où sont les boucliers ?

AMPHIMÉDON.

Servons-nous de la table !

(Les prétendants renversent la table et s'en servent comme d'un bouclier.)

EURYMAQUE.

Tirons notre poignard, et tous ensemble sus !

(Il se précipite sur Ulysse, le poignard à la main.)

ULYSSE, le perçant d'une flèche.

A toi le second coup ! va joindre Antinoüs !

Ulysse est si furieux, qu'il ne s'aperçoit pas qu'*Antinoüs* ne rime pas avec *sus*.

La toile tombe.

Voyons comment la chose se passe dans Homère. Je crois me rappeler que c'est assez beau :

Cependant, l'ingénieux Ulysse, après avoir pesé l'arc et l'avoir examiné de tout côté, de même qu'un homme habile à jouer de la lyre tend facilement à l'aide d'une clef neuve la corde de l'instrument, où il a noué un boyau de brebis bien tordu, de même Ulysse banda le grand arc, et de la main droite tendit le nerf, qui, arrivé à son point, rendit un son clair, pareil au cri de l'hirondelle. Ce fut pour les prétendants une grande douleur, et il n'en fut pas un qui ne changeât de visage ; en même temps, Jupiter tonna, montrant les présages. A ce bruit, la joie s'empara du cœur d'Ulysse. Il prit une flèche légère déposée sur la table. Les autres avec lesquelles les Achéens devaient faire connaissance étaient encore enfermées dans le profond carquois. D'une main tenant l'arc par le milieu, et de l'autre tirant à lui la corde et la flèche, et sans quitter le siége sur lequel il était assis, il lança le trait, et, ne s'écartant pas d'une hache, la flèche à la pointe d'airain traversa tous les anneaux depuis le premier jusqu'au dernier.

Alors, il dit à Télémaque :

— Télémaque, l'hôte assis à ton foyer ne te déshonore pas. Je ne me suis pas trop écarté du but, et je n'ai pas fait de trop grands efforts pour tendre l'arc. Allons, ma force est encore entière, et les prétendants ne me méprisent ni ne m'outragent plus. Et maintenant, l'heure est venue, quoi qu'il fasse jour, de préparer le souper aux Achéens ; les convives vont s'en réjouir. A nous les chants et les lyres qui font la joie des festins !

Il dit et fit un signe du sourcil, et Télémaque, le fils bien-aimé du divin Ulysse, ceignit son glaive aigu, prit en main sa lance, et, couvert du resplendissant airain, alla se ranger près de son père.

Et cependant, Ulysse laisse tomber ses vêtements, s'élance devant le seuil, tenant en main l'arc et le carquois, répand à ses pieds les flèches rapides, et dit aux prétendants :

— Voilà l'épreuve difficile accomplie. Maintenant, je me donne un autre but, que jamais homme n'a touché. Je verrai si je saurai l'atteindre. Qu'Apollon me donne cette gloire !

Et, à ces mots, commence un combat, une lutte, un carnage, dont le texte grec peut seul dans tous ses détails donner une idée. Jamais description plus splendide n'a ébloui les yeux des hommes.

Qu'avait le Théâtre-Français à opposer à cela?

« Bataille générale. La toile tombe. »

Ici, ce n'est point la faute de M. Ponsard. Le récit est au-dessus du fait; le théâtre est au-dessous.

Mais pourquoi diable avoir choisi ce sujet? le poëte dramatique est responsable du sujet qu'il choisit.

*
* *

J'ai fait de la critique trois fois dans ma vie; j'ai eu trois raisons de la faire.

Raisons à mon point de vue; très-mauvaises *raisons*, je l'avoue, au point de vue des autres.

J'en ai fait *contre*, — j'allais dire *sur*, je me reprends et je dis *contre*; — j'en ai fait *contre* le premier acte de *Louis XI* de Casimir Delavigne; j'en ai fait *contre Dix Ans de la vie d'une femme* de Scribe; j'en ai fait *contre* l'*Ulysse* de Ponsard.

La première fois, parce que le Théâtre-Français, dont j'avais à me plaindre, reprenait *Louis XI*.

La seconde fois, parce que j'avais à acquitter envers moi-même une promesse que je m'étais faite en conseil d'État, le jour où Scribe *avait anathématisé* la littérature immorale.

La troisième fois, parce que j'en voulais à Ponsard d'avoir permis que M. Lireux lui fît, du corps de l'auteur de *Léonidas* mort, un piédestal.

C'était donc, non pas un grand sentiment de vénération pour l'art qui me mettait chaque fois la plume à la main, mais un petit sentiment de vengeance personnelle et égoïste.

Aussi, voici ce qui est arrivé :

Après le premier acte de *Louis XI*, j'ait fait pouah ! et j'ai jeté la plume. Casimir Delavigne était mon ami, et voilà que j'attaquais, sept ou huit ans après sa mort, un homme dont je serrais tendrement la main, la main qui avait écrit les vers que je critiquais, chaque fois que j'avais le bonheur et l'honneur de le rencontrer.

Je fis donc pouah! et je jetai la plume.

Il n'en fut pas de même pour *Dix Ans de la vie d'une femme*. Scribe vivait, Scribe pouvait me répondre par une de ces charmantes petites comédies comme il en a fait cent, ou par un de ces grands ouvrages comme il en a fait quatre ou cinq. Cette fois, j'allai jusqu'au bout.

Enfin vint le tour de Ponsard.

Vous avez assisté au revirement qui se fit en moi dès le début. J'avais voulu commencer ma critique sur le ton de la raillerie, et, en abordant l'œuvre du poëte, je compris que ce serait impossible, que la critique, prise de ce côté, resterait au-dessous de lui et de moi.

Je fis alors de la critique sérieuse.

J'en fus récompensé.

Ponsard vint à moi, me serra la main en me disant :

— Je vous remercie, voilà comment j'aime *qu'on m'attaque*.

Il partait pour Vienne, et me laissait le champ ouvert sur lui et sur ses œuvres.

Cependant, son mot m'était resté dans l'esprit : *Voilà comment j'aime qu'on m'attaque*.

Je ne *jugeais* donc pas, *j'attaquais*.

Ponsard avait vu une *attaque* dans mon *jugement*.

J'avais bien envie de me dire à moi-même qu'il *se trompait;* mais ma conscience ne se prêtait pas à me tromper, moi.

J'attaquais, puisque mes articles n'étaient point dictés par un amour pur et désintéressé de l'art, mais, au contraire, avaient pour but l'accomplissement d'une petite vindicte particulière. Je n'en continuai pas moins mon travail, avec cette franchise dont je crois donner une preuve irrécusable en écrivant les lignes qui précèdent, et je le crois avec une conscience que peu de critiques mettent à leurs œuvres.

Mais savez-vous ce qui se passait en moi, à mesure que j'avançais en besogne? C'est que, plus j'étais consciencieux, plus j'étais impartial, plus, malgré moi, je devenais sévère. J'avais bien su, méchant que j'étais, qu'en mettant la main sur *Ulysse*, je prenais au collet la plus faible production de mon rival, faible surtout par la présence, par le voisinage, par la force du géant Homère. Il en résulta que j'en étais arrivé, après avoir attaqué l'acte, à attaquer la scène, après avoir attaqué la scène, à attaquer le vers, et, après avoir attaqué le vers, à attaquer l'hémistiche, après avoir attaqué l'hémistiche, à attaquer la rime. Je compris le vertige qui prenait aux critiques, comment, après avoir mordu, venait le besoin de mordre ; après la rage mue, la rage véritable. Ce qu'il y a de plus amusant après la bâtisse, c'est la démolition. Tout le monde n'a pas la force d'élever pour lui-même ce monument dont parle Horace, tout le monde a la force d'arracher un bloc, une pierre, un caillou au monument des autres.

Or, que faisais-je, moi, en m'acharnant après *Ulysse ?* J'arrachais des cailloux, des pierres, des blocs parfois au monument de mon confrère. Le monument, peu solide dès l'origine, vacillait sous mes secousses; j'étais bien sûr de le renverser tout à fait; mais, ma foi! je l'avoue, j'eus peur d'être écrasé, comme Samson, sous les débris du temple philistin.

Voilà ce qui fait que je n'ai pas donné le dernier coup de bélier.

Ce que je faisais était peut-être *bon* au point de vue de la critique ; mais, en vérité, ce n'était pas *bon* au point de vue du sentiment *humain*, de la fraternité *artistique*.

J'ai donc été fâché de ce que j'avais fait, et mieux je l'avais fait, plus j'en ai été fâché.

En outre, voilà un singulier travail de reconstruction qui s'était fait dans mon esprit, tandis que je me livrais à mon travail de démolition.

Je m'étais aperçu que les traducteurs d'Homère parfois ne comprenaient pas le texte du poëme, plus souvent encore ne comprenaient pas le sentiment du poëte.

L'*Iliade* et l'*Odyssée* sont de ces livres que l'on a le tort de faire lire aux enfants au collége.

On leur apprend le grec dans l'*Iliade* et dans l'*Odyssée*, on leur impose comme travail, comme pensums, comme punition, deux chefs-d'œuvre qu'on leur fait prendre, selon la forme des tempéraments, en haine, en dégoût ou en indifférence.

Il faudrait apprendre aux jeunes gens le grec, dans le premier ou le dernier auteur venu; puis, quand ils sauraient le grec, quand ils seraient arrivés à cet âge où l'on juge d'après soi, où l'on a des impressions en propre, leur donner, comme récompense du mal qu'ils ont pris, l'*Iliade* et l'*Odyssée* à lire.

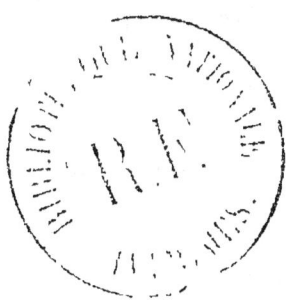

FIN DU TOME DEUXIÈME

TABLE

L'ŒDIPE DE SOPHOCLE ET L'ŒDIPE DE VOLTAIRE 1
OTHELLO. 95
LA CAMARADERIE, LES COLLABORATEURS ET M. SCRIBE . . 125
LE LOUIS XI DE MÉLY-JANIN ET LE LOUIS XI DE CASIMIR
    DELAVIGNE. 149
DE LA CRITIQUE LITTÉRAIRE. 171
LES AUTEURS DRAMATIQUES AU CONSEIL D'ÉTAT. 179
DIX ANS DE LA VIE D'UNE FEMME, OU LA MORALITÉ DE
    M. SCRIBE. 229
A PROPOS DE MAUPRAT. 265
HENRI V ET CHARLES II. 315
DE LA NÉCESSITÉ D'UN SECOND THÉATRE-FRANÇAIS . . . 325
L'ULYSSE DE PONSARD. 355

FIN DE LA TABLE DU TOME DEUXIÈME

COULOMMIERS. — Imprimerie PAUL BRODARD.